财务管理

专业教学基础与案例分析研究

丁丽莉 ◎ 著

燕山大学出版社

·秦皇岛·

图书在版编目（CIP）数据

财务管理专业教学基础与案例分析研究 / 丁丽莉著.
—秦皇岛：燕山大学出版社，2020.12
ISBN 978-7-5761-0130-0

Ⅰ．①财… Ⅱ．①丁… Ⅲ．①财务管理—教案（教育） Ⅳ．①F275

中国版本图书馆 CIP 数据核字（2020）第 240850 号

财务管理专业教学基础与案例分析研究

丁丽莉　著

出 版 人：陈　玉
责任编辑：张　蕊
出版发行：燕山大学出版社
　　　　　YANSHAN UNIVERSITY PRESS
地　　址：河北省秦皇岛市河北大街西段 438 号
邮政编码：066004
电　　话：0335-8387555
印　　刷：英格拉姆印刷(固安)有限公司
经　　销：全国新华书店

| 开　　本：700mm×1000mm　1/16 | 印　张：20　字　数：225 千字 |
| 版　　次：2020 年 12 月第 1 版 | 印　次：2020 年 12 月第 1 次印刷 |

书　　号：ISBN 978-7-5761-0130-0
定　　价：68.00 元

简　介

　　本书属于财务管理专业教学方面的著作，由财务管理专业教学法概述、财务管理行业发展现状与教育概况、财务管理专业教学模式研究、财务管理专业教学课程设计方法、财务管理专业教学方法研究、财务管理专业教学方法案例等方面组成。本书重点探讨了财务管理专业教学的方法与案例，以及财务管理专业教学方面的理念创新和教学改革。笔者根据自身的实践研究经验，在本书中提出了具有客观性及建设性的意见建议，对相关学科领域的研究者、从业者等具有良好的学习与参考价值。

财务管理
专业教学基础与案例专题研究

前　言

自 20 世纪以来，随着现代科学技术的飞速发展，世界范围内的经济全球化及经济金融化进程不断加速，工商企业、银行业、证券公司、投资公司、财务公司、保险公司等各行各业对中高级财务管理人员的需求量不断增加。同时，金融市场、经济结构以及法规财税等经营环境的变化，对企业财务活动产生了深远的影响，企业财务管理面临着新的全面提升财务管理层次的发展趋势。这些因素必将导致社会对企业财务管理人员的需求量不断增加，并且需求重心逐步上移，即对财务管理人员的素质和技术要求越来越高。而我国目前财务人员知识水平参差不齐，现有的财务管理人才培养模式在发展中逐渐显露出弊端，如培养目标不明晰、课程体系设置不合理，专业性的职业资格教育体系不完善，缺乏相应的专业技术资格教育等，亟须创新与变革，因此对财务管理人才培养模式的探索也就成为一个具有研究价值的课题。

"十年之计，莫如树木；终身之计，莫如树人。"（《管子·权修》）人才的教育与培养是决定一个国家能否实现可持续发展的关键之所在，因而对人才培养模式的研究一直受到国内外教育界学者的关注。国外学者提出了许多关于人才培养模式的思想和理论，而对财务管理人才培养模式这一专业领域却鲜有涉足。为了适应我国社会经济快速发展的需要，教育部 1998 年颁布了《普通高等学校本科专业目录》，并首次将"财务管理专业"列为工商管理学科下的一个本科专业，各大高校纷纷开设了财务管理专业。随着高等教育向大众化方向发展，高校之间的竞争也日趋激烈。面对管理实践和理财环境的变化，财务管理专业教学内容与教学方法亟待创新，以适应激烈市场竞争下的人才培养需求，适应新型管理的需要。

财务管理专业是面向区域经济社会发展一线，培养德智体美劳全面发展的，能在企事业单位、航空类公司、中介组织、政府部门等，从事财务预测、决策、控制、分析、核算、税务、审计等相关工作的应用型高级专门人才的专业。随着中国加入世贸组织，企业财务活动不断出现新的内容，企业经济形式的多元化和金融活动多样化使得企业的财务活动和财务关系更加复杂。如何更好地开展本科阶段财务管理教学以适应现代企业对财务管理人才的需要，是一个值得探讨的重要课题。

本书在对一些基本概念、范围作出界定后，将财务管理学、教育学的相关理论相结合，从我国的财务管理专业教育的现状出发，梳理了财务管理专业教学的模式，介绍了财务管理专业各类课程的教材选择和设计方法，系统客观地分析了各类财务管理专业教学方法，并通过大量案例来阐述这些教学方法在财务管理教学中如何运用。最后，对财务管理专业教学改革提出了一些建设性的建议。

本书本着科学性、严肃性、实用性、实效性和可操作性的原则，符合我国现阶段财务管理现状，力求能够为财务管理专业教学提供帮助。本书在编写上注重图文并茂、简单明了、易学易懂。

由于笔者水平有限，时间仓促，书中错误及遗漏在所难免，欢迎读者批评指正。

目　录

第一章　财务管理专业教学法概述

第一节　概　述

一、财务管理的概念

财务管理是在一定的整体目标下，关于资产的购置（投资）、资本的融通（筹资）和经营中现金流量（营运资金），以及利润分配的管理。财务管理是企业管理的一个组成部分，它是根据财务管理法规制度，按照财务管理的原则，组织企业财务活动，处理财务关系的一项经济管理工作。简单地说，财务管理是组织企业财务活动，处理财务关系的一项经济管理工作。

财务管理的主要内容包括：财务的目标与职能、估价的概念、市场风险与报酬率、多变量与因素估价模型、期权估价、资本投资原理、资本预算中的风险与实际选择权等。筹资管理指企业筹措的资金，可分为两类：一是企业的权益资金，企业可以通过吸收直接投资、发行股票、企业内部留存收益等方式取得；二是企业负债资金，企业可以通过向银行借款、发行债券，应付款项等方式取得。投资管理指以收回现金并取得收益为目的而发生的现金流出。营运资金管理包括三方面内容：一是保持现金的收支平衡；二是加强对存货、应收账款的管理，提高资金的使用效率；三是通过制定各项费用预算和定额，降低消耗，提高生产效率，节约各项开支。利润分配管理则指确定合理的分配政策和正确处理各项财务关系两方面。

通常企业实施财务管理的目标是使产值最大化，利润最大化，股东财富最大化，企业价值最大化，相关方利益最大化。

本科财务管理专业于 1998 年被教育部列为工商管理下的二级学科并开始招生，由于该专业应用性强，就业前景看好，许多院校陆续开设了这一专业。然而，从近年来人才市场对财务管理专业毕业生需求情况来看，市场呈现出"需求不足"与"需求旺盛"的局面。一方面，普通财务人员呈现出供大于求的疲软态势；另一方面，企业需要的高级财务管理人才十分缺乏，市场上对于那些具备扎实的专业功底、掌握先进的财务管理理念、能够在实务操作中切实提升企业财务管理水平的高端财务管理人才需求旺盛。从近年来对我国企事业单位、银行等相关行业的调查和人才需求预测中也可以发现，应用型高级财务管理人员一直是人力资本市场最为紧缺的资源之一。高校财务管理专业人才培养如何适应市场需求和变化，是财务管理教学改革中亟待解决的重要问题。

恰当定位财务管理专业培养目标有利于解决这一问题。目前已有的高校财务管理专业的培养目标比较抽象。针对人才市场的需求，此目标应定位于培养面向实业界和实务界的应用型高级财务人员，学生的职业发展可以定位在成为未来的工商企业的财务总监、证券公司的财务分析师以及金融部门的财务策划师，其中以培养具有国际视野的财务总监为主要目标。

为此，需要在教学中大力推进教学法改革，因为，教学法不仅仅体现在课堂教学中，也体现在教学设计、教学组织、教材开发、现代信息技术应用、教学评价、教学研究等与教学活动密切相关的因素中，这些因素是推动教学改革的重要组成部分，所以，探索并改革教学法成为师生有效完成教学任务，实现高效课堂，进而推动人才培养的有效途径。对于财务管理专业队伍的培养，同样需要重视教学法的探索和研究。

二、教学法的含义

什么是教学法？不同的时代，由于社会背景、文化氛围的不同，以及研究者研究问题的角度和侧面的差异，使得中外不同时期的教学理论研究者对"教学法"概念的界定也不尽相同。自20世纪80年代后，西方有许多观点出现。如："教学方法是教师为达到教学目的而组织和使用教学技术、教材、教具和教学辅助材料以促成学生按照要求进行学习的方法"；"教学方法是指多数教师能够充分加以运用并适合于多学科反复使用的教学步骤或程序"；"教学方法就是教师发出和学生接受学习刺激的程序"；"教学方法是促进学生学习，教师组织班级、向学生提出意见及其使用教学手段的各种方法"，等等。

进入21世纪，后现代主义教学观、建构主义教学观对教学方法的界定成为新的热点，它们批评原有的本质主义定义方式，主张用描述特征展示教学方法以及活动的无限复杂性。关于教学方法概念的界定，我国研究者也有多种观点，比较有代表性的有：王策三（1986）认为"教学方法是指为达到教学目的，实现教学内容，运用教学手段而进行的，由教学原则指导的一整套方式组成、师生相互作用的活动"。王道俊（1989）认为"教学方法是为完成教学任务而采用的办法，它包括教师教的方法和学生学习的方法，是教师引导学生掌握知识技能，获得身心发展而共同活动的方法"。李秉德（1991）认为"教学方法，是在教学过程中，教师和学生为实现教学目的，完成教学任务而采取的教与学相互作用的活动方式的总称"。吴文侃（1996）认为"教学方法是教师和学生在教学过程中，为达到一定的教学目的，根据特定的教学内容，共同进行的一系列活动的方法、方式、步骤、手段和技术的综合"。王维臣（2012）认为"教学方法，是指为实现既定的教学目标，师生依据一定的教学步骤，共同开展一系列教学活动的手段的综合"。

综上，国内外学者对于教学方法概念的认识不尽相同，但都反映出教学方法与教学目的和教学内容的联系，强调师生间的相互联系和相互作用，对于教学法的探索与创新有启示和帮助作用。由此可概括出教学法的含义，教学法是指在教学过程中，教师和学生为了实现共同的学习目标，完成共同的学习任务，由教师指导学生学习而采取的教与学相互作用的活动方式的总称。

现代教学理念倡导的是"教为主导、学为主体"，要求在教学中注重贯彻以学生为本的教学思想，强调教师在教学中具有主导作用，但不能"主宰"教学活动，所以保持教与学双边活动的适当张力，寻求教的活动与学习活动的有机统一，会让教学呈现出生命力。由此可见，教学法是以解决教学任务为目的的师生间共同进行认识和实践的方法体系，它包括了教师的教法、学生的学法和教与学的方法。三者应该是相辅相成，有机融合的。由于本书的教学对象是财务管理专业的本科学生，因此，本书所指的教学法是指财务管理专业教学法，即财务管理专业教师和学生为了实现共同的学习目标，完成共同的学习任务，由教师指导学生学习而采取的教与学相互作用的活动方式的总称。

三、教学法的特点

1. 宏观角度

从宏观角度看，不同背景下形成的教学法可归结为以下几个基本特性。

（1）多样性

由于教学法必须服务于教学目的和教学任务的要求，所以教学内容、目的多样性，必然形成多样的教学法。而且随着教学改革的深入，新型的教学法会不断增多。

（2）综合性

由于教学法是教学活动中师生双方共同完成教学活动内容的行为体系，因此，教学法是教师教授方法和学生学习方法的综合体。

（3）互补性

各种方法在运用中，需与其他方法相互配合，取长补短，才能达到预期的教学目标。

（4）发展性

传统教学法的主要方式是注入式传授知识，其重教轻学的观念导致的是单一的"满堂灌"的教学形式。而现代教学法更注重的是倡导"注入式灌输"向启发式教学、合作学习教学、谈话讨论等多种方式教学的转变和发展。

2. 微观角度

从微观角度看，教学法的具体特点应主要表现为以下几点。

（1）体现服务性

教学法要服务于教学目的和教学任务的要求。针对特定的教学内容和教学目的，教学法不可能千篇一律，而是要依据教学内容的不同采用合适的教学法。另外，教学法还受到教学组织、教学环境的影响，还需要兼顾教学对象的变化，因势利导、顺势而为。

（2）体现时代特色

不同时代的教学理念、教学思想都有其特定性，随着时代的进步，教学法应更加注重以学生发展为本，体现培养学生的创造精神和创造能力的时代特色。新时代教育观要求，学生学习的核心目标在于"学会做人、学会生存、学会求知、学会发展"，所以教学的目的不是简单地让学生记住一些死的知识，而是学会学习、学会思考、学会方法。这就要求教师不能只想着如何把知识塞进学生头脑中，更重要的是，能够运用恰当的教学法引领学生分析和解决问题，从而让学生建构自己的知识，把外在的知识内化为自己的思想，以便在新的情境下能实现知识的迁移，使学生在离开学校后，会工作，会学习，会发现问题，会解决问题，成为一个具有创新精神和创新能力的人。

（3）体现互动性

生命在于活力，有活力的课堂绝不是以教师为主角的表演，只有那些充分调动了学生思维与热情、引导学生积极参与的课堂，才是充满生机与活力的课堂。这种教师循循善诱，学生思维踊跃、积极参与，并最终掌握所需知识的互助互动型课堂才是我们真正需要的成功的课堂。

（4）体现有效性

教学法是完成教学任务、实现教学目标和提高教学质量的关键所在。用什么样的教学方法教学，关键看其教学效果是否有效，因为有效的教学法不仅影响着学生对知识和技能的掌握情况，而且对学生智能和个性的发展也有重大的影响。许多教师在教学工作中取得的突出成就，大都受益于他们对教学法的创造性运用和刻意探求。实践告诉我们，课堂教学有效的出发点和归宿是促进学生的发展。因此，无论是哪种教学法的使用，其最终目的是要在教师的有效指导下，让学生以较少的时间取得较多收获，尤为重要的是在学习过程中得到愉悦的体验和感悟。正如孔子曰："知之者不如好之者，好之者不如乐之者。"换言之，有效性的核心效果是让每个学生都在其原有的基础上得到发展，进而达到情感、态度与价值观的优化。

3. 性质方面

从性质上看，高校教学法由于其所依据的基本原理与普通学校教学法是一致的，因此，就方法而言，没有什么特殊性。但是由于高等学校实施的是专业教育，又是传授高深学问的场所，且学生又是大学生的群体，因而高校教师在运用教学法的过程中，就表现出与普通中小学不同的特殊性，而高校教学法的特殊性是由高校教学活动的特点所决定的。

（1）专业性教学和综合性认知相结合

高等教育与基础教育的不同在于其知识的专业系统性，高等教育实施的是在基础教育之上的专业教育，教学目标和教学内容按照不同学科专业领域的知识体系进行设计，教学组织形式也是按照专业不同分别进行。同时，在专业性教学内容和教学情境中，学生的知识、能力、素质得到全面的培养，教学活动对学生的影响是综合性的。

（2）隐性教学和显性教学相结合

高等学校教学活动对人才培养的影响作用是趋于多方面的，传统课堂教学活动的直接影响属于显性教学。高等学校诸多的教学活动，如学术讲座、社会实践调查、毕业实习、课题研究等，对学生的教育意义和影响往往更加深远长久，而这些教学活动属于隐性教学活动。

（3）教学活动与科研活动相结合

科学研究活动是人类有意识地探究世界的实践活动，而高等学校教学活动是一种接近于人类认识世界实践活动的有效组织方式，这表明高等学校不仅仅是传统知识的传授场所，更是教师有目的地引导学生学会认知和探究世界的方法，培养学生创新思维和科学研究的素质和能力，教师和学生在各自的教学活动任务中都可以实现认识已知与探索未知的结合。

四、教学法的分类

教学法的分类就是把多种多样的教学方法，按照一定的规则或标准归属为一个有内在联系的体系。在实际教学中所使用的教学法纷繁多样，而且随着教育理论、教学手段的发展，新的教学方法还会层出不穷。这么多的教学法尽管各具特点，却又不乏其共性。为更好地分析、认识并掌握各种教学法的特点以及它们发展运动的规律，有必要对各种教学法进行归纳分类。本书在此主要讨论的是高校教学法的分类。

关于西方国家大学采用的教学方法，主要归纳为以下几种类型。

（1）培养专才

德国侧重学生兴趣的培养及专门人才的教育，典型的教学方法是 Seminar（研讨课）教学方法，即在教授指导下，由高年级和优秀学生组成研究小组，定期集中在一起，共同探讨新的知识领域，研究高深科研课题。

（2）培养通才

20 世纪中叶以来，美国高校在教育家罗姆·布鲁纳（Jerome Seymour Bruner, 1915）发展建构主义理论的指导下，形成了一套科学、可行的教学方法体系：一是将教学中心转到学生上，激发学生的内在动机，促进学生主动学习；二是将教学从对知识传授转向对问题研讨，提倡开放式思维；三是改变课堂讲授功能，提倡师生、生生互动，培养学生分析和表达能力；四是在教学中通过硬件和软件共同营造真实的经济、社会、生活环境及捕捉重要的课题、案例，引导学生去体验、创造，认识事物的内在规律。基于上述建构主义思想色彩的理念，美国高校率先创造并采用了案例式、讨论式、基于问题等教学方法，获得成功。这些方法使美国高校课堂成为学生多种认知能力协同运作和多种思维方式综合运用的场所，营造了有利于学生创造性思维能力发展的环境。美国高校采用的这些教学方法一般都偏向于通才培养。

（3）培养复合型人才

英国高校偏重于理论型、复合型人才的培养。英国高校强调以学生为中心，重视师生互动以及学生对教学活动的信息反馈，在课堂中经常采用"自主和交互式学习教学方法"和"项目教学法"对学生进行综合训练，给学生提供了实践场所以及富有挑战性和自主性研究的机会。此外，还有很多高校引入"体验性教学法"，重视对学生课外自学的指导和独立钻研能力的培养。

关于高校教学法的分类，我国研究者从不同角度进行了多种分类研究，有的按照教学工作任务分为：传授知识的方法，形成技能、技巧的方法，巩固知识、技能的方法，检查知识、技能的方法。有的按照获取知识的途径分为：口授法、实践法、直观法。有的按照指导学生掌握知识的程序和水平分为：认知法、复现法、探讨研究法。有的学者认为，目前高校的教学方法一般可以分为三大类：第一类是教师和学生主要运用语言来传授、学习知识和技能的方法，如讲授法、问答法、讨论法等；第二类是教师指导学生通过直观感知获得知识和技能的方法，如实验实习法、演示法、参观法等；第三类是教师指导学生独立获取知识和技能的方法，如自学指导法、练习法等。越来越多的研究者认为，我国高校目前应注重讨论法、研讨法、案例法、项目式教学法、研究性教学法、学导式教学法、问题引导教学法、参与式教学法，与工作方法接轨教学法等教学方法的应用。

国内外研究者对于教学法分类的研究，由于分类所依据的标准不同，则分类的结果不同，尽管有些侧重于教的方法，有些是侧重于学的方法，但基本上囊括了各学科的多种教学法。但是，较少有研究者从专业角度对教学方法进行分类，而高校教学法具有很强的学科针对性，不同的学科所采用的教学法类型不同，同一教学方法在不同专业领域中又有不同的运用形式。因此，本书主要根据财务管理专业特点，探索财务管理专业系列课程的各种适用教学方法。在教学活动中需要综合运用各种教学法，本书主要阐述的教学法包括讲授教学法、案例教学法、研讨课教学法、角色扮演教学法、实验教学法、实践教学法。这主要是基于以下两个方面的考虑：一是这些教学方法都是在财务管理专业教学实践中经常被采用的，付诸实践、被实践证明是有效的教学方法；二是近些年财会专业教师在专业期刊中所发表的教学方法研究的成果中，以上这些都是经常被涉及的有效的教学方法。当然，在财务管理专业教学实践和教学研究中还有其他一些有效的教学方法，本书没有——论述。

五、教学法的选择与运用原则

1. 教学法的选择

随着教学改革与实践的发展，新的教学法层出不穷，面对众多的教学法，应如何加以整体把握并有效地选择运用呢？常言道："教学有法，教无定法，贵在得法。"所谓"有法"是指不同学科的教学有一定规律可循；所谓"无定法"是指在具体的教学中并不存在"放之四海而皆准"的固定不变的万能方法，一切都因人、因境而定，所以，最终还是"贵在得法"。

如何科学、合理地选择和有效地运用教学法？要求教师能够在现代教学理论的指导下，依据学科特点和教材内容的不同，熟练地把握各类教学方法的特性，能够综合地考虑各种教学法的各种要素，合理地选择适宜的教学法并能进行优化组合。选择教学法的基本依据如下。

（1）依据教学目标选择教学法

不同领域或不同层次的教学目标的有效达成，要借助于相应的教学方法和技术。教师可依据具体的可操作性目标来选择和确定具体的教学方法。

（2）依据教学内容的特点选择教学法

不同学科的知识内容与学习要求不同，不同阶段、不同单元、不同课时的内容与要求也不一致，这些都要求教学法的选择具有多样性和灵活性的特点。

（3）根据学生实际特点选择教学法

学生的实际特点直接制约着教师对教学方法的选择，这就要求教师能够科学而准确地研究分析学生的上述特点，有针对性地选择和运用相应的教学方法。

（4）依据教师的自身素质选择教学法

任何一种教学法，只有适应了教师的素养条件并能为教师充分理解和把握，才有可能在实际教学活动中有效地发挥其功能和作用。因此，教师在选择教学法时，还应当根据自己的实际优势，扬长避短，选择与自己最相适应的教学方法。

（5）依据教学环境条件选择教学法

教师在选择教学法时，要在时间条件允许的情况下，应能最大限度地运用和发挥教学环境条件的功能与作用。

各种教学法的分类都显示，没有一种方法是万能的教学法，实践中都应以教学任务、教师和学生以及教学环境的具体情况不同而选择不同的教学法。所谓贵在得法，就是要优选教学法，这是教学过程最优化的核心部分之一。同时还应当指出，教学法的选择是由不同水平的教师来进行的。当其中的一部分教师认为某一组方法最好，而另一部分教师则可能喜欢变换多样的方法，因此，教师需要依靠科学的方法，凭借现有的先进经验和对自己以往经验的分析，并且经过慎重的思考以后，才能选出适宜的、有理论根据的方法。总而言之，教师不应满足和局限一种教学方法，应当强调从多种教学法构成的教学方法体系中兼收并蓄，以适应千变万化的教学情境。

2. 教学法的运用原则

教师选择教学法的目的，是要在实际教学活动中有效地运用。因此，在教学过程中，我们要认真对待教学法的选择，并尝试把这些方法最有效地结合起来运用，以实现教学过程的最优化。最优化的关键是使教师和学生之间相互联系的活动顺利进行并且达到最佳效果。运用教学法时应遵循以下原则。

（1）启发学生学习

启发学生学习原则的宗旨是教师从学生实际出发，充分调动学生学习的主动性和创造性，以达到教学目标。教学活动是教师主导性和学生主动性的统一。教师主导性体现在"启发"学生的思维活动，主动为学生创造产生"愤悱"的条件，而学生的主动性体现在被激发求知欲之后保持愤悱之状，维持学习兴趣和学习动机。贯彻启发的教学法需要注意引起学生主体产生思维活动的条件，如新异的观点、挑战性的问题，以促进学生主体获得思维联结，产生顿悟式的理解。

（2）引导学生学会学习

引导学生学会学习原则的宗旨是让学生在学习过程中掌握学习的方法。学会学习意味着学生学会表达、问答、讨论、阅读、练习等一系列构成学习能力的基本技能，即独立获取、运用教学内容的能力，检索、鉴别和利用相关资料的能力。学会学习标志着学习能力的形成，而学会学习的过程是学生改变和形成学习技能的自主性过程。学会学习离不开教。教学过程是师生双方相互作用的过程。只有教师会教、善教，学生才有可能会学、善学。因此，教学过程是教师教学生学会学习的过程。这要求教师不仅要立足于学生的需要来选择和运用教学法，还要加强学法指导，帮助学生掌握良好的学习策略和技能。

第二节　财务管理专业教学所需师资条件

一、财务管理专业教学对基础环境的要求

教学环境是指学校教学活动所必需的主客观条件和力量的综合，它是按照发展人的身心这种特殊需要而组织起来

的育人环境，主要构成要素有自然因素、各种教学设施、社会信息、人际关系、校风班风等。因此，教学环境是一个复杂的范畴，在这里只讨论财务管理专业教学中所涉及的实验实训教学环境，特别是硬件环境和软件环境。

1. 基本要求

财务管理专业教学的硬件环境主要是指校内实训基地的建设，各学校可以根据自己已有的条件、设备以及资金情况进行相应的配置。除了这些硬件条件之外，校内实训基地建设本身还包括实训指导教师和实训平台等软件环境的建设。

学校应当能够提供满足人才培养方案教学需要的实验实训设备，如教学设施先进，数量和工位与办学规模相适应，实验实训教学设施能为区域内同行学校所共享。实验实训教学环境建设应当满足以下要求。

（1）有功能齐全的校园网，基本实现数字化管理；有数字化教学平台；所有教学场所均配备多媒体设备；建成一定数量的教学资源库，信息化教学达到一定水平。

（2）单个实验室实训场地、仪器设备数量按照满足约50人同时实训的要求配置。在满足一个教学班学生实验实训需要的基础上，每百名学生配教学用计算机台数不少于10台。

（3）教学过程中学校可以根据学生人数、建筑面积、实验实训教学分类和教学任务增减每个实训室的座位数，确定实训室的建设数量。

2. 实验实训室

为了满足财务管理专业的培养要求，财务管理专业培养单位应配备以下实验实训室：专业教学技能实训室，会计电算化与ERP实训室、财务管理岗位实训室、企业经营沙盘实训室、财务管理综合技能实训室。

专业教学技能实训室是用于训练学生从事基本教学工作所需技能的实训室，能够满足财务管理专业开展教育教学技能培训、课程开发及学科技能竞赛的教学和实训要求。会计电算化与ERP实训室用于培养学生会计电算化软件和财务ERP业务流程的操作和设计能力，需配备相应的硬件和软件，满足财务管理专业开展会计电算化和财务ERP技能训练和竞赛辅导的需要。财务管理岗位实训室按照财务管理的主要工作岗位进行设置，配置满足出纳岗位、预算管理岗位、投融资管理岗位、成本管理岗位、税务管理岗位、营运资金管理岗位、信用管理岗位实践技能训练的软硬件，满足学生财务管理岗位技能训练的需要。企业经营沙盘实训室模拟企业经营沙盘实战环境，配备沙盘模拟需要的各种硬件和软件，满足财务管理专业开展企业经营沙盘模拟和学科竞赛训练和培训的需要。财务管理综合技能实训室是模拟企业具体的财务管理职业场景，满足开展企业财务管理岗位工作模拟、商务洽谈和小组研讨的需要，需配备相应的财务管理和理财软件，满足财务管理方案制定、理财规划设计和财务咨询业务实训和教学的需要。

根据教学需要建议选配虚拟商业社会环境实训中心，该中心是融现代制造业经营管理系统、现代服务业经营管理系统、现代金融业经营管理系统、政务服务中心及外围组织为一体的仿真经营管理系统。目的是通过在商业社会环境下的全景模拟实训，培养学生的决策管理、过程管控、业务运作、部门运作、企业管理、价值链管理等方面的能力，全面提升学生的经营管理水平、信息技术水平和综合能力。

3. 实验实训室配备标准

实验实训室的建设是一个长期的过程，为了满足财务管理专业培养人才和教学的需要，实验实训室需要配备完善的硬件和软件设施，详见表1-1~表1-7。

表1-1　专业教学技能实训室

项目	设备名称	单位	数量
硬件设备	服务器（含机柜）	台	1
	投影仪（含幕布、投影设备安装调试）	台	1
	教师专用机	台	1
	教师多功能桌椅（含功放系统）	台	1
	学生用计算机	台	50
	学生电脑桌椅	套	50
	交换机	个	3
	交换机柜	个	1
	立式空调	台	1
	文件柜	个	2
	实训室场景建设环境、布线吊顶等		
软件配备	能满足50名以上学生同时进行实训的office办公软件、多媒体制作软件、数据统计分析软件等		

备注：实训场地面积建议120平方米左右。该表列示的软、硬件是建设专业教学技能实训室必备的设施配置，设备的规格、型号、功能要求、技术参数，等可根据建设时的软件运行环境需要、建设目标和建设经费情况具体设计。

表1-2　会计电算化实训室

项目	设备名称	单位	数量
硬件设备	服务器（含机柜）	台	1
	投影仪（含幕布、投影设备安装调试）	台	1
	教师专用机	台	1
	教师多功能桌椅（含功放系统）	台	1
	学生用计算机	台	50
	学生电脑桌椅	套	50
	交换机	个	3
	交换机柜	个	1
	立式空调	台	2
	文件柜	个	2
	实训室场景建设环境、布线吊顶等		
软件配备	会计电算化教学软件（50站点），要求包含会计电算化软件和财务业务流程的操作和设计能力的教学资源		

备注：实训场地面积建议120平方米左右。该表列示的软、硬件是建设会计电算化实训室必备的设施配置，设备的规格、型号、功能要求、技术参数等，可根据建设时的软件运行环境需要、建设目标和建设经费情况具体设计。

表1-3　ERP实训室

项目	设备名称	单位	数量
硬件设备	服务器（含机柜）	台	1
	投影仪（含幕布、投影设备安装调试）	台	1
	教师专用机	台	1
	教师多功能桌椅（含功放系统）	台	1
	学生用计算机	台	50
	学生电脑桌椅	套	50
	交换机	个	3
	交换机柜	个	1
	立式空调	台	2
	文件柜	个	2
	实训室场景建设环境、布线吊顶等		
软件配备	ERP实训教学软件（50站点），要求包含会计核算、财务管理、供应链管理、生产制造管理、人力资源管理等模块组及教学资源		

备注：实训场地面积建议120平方米左右。该表列示的软、硬件是建设ERP实训室必备的设施配置.设备的规格、型号、功能要求、技术参数等，可根据建设时的软件运行环境需要、建设目标和建设经费情况具体设计。

表1-4　财税创业实训室

项目	设备名称	单位	数量
硬件设备	服务器（含机柜）	台	1
	投影仪（含幕布、投影设备安装调试）	台	1
	教师专用机	台	1
	教师多功能桌椅（含功放系统）	台	1
	学生用计算机	台	50
	学生电脑桌椅	套	50
	交换机	个	3
	交换机柜	个	1
	立式空调	台	2
	文件柜	个	2
	实训室场景建设环境、布线吊顶等		
软件配备	软件配备配置有虚拟网上报税教学平台软件、增值税发票模拟开票系统教学平台软件等教学软件		

备注：实训场地面积建议120平方米左右。该表列示的软、硬件是建设财税创业实训室必备的设施配置，设备的规格、型号、功能要求、技术参数等，可根据建设时的软件运行环境需要、建设目标和建设经费情况具体设计。

表1-5 财务管理岗位实训室

项目	设备名称	单位	数量
硬件设备	服务器（含机柜）	台	1
	投影仪（含幕布、投影设备安装调试）	台	1
	教师专用机	台	1
	教师多功能桌椅（含功放系统）	台	1
	学生用计算机	台	50
	学生电脑桌椅	套	50
	交换机	个	3
	交换机柜	个	1
	立式空调	台	2
	文件柜	个	2
	实训室场景建设环境、布线吊顶等		
软件配备	软件配备能满足50名以上学生同时进行资金管理、成本管理、财务分析、财务预算、投融资管理、税务管理等岗位实践技能训练的教学软件		

备注：实训场地面积建议120平方米左右。该表列示的软、硬件是建设财务管理岗位实训室必备的设施配置，设备的规格、型号、功能要求、技术参数等，可根据建设时的软件运行环境需要、建设目标和建设经费情况具体设计。

表1-6 企业经营沙盘实训室

项目	设备名称	单位	数量
硬件设备	沙盘桌子	张	12
	透明水晶塑料板	张	12
	凳子	个	50
	桌子	张	2
	教师多功能桌椅（含功放系统）	台	1
	学生用计算机（两台显示器）	台	12
	投影仪（含幕布/投影设备安装调试）	台	1
	交换机	个	1
	分屏器	个	13
	立式空调	台	2
	实训室场景建设环境、布线吊顶等		
软件配备	软件配备企业经营管理沙盘实验套件（含物理沙盘和电子沙盘）（建议标准：12组）和教学资源		

备注：实训场地面积建议120平方米左右。该表列示的软、硬件是建设企业经营沙盘实训室必备的设施配置，设备的规格、型号、功能要求、技术参数等，可根据建设时的软件运行环境需要、建设目标和建设经费情况具体设计。

表1-7 财务管理综合技能实训室

项目	设备名称	单位	数量
硬件设备	服务器（含机柜）	台	1
	投影仪（含幕布、投影设备安装调试）	台	1
	教师专用机	台	1
	教师多功能桌椅（含功放系统）	台	1
	学生用计算机	台	30
	学生电脑桌椅	套	30
	交换机	个	3
	交换机柜	个	1
	立式空调	台	2
	文件柜	个	2
	点钞机	台	2
	验钞机	台	2
	传票装订设备	台	2
	传真机	台	2
	复印机	台	2
	扫描仪	台	2
	打印机	台	2
	实训室场景建设环境、布线吊顶等		
软件配备	软件配备满足企业财务管理方案制定、理财规划设计和财务咨询业务教学需要的软件和教学资源		

备注：实训场地面积建议120平方米左右。该表列示的软、硬件是建设财务管理综合技能实训室必备的设施配置，设备的规格、型号、功能要求、技术参数等，可根据建设时的软件运行环境需要、建设目标和建设经费情况具体设计。

二、财务管理专业教学对教学媒体的要求

1. 财务管理专业教学媒体的种类及功能

媒体是指承载、加工和传递信息的介质或工具。当某一媒体被用于教学活动时，作为承载教育信息的工具便成为教学媒体，它是教学内容的载体，是教学内容的表现形式，是师生之间传递信息的工具。教学媒体有较多种类，常见的分类方法是根据教学技术或手段发展的先后进行分类，分为传统教学媒体和现代教学媒体。传统教学媒体是指在教学中，

在教师口头语言的基础上，为更丰富地传递信息而采用的一些简单的媒体材料，如书本、图片、画册、黑板、粉笔、模型、实物、小型展览等。现代教学媒体是相对于传统教学媒体而言的，主要指电子媒体，由两部分构成：硬件和软件。硬件是指与传递教育信息相联系的各种教学机器，如幻灯机、投影仪、录音机、电影放映机、电视机、录像机、电子计算机等。软件是指承载了教育信息的载体，如幻灯片、投影片、电影胶片、录音带、录像带、光盘等。精心设计制作的教学媒体在以教师为主导的课堂教学、以学习者为主体的多样化学习中扮演着重要的角色。作为教学媒体，其主要功能如下。

（1）教学活动得以规范

教学媒体可以记录和储存教学内容和信息，以供需要时再现。如纸质媒体直接将文字符号固定在书本和教材上；电子媒体将语言、文字、图像转换成声、光、磁信号，固定在磁带或胶片上。教学媒体的这一特性使得以往的先进教育理论、各门专业知识和丰富教育经验得以储存，并能够通过教师采用各种教学媒体传授给学生。

（2）教学内容得以传播

教学媒体可以将各种文字及符号形态的信息传输一定的距离，使教学内容在更大的范围内再现。无论是传统教学媒体还是现代教学媒体都具有这一功能，能够将教学内容不断地在教学活动中通过教师传播给学生，使得学生具备了知识基础，并在未来工作实践中加以运用和验证，从而使得教学内容日益丰富和完善。

（3）学习活动得以重复和提升

教学媒体可以重复使用，如果保存得好，还可以根据需要多次地被使用，而其呈现的内容和信息的质量稳定不变。

同时，还可以生成许多复制品，在不同的地方同时使用。这种重复使用的特性方便了学生在课余时间进行预习和复习，并在多次的学习中提升对知识的理解和掌握。

（4）不同教学媒体可以灵活组合

不同的教学媒体可以根据教学内容和教学环境等需要进行有效的组合，如将少数几种媒体技术紧密结合从而形成一种新的媒体，如声画同步幻灯、交互视频系统；将功能不同的几种媒体加以简单的组合，轮流使用或同时呈现各自承载的信息，如把幻灯、投影、录音、录像加以组合，在多媒体计算机出现以前，人们把这种组合系统称为多媒体组合教学系统；利用数字化技术将各种信息，如图、文、声、动画、视频等集成在一起统一处理，例如，计算机多媒体。组合性还体现为一种媒体包含的信息可以借助另一种媒体来传递，如图片、图表等既可以通过幻灯、投影呈现，也可以通过电视、计算机呈现在屏幕上。

（5）教学媒体具有能动性

教学媒体在特定的时空条件下，可以独立地发挥作用。优秀的录像教材和计算机课件可以让学生独立地进行自主学习，由教学经验丰富的教师参与设计、精心编制的教学软件一般都比较符合教学设计原理，采用的是最佳教学方案，通常能够收到理想的教学效果。但是，教学媒体与人相比应当处于从属地位，即使功能先进的现代教学媒体，仍然是由人来设计和完成的，受人所控制。教学媒体只能扩展或代替教师的部分活动，不能完全取代教师的课堂教学。

对于财务管理专业来说，无论是传统教学媒体还是现代教学媒体，都需要加以科学合理地运用。现代教学通常较少采用单一的教学模式，而是采用各种教学媒体相结合的多媒体教学方式。多媒体教学方式是指在教学过程中，根据教学目标和教学对象的特点，通过教学设计，合理选择和运用现代教学媒体，并与传统教学手段有机组合，共同参与教学全过程，以多种媒体信息作用于学生，形成合理的教学过程结构，达到最优化的教学效果。

2. 财务管理专业教学媒体的特点

无论是传统教学媒体还是现代教学媒体，只要运用恰当，在教学过程中都能发挥重要的作用。财务管理专业教学也应将传统教学媒体与现代教学媒体有机结合，以实现预期的教学目标，达到理想的教学效果。不同的教学媒体有着自身的特点和优势，不同程度地影响着学生在教学中的参与度，进而影响到学生的学习主动性和积极性。

（1）传统教学媒体的特点

财务管理专业采用的传统教学媒体，主要是指教师在课堂教学过程中采用口头语言、黑板板书的基础上，采用的一些简单的媒体材料，如专业使用的教材、讲义、图片、模型、实物、小型展览等。这种传统教学媒体在教学中仍然发挥着不可替代的作用，它具有以下特点。

①简单、灵活、方便。学生使用教材、讲义等这类传统媒体学习时，可自行确定学习步骤，自由选择，并可在书面上进行标记、注释，方便适用，便于自学。现在许多教材都在每页的边缘留出较大的空白，供学生记录学习要点和心得，这体现了传统教学媒体的特点。教师在课堂使用黑板板书，使得文字和图示信息传递简单、方便、稳定，信息的组织和展示灵活可随时调整，板书与教师的讲授紧密配合，学生的学习思路容易跟上教师的课堂讲授和引导。

②师生间感情交流顺畅。在使用传统教学媒体进行教学

过程中，在信息传递过程时，教师的语言信息通过神情、语音语调、肢体等传递，更能激起学生的反应，便于教师根据学生的反馈信息在课堂上进行及时处理，传统教学媒体对信息传递的容量和强度具有比较强的调控作用，从而使信息传递能够稳定地进行。学生注意力也比较容易集中，具有较好的课堂效果。另外，传统教学媒体以语言的形式显示教学信息，有利于提高学生抽象思维能力。

当然，任何一种教学媒体都有其适用性，传统教学媒体也有其自身的缺点：第一，信息传递量较小。借助于黑板和教科书给学生提供的信息量十分有限，教师的板书费时费力，会挤占课堂时间，导致知识容量缩小。第二，动态性和形象性较差。第三，新奇性和趣味性较差。这就要求在财务管理专业教学中，注意克服传统教学媒体的缺点，科学合理地采用现代教学媒体，以实现多种教学媒体优势互补。

（2）现代教学媒体的特点

财务管理专业使用的现代教学媒体由两个相互联系的要素构成，一是硬件，即现代教学设备，如幻灯机、投影仪、录音机、电影机、计算机等；二是软件，又称为音像教材，即承载了教学信息的各种教学幻灯片、投影片、电影片、录像带、计算机课件等。现代教学设备大致上分为四类：电声类，包括录音机、扩音机、模拟实验室等，以及相应的教学软件；电光类，包括幻灯机、投影器等，以及相应的教学软件；影视类，包括电影放映机、电视机、录放像机、影碟机，闭路电视系统、广播电视系统、卫星电视系统等，以及相应的教学软件；计算机类，包括程序学习机、计算机教学系统、多媒体网络教学系统，以及相应的教学软件等。

财务管理专业使用现代教学媒体进行教学，有明显的优点。

①电声类教学媒体，能够录取语言和声音，然后根据需要重放，这对于教师专业的学生来说，可以将自己在课堂上就某一教学方法或教学内容的讲授演练声音录制下来，课下重放，找出不足，不断总结经验。录了音的磁带或音频可以长期保存下来，建立有声资料库。

②电光类教学媒体，能够使学生观察到清晰的图像，放映时间不受限制，教学软件的制作比较简单，投影片可以起到黑板的作用。

③影视类教学媒体，能够给学生视觉、听觉两方面的信息，能够以活动的图像，逼真地、系统地、完整地呈现出业务流程以及财务管理实务操作过程。

④计算机类教学媒体，能长期储存大量教学资料供师生随时检索，能把学生的反馈记录下来进行分析，并对教师的教学和学生的学习提供具体的指导意见，能够为学生创造良好的自学平台，让学生按照自己的能力和水平有计划地学习和探索。总之，现代教学媒体课堂信息容量大，知识直观性强，能够将抽象的财务及会计概念转化为形象生动的画面，降低了专业知识的认知难度，增强了学生学习的主动性和创新性，极大提高了教学效果。

同样，财务管理专业教学应注意克服现代教学媒体的缺点。

①节奏过快。运用现代教学媒体省去了写黑板和擦黑板的时间，使得教学内容增加了，但是教学内容容量太大也会使学生难以及时消化，达不到理想的教学效果。同时，用多媒体进行展示，切换时间较短，节奏较快，学生来不及思考，教师也难于把握合适的教学节奏。

②师生之间情感交流较差。现代教学媒体不利于及时处理学生的反馈信息，对学生的信息传递没有较好调控作用，好像是在教学过程中师生共同面对着现代化的教学设备，师生之间缺乏必要的情感交流。

③使用现代教学媒体对硬件设施和教师的专业技术水平有较高的要求。现代教学媒体要求教师不仅要懂得相关专业理论知识，还要懂得现代教育技术的基本知识，而且要具备熟练操作、合理使用现代化教学设备的能力。

3. 财务管理专业教学中教学媒体选择

教学媒体的选择与应用影响到教学环境设计的各个部分，所以在对教学媒体进行选择时，要慎之又慎。首先，要考虑教学任务方面的因素，如教学目标、教学内容、教学方法等。其次，要考虑学习者方面的因素，如能力基础、知识现状、智力水平、认知风格等。再者，要考虑教学管理及技术方面的因素，如教学策略、学生反馈、软硬件及媒体维护等。随着我国经济发展和科技水平的提高，现代教学媒体已经被广泛采用，尤其是多媒体技术的日益发展完善，已经使其成为财务管理专业教学中具有代表性的典型教学媒体。但是，目前有一种认识上的误区，认为只有多媒体系统是教学媒体，而黑板、粉笔等传统教学媒体不是教学媒体，甚至认为传统教学媒体应该被淘汰。事实上，各种教学媒体都有各自的优点，也有各自的局限性，没有一种媒体适合于所有的教学目标，也没有一种媒体适合于所有学生的学习类型和特点。教学媒体本身并没有优劣之分，只有教学媒体的选择有优劣之分，其优劣应看它是否适合教学内容、对教学效果的影响如何，而不是只孤立地看选用了哪种教学媒体。因此，教学媒体的选择应考虑以下要求。

（1）要与所要达成的教学目标相结合

每门课程、每个单元、每个课题都有一定的教学目标，且教学目标呈多维性而非单一性的特点，为达到多维的教学目标需要使用不同或多种的教学媒体传输教学信息。以财务管理专业教学法课程教学为例，让学生掌握各种教学法的概念、原理、实施步骤与使学生掌握各种教学法技能是两种不同的教学目标，前者往往采用教师讲解，辅以板书或幻灯片、教学课件等材料，使学生在循序渐进的内容安排中形成清晰的方法、原理和程序认识；后者往往采用角色扮演并辅以录像资料，使学生在情景交融的练习操练中掌握教学技能和方法。

（2）要与具体的教学内容相结合

正如每门课程的教学目标的多维性一样，课程的教学内容也是多样化的，而教学目标是渗透到每一个教学内容的完成之中。不同的教学内容，其呈现方式一定有所不同。教学媒体的选择应能为教学内容提供多样化的呈现方式，选择适当的教学媒体，可以为教学内容提供一个恰当的情景，给学生一个身临其境的感受，让学生对内容的理解更加深刻。比如在财务管理课程教学中，有关理财活动流程的内容可利用多媒体技术制作一些动画，帮助学生理解，而有关各种决策的概念、公式推导、计算等内容，利用粉笔、黑板和语言则更易使学生注意力集中，有利于带动学生的思维，能够获得更好的教学效果。

（3）要与教学对象相结合

教学媒体的选择与应用，应充分考虑到知识传递及能力培养过程中学习者的心理及认知方面的特点，为有效开展教学环境设计提供支持。教学材料的数字化、多媒体化及网络化，使学习者获取知识更加便捷。财务管理专业的学生是经历了高中阶段的学习后进入大学本科继续学习的学生，这一阶段他们的认知心理迅速发展，表现出思维独立性增强、辩证逻辑思维开始发展、创造性思维逐渐建立、情绪感情更加丰富、自我认识逐渐深刻、自控能力显著提高、个人体验需求丰富等特点，需要对教学媒体进行多样化有效组合，对教学进行多样化的设计，使教学媒体具有丰富的呈现力、便捷的可控性及友好的交互性等特性，以便能够更好地切合学生的需求。

（4）要考虑所在学校的教学条件

教学中能否选用某种媒体，还要看所在学校当时当地的具体条件，其中包括经济能力、师生技能、使用环境、管理水平等因素。其中经济能力是重要的制约因素，学校是一个非营利组织，在选用教学媒体时会受到资金制约，必须考虑学校能否承受先进完备的现代教学媒体的构建代价。因此，在一定的经济能力的条件下，尽可能地配备相对完备的教学媒体，并尽量努力地提高师生操作运用技能，完善维护使用环境，提高对教学媒体以及教学设备的管理，以达到充分有效地运用教学媒体特别是现代教学媒体的目的。

三、财务管理专业教学对教师的要求

《中国教育改革和发展纲要》中明确提出："振兴民族经济的希望在教育，振兴教育的希望在教师，建设一支具有良好的政治业务素质、结构合理、相对稳定的教师队伍是教育改革和发展的根本大计。"高素质的教师是教学改革的主力和关键，是教学工作实施的主体，其质量决定了教学质量的好坏。因此，师资队伍建设已成为当前教育工作的重点之一。

建设财务管理专业教师队伍，需要培养合格的财务管理专业人才，并制定科学合理的财务管理专业教师培养方案，这一方案应当按照财务管理专业学科特点，以财务管理专业教师成长规律与教育教学规律为主线，结合项目调研和培养条件，对财务管理专业教师所应具备的基本素质、专业能力和专业教学能力的培养作出一个科学合理的规范。

1. 教师队伍的要求

（1）通识教育课程教师

通识教育课程教师要求具备良好的政治修养、道德修养、人格修养，具备相应的专业知识，具备团队能力、项目能力和沟通能力，有较强的人格魅力和感召力。通识教育课程教师一般由校内通识教育课程教师、德育专家等组成。

（2）专业课程教师

①专任师资的基本要求：原则上都应具有硕士学位，专业由财务管理、会计学和金融学等相关学科组成；在编的主讲教师具有讲师及以上专业技术职务，并通过岗前培训；教师队伍年龄、学历、专业技术职务等结构合理，并具备会计师、注册会计师等职（执）业资格和任职经历的教师，整体素质满足学校定位和人才培养目标的需要；专业教师的生师比应不超过 18 ∶ 1。

②专业带头人的基本要求：应履行岗位职责，师德过硬；治学严谨，具有奉献精神；具有较强团队合作精神，具有较强组织管理与协调能力；专业知识扎实，专业视角宽广，实践技能较强，富有改革和创新精神；专业对口或相近，具有高级职称或博士学位，实践技能过硬，具有本专业或相近专业高级职（执）业资格证书；近三年内独立系统地讲授过本专业 2 门及以上专业课程；主持或参与过本专业人才培养模

式创新、课程体系和教学内容改革、人才培养方案制（修）订、课程开发与建设、实训基地建设、特色或品牌专业建设；参加过（或指导学生参加过）省级或国家级本专业各类技能大赛。

③专业骨干教师的基本要求：应履行岗位职责，师德过硬；治学严谨，具有奉献精神；具有较强团队合作精神，具有较强组织管理与协调能力；专业知识扎实，专业视角宽广，实践技能较强，富有改革和创新精神；专业相同或相近，具有中级职称，实践较强，具有本专业或相近专业中级职（执）业资格证书；近三年内独立系统地讲授过本专业2门及以上专业课程；在人才培养模式改革、课程体系和教学内容改革中成绩突出。

④专业兼职教师的基本要求：应具有硕士以上学位，专业由财务管理、会计学和金融学等相关学科组成；具有注册会计师、注册税务师、会计师等职（执）业资格，或在大中型企业担任会计师、财务负责人等；热爱教育事业，胜任教师岗位职责，具有奉献精神和团队合作精神，有较强的组织管理和协调能力。

2. 执教理念和目标

财务管理专业教师在进行教学中应坚持以下几点教学理念。

（1）有自己的教学特色

强调课程体系的整体性，充分体现"职业性、技术性和示范性"的有机融合；注重专业课程与专业资格证书相结合，强调应用型人才的培养。

（2）注重实践教学

贯彻职业行动能力导向的教育教学理念，强调理实一体

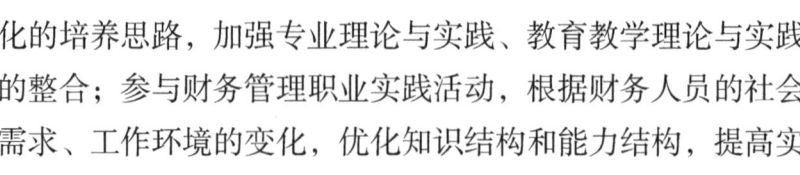

化的培养思路，加强专业理论与实践、教育教学理论与实践的整合；参与财务管理职业实践活动，根据财务人员的社会需求、工作环境的变化，优化知识结构和能力结构，提高实践技能、文化素质和职业素质的培养。

（3）采用多元化的教育教学模式

随时更新财务管理及相关专业知识、掌握财务管理专业教育的先进理论及财务管理专业技能，学习和吸收国内外先进教育理念与经验，强化与相应行业企业的合作。

（4）注重学生的可持续发展

考虑学生可持续发展要求，既注重专业基础的拓宽又突出专业重点方向；遵照教学规律和循序渐进原则，理清不同课程模块之间的逻辑关系，形成有机的课程体系，培养终身学习与持续发展的意识和能力。

第三节　财务管理专业学生特点及教学内容安排

一、财务管理专业学生的特点

进入本科阶段的财务管理专业的学生，与其他专业大学生有共同的特点，他们正值青春时期，富有朝气，在年龄结构、知识结构和社会角色等方面都有自己的特点。

1. 具有较高政治意识和强烈爱国意识，关注国内外大事

当代大学生不再仅局限于自己周围狭小的生活氛围，他们更关注外部的世界，具有较高的政治认同感，思想积极、乐于进取，不仅关心国家发展、民族兴旺，对党和政府重大决策积极支持，积极要求加入中国共产党，而且也关注国际形势的变化，表现出极强的热情和正义感。

2. 具有积极的人生价值追求，较高的道德素质和社会责任感

当代大学生人生态度积极向上，树立起远大的人生目标，积极奋斗，努力实现自己的人生理想和人生价值，懂得实现个人价值的同时也要实现社会价值，对社会作出自己的贡献，努力学习，积累知识，完善自我，传递正能量；并且具有较高的道德素质，遵守社会公德，拥有良好的个人品质。努力把自己塑造成一个有益于社会的人，积极承担社会赋予他们的责任。

3. 个性张扬，个人主体意识增强

在新的时代环境下，大学生获取知识的积极性、主动性和创新性得到了充分发挥，敢于追求自己合理的利益，善于表现和表达自己，具有鲜明的个性，注重自身能力的培养和综合素质的提高，个人主体意识不断增强。

4. 对专业课程的了解和学习经历从渺茫、不适应到逐渐适应的过程

尽管对大学的专业学习抱有强烈的好奇心，但经过对大学课程的接触、学习和掌握，由于教学内容、方式和手段与中学时有很大差异，多数学生一开始会感到渺茫、不知所措，很难在较短时间内找到适应大学阶段的学习方法，并且多多少少会经历一个由不适应到逐渐适应的过程。

财务管理专业的学生除了具有上述普通本科学生的特点之外，由于受所学专业的影响，在专业学习的最初阶段，常常陷于会计与财务管理两个专业培养目标、教学内容等混同的境地，对于未来的就业感到迷茫。随着专业学习的不断加深，逐渐会建立起清晰的专业方向和取向，逐渐认识到财务管理专业的学生，不仅需要德智体美全面发展，适应社会

发展和社会主义市场经济建设需要，而且需要基础扎实、知识面宽、综合素质高、富有创新精神，并且具备财务管理及相关的管理、经济、法律、会计和金融等方面的知识和能力，具备从事财务管理工作所需的技能、本专业熟练的业务操作能力以及运用理论和知识解决实际问题的能力。在这种认识逐渐清晰和成熟的情况下，在专业课程学习、实践实习、社会调查和研究中逐渐培养自己的专业素质和综合能力。

二、财务管理专业教材分析及选用原则

财务管理专业依托于工商管理，与之相关性较高的本科专业有财务管理、会计学、财务会计教育、教育学、工商管理、金融学等，学习过程中应注意相关学科知识的涉猎与扩展。鉴于此，财务管理专业的课程体系的设置，应该将公共基础课程作为铺垫，专业教育课程为基础，专业方向课程为补充，同时，强化专业实验实践技能课程，提高财务管理专业的实践性，科学地构建财务管理专业课程体系。

1. 财务管理专业课程设置分析

（1）通识教育课程的设置

财务管理专业的通识教育课程设置要以该专业学生全面的社会人文素质培养为出发点，包括公共必修课程和公共选修课程。其中公共必修课程的设置主要包括：思想道德修养与法律基础、马克思主义基本原理、中国近代史纲要、毛泽东思想和中国特色社会主义理论体系概论、形势与政策、体育、大学英语、计算机基础、数据库应用、微积分、线性代数、概率论与数理统计等。通过公共课程，可以提高该专业学生的社会人文的基本素质，满足其个性发展的需要。公共基础课程的设置相对稳定，但也要随当前经济社会形势的发展变化而有所更新和变动。

（2）专业教育课程的设置

①专业基础课程。高等教育各专业开设专业基础课的目的是为后续的专业课奠定基础。要想培养财务管理专业学生的扎实全面的专业学科知识和能力，该专业的专业基础课程的设置必须涉及经济学、管理学、会计学以及金融学等与财务管理专业相关的基础知识。具体来说，专业基础课的设置主要包括：经济学（宏观和微观部分）、管理学基础、会计学基础、税法、金融学、统计学、经济法原理等。通过专业基础课程，使该专业学生掌握财务管理专业相关的经济管理的基础理论与方法。

②专业核心课程。专业课程的开设目的是为培养学生全面系统地掌握财务管理专业知识技能，并具备从事本专业所需的实践工作能力。专业核心课程主要包括：财务管理概览与基础、财务会计、公司财务与案例、财务分析、财务信息化、高级财务管理、审计原理与实务等。专业核心课程的开设在学时上要有充分的保证，它构成课程体系的主干部分。通过专业核心课程的开设，使财务管理专业的学生具备体系完善的财务专业理论知识与技能。需要注意的是，在财务管理相关课程的设置上，要合理界定财务管理概览与基础、公司财务与案例和高级财务管理课程的教学内容，按照循序渐进的教学规律设置课程。财务管理概览与基础主要讲授公司财务管理活动所必须具备的基本观念和基本技能，并对筹资管理、投资管理、营运资金管理、利润分配管理的基本概念和方法加以阐述；公司财务与案例主要讲授公司理财的具体方法，注重实践和操作能力的培养；高级财务管理则主要介绍特殊情况下的财务管理。三门课程的内容既要避免重复，又要注意其相互联系。

③专业方向及拓展课程。专业方向及拓展课程的设置主要是根据各高校实际情况与教学特色及教学资源来确定的，开设这类课程时尽量做到门类广泛，以满足学生的专业取向。其中，专业拓展课程主要有：税务代理实务与纳税筹划、资产评估原理与实务、投资学、商业银行经营与管理等；专业方向课程可以开设如资金管理、业绩管理等模块课程，使学生通过对这些课程的学习，更加明确自己在专业领域中的特长和兴趣，找到自己在专业领域中的研究方向。

④集中实践课程。集中实践课程包括财务管理专业实践课程，旨在培养学生财务管理实际工作的能力。专业实践课程主要包括：财务管理单项技能实训、财务管理综合技能实训、财务管理顶岗实习、财务管理专业毕业实习及论文写作等。

2. 财务管理专业教材选用原则

专业课程的设置最终能否达到人才培养目标的要求，很大程度上取决于教材建设的科学性和合理性。随着我国高等教育的快速发展，目前，我国高等教育已经基本形成了研究性大学、教学研究型大学、应用型大学、职业技术教育等多个教育层次。由于不同教育层次的教育对象不同、教育目标和培养目标不同，对教材的要求也就不同。目前，财务管理专业普通本科的教材较多，各高校大多都有各自编写的完整的教材，其中不乏许多优秀教材，职业技术教育学校的财务管理专业使用的教材，大多适用于高职或中职教育，也有选用普通高校的教材，具体可根据教学对象选择适宜的教材。

财务管理专业的教材应具有不同于其他适用于多种教育层次和教育对象的专业教材，它具有鲜明的特点：

①注重方法与财务管理专业的特点相结合，将高等教育

的理论、方法灵活地融入财务管理专业教育中来；

②注意财务管理理论与其技术、方法相结合，在合理安排财务管理理论的广度和深度时，着重强调财务管理技术、方法和实践的应用指导；

③应涵盖财务管理理论与实践，也对其他不同层次的专业教师的教学有积极的参考和借鉴作用。

因此，要求每部教材的系统性和规范性，强调重点突出，体现出各门课程的个性，并不与其他课程内容相重叠，特别是财务管理基础与概览、公司财务与案例、高级财务管理这三门课程内容，既要注意连贯完整，又要避免内容重叠。每部教材在结构安排上，均应指明学习重点和难点，提出学习要求，明确应达到的目标，同时，应紧扣教材编写思考题、计算分析题，以及与每部分内容相关的基本财务案例，并对常用的、关键的财务术语标明英文解释。

此外，每门课程应当根据该课程的教学目标、教学内容的特点、教学对象等的要求，进行具体的教学内容的组织，包括教学内容的选择、教学内容的组织方式的采用、课堂教学方法的运用、教学课时的安排等。

财务管理专业课程内容的组织与安排应遵循学生实践能力培养的基本规律，以真实工作任务及其工作过程为依据整合、序化教学内容，加强理论与实践一体化，合理地设计理论内容、实训、实习等教学环节。

三、财务管理专业教学内容安排

根据财务管理专业的教学目标，以高等教育专业教学论的视角，针对财务管理专业学生的特色，将理论与实践、专业与教学、企业的实际需求和学校的学习环境有机地结合，应设置以下课程来有力地支撑其教学活动。

1. 公共基础课

（1）英语

英语课主要是使学生掌握一定的英语基础知识和基本技能，培养学生在日常生活和职业英语中的应用能力；培养学生的文化意识，提高学生文化素养；为学生的职业生涯、继续学习和终身发展奠定基础。

（2）体育

体育课主要传授最基本的体育与健康文化知识、运动技能、技术和方法，科学指导和安排体育锻炼过程，落实"健康第一"的思想，帮助学生增强体能素质、提高综合实践能力、提升生活质量和品位，养成终身从事体育锻炼的意识、能力与习惯，为全面促进学生身体健康、心理健康和提高社会适应能力服务。

（3）计算机文化基础

计算机文化基础课主要帮助学生掌握必备的计算机基础知识和基本技能，培养学生应用计算机解决工作与生活中实际问题的能力。提升学生的信息素养，使学生了解并遵守相关法律法规、信息道德及信息安全准则，自觉抵制不良信息，依法进行信息技术活动，培养学生成为信息社会的合格公民。

（4）思想品德修养

思想品德修养课是本科院校对学生进行系统的马克思主义理论和思想道德教育的主要渠道和基本环节，有效开展马克思主义的世界观、人生观、价值观、道德观、法治观教育，综合运用相关学科知识，依据高校学生的成长规律，教育、引导学生加强自身思想道德修养，强化法律观念和法律意识，帮助学生树立正确的世界观、人生观、价值观，真正做到学法、懂法、用法，依法办事，依法维护国家和公民个人的合法权益。

2. 公共必修课

（1）管理学

管理学这门课程主要培养学生基层管理岗位的综合管理技能，用现代管理理念武装学生思想。通过理论学习、技能训练和社会实践，使学生掌握管理学基本原理、工具和方法，树立现代管理的思想观念，培养学生管理者的素质，为后续专业课程的学习和成为一名"营运基层管理人"打好基础。课程以培养学生的管理能力为基本目标，为其他管理课程奠定基础。

（2）经济学

经济学这门课程主要帮助学生掌握和理解财政基本规律，即国家生财、聚财、用财（三财之道）的规律和宏观财政政策的具体原理，理解与政府有关的诸多经济现象和经济政策，提高学生分析经济现象，解决经济问题的能力；并且能够用所学知识解释说明经济生活当中所存在的系列财政现象，为将来后续课程的学习打下良好的基础。

（3）经济法

经济法这门课程的主要任务是使学生获取与经济相关的法学基础理论知识，掌握常用的经济法律法规，正确地运用所学的法律知识处理一般的经济纠纷，为把学生培养成为高素质的劳动者和初中级专门人才奠定基础。同时培养和提高学生的法治意识，使学生具有良好的职业道德和职业习惯，成为遵纪守法的社会主义劳动者。

（4）数学

数学课使学生进一步学习并掌握职业岗位和生活中所

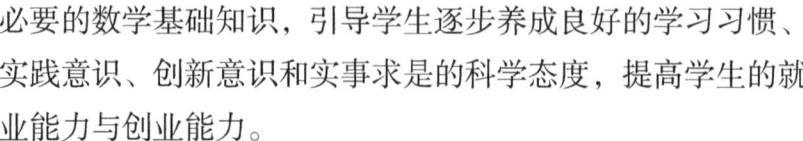

必要的数学基础知识，引导学生逐步养成良好的学习习惯、实践意识、创新意识和实事求是的科学态度，提高学生的就业能力与创业能力。

3. 专业必修课

（1）基础会计

基础会计这门课程通过对会计职业最基本的职业活动和工作过程的介绍和技能训练，使学生初步了解会计工作的环境和职业道德，认识会计工作的一般流程，理解会计要素、会计等式和复式记账法的基本原理，熟练掌握填制和审核凭证、登记账簿和编制会计报表，使学生具备学习后续专业课程的专业基础能力，为其进一步学习打下良好的基础。

（2）中级财务会计

中级财务会计这门课程的任务是使学生具备中级会计人才所必需的企业财务会计的基本理论、基本知识和基本技能，掌握企业财务会计的核算方法，培养学生从事会计核算和会计事务管理工作的综合实践能力，帮助学生树立正确的会计职业道德观。

（3）成本会计

成本会计是全面介绍企业成本管理的理论和方法的课程，任务是让学生掌握成本管理的基本理论和方法，了解成本管理发展的新理念和新思想；紧密联系实际，学会分析案例，解决实际问题，把学科理论的学习融入对经济活动实践的研究和认识中，切实提高分析问题、解决问题的能力，真正掌握课程的核心内容，为提高企业的成本管理水平服务。

（4）管理会计

管理会计是会计学专业的专业课，系统介绍现代管理会计的基本理论与具体应用方法。其主要内容包括：成本性态分析、变动成本计算、本量利分析、预测分析、短期经营决策、长期投资决策、全面预算、成本控制、责任会计、作业成本法及战略管理会计等。

（5）财务管理

财务管理课要求学生掌握公司财务管理的基本理论和方法，掌握公司财务管理的基本框架，熟悉公司财务管理的基本理论，掌握公司筹资、投资、收益分配的管理方法，并且能够运用财务管理的理论和方法解决实际问题。

（6）财务分析

财务分析课的教学任务是使学生明确作为财务分析师或分析人员应如何阅读与分析财务报告、如何分析财务活动状况、如何评价财务绩效，系统掌握财务分析的基本原理和基本知识点，着重把握分析方法，形成分析问题的思路和框架，理论联系实际，从而培养在财务分析实践中分析问题、解决问题的能力。

4. 专业选修课

（1）会计信息系统

会计信息是企事业单位最重要的经济信息。本课程介绍会计信息系统的基本概念，会计信息系统的设计方法；通过对账务处理子系统处理流程、数据文件、总体结构的分析和讲解，使学生理解和掌握计算机技术如何被用于会计信息系统，并实现购销存及资金管理过程中会计数据的收集、加工、存储和输出的基本原理和方法。通过本课程的学习，能够培养学生从信息技术发展的角度去理解会计；应用分析和设计工具正确地描述不同时期不同企业的会计数据和信息的处理流程；根据会计核算和管理的需要确定会计信息系统的基本功能；正确地理解和评价会计信息系统，并为不断完善和创新会计核算与管理方法打下良好的基础。

（2）税法

税法课的教学，使学生了解税收法律制度基础和税收征收管理法律制度，理解并掌握各种税收法律制度的主要内容，全面把握我国现行各种税种的计税依据、计算方法，正确计算各种税种的应纳税额，从而具备在实际经济业务中对涉及的税收问题的分析和解决能力，以达到培养应用型人才的目标。

（3）高级财务管理

高级财务管理这门课程是对中级财务管理课程内容的补充和延伸，旨在帮助学生突破财务管理假设的一些专门性的问题，包括企业价值及风险管理、财务战略管理、企业并购财务管理、财务制度设计、业绩管理、财务危机管理等内容。使学生掌握高级财务管理的理论体系、企业价值及风险管理、财务战略管理、企业并购财务、财务制度设计、IPO与再融资、业绩管理、财务危机管理的理论和方法，从而拓宽视野，增强实践操作和理论研究的能力。

（4）审计学

审计学这门课程主要使学生了解审计在现代市场经济中的作用，掌握审计的基本概念、基本方法及基本审计程序，理解现代审计理论的发展演变过程；能够运用现代审计技术与方法，按照科学的审计程序，对一些具体审计案例进行分析。

（5）高级财务会计

高级财务会计是进一步提高会计理论水平和应用能力而设置的一门选修课程。通过本课程的教学，使学生理解企业在经营过程中涉及的特殊经济业务的含义和其账务处理的原则，掌握特殊经济业务的会计核算方法，提高学生的职业判断能力和解决复杂会计问题的能力，激发学生对会计特殊经济业务进一步深入学习和研究的兴趣。

财务管理专业教学内容及课程的设置并不是固定不变的，随着社会的发展、知识的更新及不同技能的要求，其侧重点会不断地变化，所以应根据实际情况合理设置符合需要的职业课程。

我国财务管理专业教育中的课程设置多年来形成了固有的模式，基本分为三个层次，即一般公共知识、相关经济管理知识和专业知识。这三个部分的课程应该以什么样的比例结构为宜一直缺乏足够的研究论证，但与美国高校财务管理专业课程设置相比，共通的基础和素质课程所占比例偏小，而专业财务知识课程偏多。主要问题体现在以下几个方面：

首先，在课程设置上缺少社会人文知识的内容。熟悉中国企业经营状况的人们或许不得不承认，由于特定的历史文化背景和发展路径，我国一些企业缺乏在有序环境下的规范经营，企业实际经营中存在很多的所谓"暗箱"操作，使许多看起来一目了然的问题变得十分复杂。要理解这些问题，寻找解决方法，单靠专业知识和理论知识是不够的，必须具备社会人文的相关知识。

其次，专业课程设置不规范，专业划分过细，导致培养出的人才知识结构比较单一，与厚基础、宽口径、高素质的要求不符。

最后，由于传统上我国高校实行的是学年制，因此选课的比重较美国低，学生的选择性不是很大。

要解决上述问题，应借鉴美国高校的经验，大力推进我国高校学分制改革，逐步增加基础课和选修课的比重，没有必要要求所有学生必须统一完成专业课程，学生可在符合学校相关要求的前提下，根据自己的具体情况较自由地选择相关课程，在毕业前达到学校规定的学分及学分结构即可。为此，学校需要通过一种有效的方法检查学生所修课程是否达到学校及专业要求，以便及时调整学生的知识结构，提高培养质量，使学校的教学职能与迅速变化的商业需求相衔接。

第二章 财务管理行业发展现状与教育概况

第一节 财务管理专业的发展与就业现状

一、财务管理的产生与发展

财务管理的产生与发展是一个渐进的过程，财务管理的内容也相应地由简单到复杂、由低级到高级不断发展并完善着。财务管理发展的过程，大致可以划分为以下几个阶段。

1. 财务管理的萌芽时期

15 世纪末 16 世纪初，资本主义萌芽，地中海沿岸城市迅速发展，意大利的威尼斯、佛罗伦萨成为欧洲与近东地区之间的贸易中心，跨地区贸易得到迅速发展。随即在这些城市中出现了邀请公众入股的城市商业组织，并开始把向公众筹集的资金用于商业经营，产生了红利的分配和股本的回收，这就是原始的股份制企业。此时企业对资本的需求量不是很大，筹资渠道和筹资方式比较单一，企业的筹资活动依附于商业经营，没有形成独立的财务管理职业，这种情况一直持续到 19 世纪末 20 世纪初，被视为财务管理的萌芽时期。

2. 筹资财务管理时期

19 世纪末 20 世纪初，工业革命的成功促进了企业规模的不断扩大，股份公司迅速发展起来，并逐渐成为占主导地位的企业组织形式。尽多尽快地筹措资金以满足生产不断发展的需要成为一项紧迫的任务。于是，一个新的管理部门——财务管理部门诞生了。财务管理开始从企业管理中分离出来，成为一种独立的管理职业，预计资金需要量和筹措公司所需资金为其主要职能。因此，这一时期被称为筹资财务管理时期。

3. 法规财务管理时期

1929 年爆发的世界性经济危机和 20 世纪 30 年代西方经济整体的不景气，造成众多企业破产，投资者损失严重。为保护投资人利益，西方各国政府加强了证券市场的法制管理。例如，美国在 1933 年和 1934 年出台了《联邦证券法》和《证券交易法》，对公司证券融资作出严格的法律规定。此时财务管理面临的突出问题是研究和解释金融市场制度与相关法律规定，指导企业按照法律规定的要求，组建和合并公司，发行证券以筹集资本等。因此，这一时期被称为法规财务管理时期。

4. 资产财务管理时期

20 世纪 50 年代，面对激烈的市场竞争和买方市场的出现，单纯依靠扩大融资规模、增加产品产量已无法适应新形势发展的需要，财务管理的主要任务转变为如何解决资金利用效率。此时资金的时间价值被普遍关注，以固定资产投资决策为研究对象的资本预算方法日益成熟，财务管理的重心由重视外部融资转向注重资金在公司内部的合理配置，资产管理成为财务管理的重中之重，因此称之为资产财务管理时期。

5. 投资财务管理时期

第二次世界大战结束以后，科技迅猛发展，产品更新加快，国际市场扩大，跨国公司增多，金融市场繁荣，市场环境更加复杂，投资风险日益增加，企业必须更加注重投资效益，规避投资风险。于是出现了投资组合理论及资本资产定价模型，它不仅将证券定价建立在风险与报酬相互作用的基础上，而且极大改变了公司的资产选择策略和投资策略，被广泛应用于公司的资本预算决策。其结果使财务学中原来比较独立的两个领域——投资学和公司财务管理开始相互组合，使公司财务管理理论跨入了投资财务管理的新时期。

20世纪70年代以后，金融工具的推陈出新使公司与金融市场的联系日益加强。认股权证、金融期货等广泛应用于公司筹资与对外投资活动，推动财务管理日益发展和完善。70年代是西方财务管理走向成熟的时期。

6. 财务管理深化发展的新时期

20世纪70年代末，企业财务管理继续深化发展；80年代诞生了财务管理信息系统；90年代，随着计算机、电子通信和网络技术的迅猛发展，财务管理进入网络财务管理时期，实现了国际化、精确化、电算化、网络化。

二、财务管理专业在我国的发展历程

我国企业的财务管理也经历了不同的历史发展阶段。新中国成立前，我国处于半殖民地半封建社会，财务管理理论的发展既受到了西方财务管理理论的影响，又有很深的封建社会的传统理财思想的印记。一些大中型企业中设有"财务主管"的职位，有组织的证券市场初步发展，证券交易日益活跃。当时的一批民族资本家提出了一系列新颖的财务管理思想，如郑观应提出的重视经营规划、成本核算和利润分成的见解；张謇提出的"制定预算、以专责成、事有权限"的思想；卢作孚的"无计划勿行动、无预算勿开支"和"预算本为事业中的财务问题之一，但涉及事业的全部财务问题"的主张等。

财务管理与国家的经济体制密切相关。新中国成立后，我国的经济体制发生了两次转变，即由计划经济体制向有计划的商品经济体制转变、有计划的商品经济体制向社会主义市场经济体制转变。财务管理的目标、方式和内容也都发生了重要的变化。计划经济体制下产品的销售由政府行政命令决定，企业管理的基本目标是完成生产任务，追求产量目标，企业管理中主要重视实物管理而忽视财务管理，财务管理的目标只是保证资金的安全，降低资金消耗或成本。有计划的商品经济体制下，从经济改革的扩权让利，改变高度集中的计划经济体制，到政企分开、所有权与经营权的适当分离，企业的财务管理也从原来的成本管理发展到对资产的运营和收入分配的管理，同时财务管理内容又增加了投资管理与一定程度的筹资管理。在社会主义市场经济体制下，企业改革方向是建立适应市场经济要求的产权明晰、责权明确、政企分开、管理科学的现代企业制度，财务管理的目标开始强调资本投入的利润最大化，财务管理的内容从资经营转变为资本经营，形成了筹资管理、投资管理、资产运营管理、分配管理的全面的财务管理。随着经济体制的改变，财务管理工作内容和岗位设置也发生了相应的变化。

由于我国特定的历史背景，财务管理专业是近 20 年才逐步发展起来的新兴学科。由于现代经营环境正发生着巨大的变化，复杂的商业道德问题、高速发展的信息技术、多样化的经营体系等都对财务管理人才提出了新的要求，因而高等学校也面临着新的挑战，那就是如何通过科学的课程设置来发展学生的综合素质和能力，获得实际工作中所需的各种知识和技能。面对这一挑战，我国财务管理专业学科建设改革势在必行，以使财务管理教育本身及培养的财务人才更好地适应快速变化的经营环境。

三、我国企业财务管理行业发展趋势

1. 财务管理行业发展趋势分析

随着国内外市场经济发展和竞争，我国经济体制改革不断深入，以财务管理为中心，通过价值形态对企业资金运动进行综合性的管理和评估，成为市场经济发展的客观要求，也是社会主义经济发展的客观必然结果。具体来讲，我国财务管理的发展趋势可以概括为以下几个方面。

（1）工业经济和知识经济并重

知识经济发展，资本结构变化，物质资本的地位将相对下降，知识资本的地位将上升。财务管理目标将从以前的"股东财富最大化"发展为"企业价值最大化"，即经济效益最大化。这将彻底改变过去重投入，轻产出，忽视经济效益的倾向。以市场为导向来组织生产经营活动，注重市场调查和预测，满足甚至引导消费者的消费需求，促进供产销的协调平衡，以销定产，实现产出大于投入，所得大于所费。同时，企业财务管理的重点应转变到无形资产的管理上来，无形资产将成为企业最主要的投资决策重点。

（2）财务风险管理与财务安全管理并驾齐驱

财务风险管理与财务安全管理并重，风险投资管理将成为财务管理的重要内容。企业必须采取相应的措施，将财务风险降到最低。企业财务管理首先必须考虑投资的货币时间价值和风险价值，以避免投资的盲目冲动，在各种错综复杂的可行性投资项目中选择最佳方案，事前确保投资项目的最佳预期经济效益。

（3）重视理财环境、理财手段与方法的发展趋势

理财环境涉及范围广泛，其中最基本、最重要的是法律环境、金融市场环境和经济环境。良好的法律环境，会为企

业的合法经营保驾护航。发达的金融市场环境，既为企业提供筹资和投资的场所，便于企业长短期资金相互转化，又为企业理财提供有用信息。经济环境主要包括经济发展状况、政府经济政策、通货膨胀、利率波动、竞争等诸多方面的因素。现在，重视理财环境对财务管理的影响已逐渐成为时尚。

网络财务是以互联网、内部网及电子商务为背景的在线理财活动，理财手段与方法以网络财务为主。网络财务管理可以实现财务与业务的协同管理、在线管理和对电子商务的管理，实现事中的动态会计核算与在线经济资源管理，实现企业对分支机构的远程财务管理、物资管理以及如远程报表、报账、查账、审计等远程控制行为，从而解决一系列目前的财务活动无法解决的问题。在网络财务环境下的远程处理，便于调整企业的财务资源，提高企业的竞争力。

（4）财务管理制度的发展

财务管理制度作为一种公开的"财务合约"，用来规范企业的激励和约束机制。要提高企业的财务价值，就必须采取灵活多样的激励机制。此外，要对企业的财务、往来合约等的执行情况进行监督，建立健全约束机制。激励与约束相互配合，不可或缺。财务管理制度体系的不断完善，是企业财务管理健康发展的保障。

（5）财务评价机制的发展趋势

财务管理的评价体系发展主要表现在两方面：一是进一步拓展传统的财务分析指标体系；二是增加对知识资本等无形资产的财务评价比重。

2. 财务管理专业在新时期的发展任务

纵观我国财务管理发展趋势，可见我国财务管理最为迫切的任务包括以下几个方面。

（1）更新我国财务管理观念

我国财务管理应该做到与时俱进，建立以人为本的理念，培养对科学技术的运用观念、对无形资产评估管理的意识、对知识科技价值的正确认识，同时还要提高企业管理的风险意识，综合利用科技手段和科学的管理理念，树立科学的理财观念。在新的经济发展时期，信息技术和国际互联网络技术等时刻改变着财务管理的环境，当前我国财务管理需要重视的方面应该放在信息数据和人力资源的整合与高效利用上。

（2）革新我国财务管理体制

我国财务管理体制要做到与新的经济形势和环境发展同步。首先，由于当代我国的产业结构已经由以自然资源为主的第一产业、以物质资产为主导的第二产业逐步过渡为以信息和人力资源为主导的第三产业。因此我国财务管理的对象由对有形的劳动力、物质经济资本等的管理过渡为对科技信息、知识数据的管理，在此经济发展阶段中，知识与信息及人力资源就代表着巨大的价值。其次，企业的风险与收益是正相关的，为了更加适应当前的经济形式，我国财务管理必须更加有效地规避风险，建立财务管理中心体系，集中整合企业的会计和统计信息，并全面、深入、客观地分析，不断完善企业的经营管理体系。

（3）创新我国财务管理技术

在新的经济形势下，新兴科技对经济的影响十分巨大，计算机网络技术一方面以其高效可靠的数字技术和丰富的软件优化了企业对资料和数据的存储、统计分析与管理；另一方面，网络互联共享所带来的大量信息对企业资源的优化配置起到参考或引导的作用。在信息技术飞速发展、信息爆炸的时代，率先掌握有用信息的企业才能占得先机。因此财务管理技术也要与时俱进，不断创新。

四、我国财务管理专业岗位设置

目前，我国市场经济主体架构已基本确立，市场环境和市场秩序明显改善，金融市场高速发展，越来越多掌握资金决策和资本运作的企业在资本市场上实现了跨越式的发展，因此必须实施有效的财务管理。经济的全球化、信息化，金融市场的国际化，使企业面临着日益复杂的金融环境和许多不确定因素，财务决策便成为影响企业生存发展的关键，而我国财务管理专业人才相对匮乏，因此现代企业财务管理专业人才的培养成为一个重要的课题。

财务管理专业主要培养与我国社会主义现代化建设相适应，德、智、体、美全面发展，具有扎实的现代财务管理理论知识和方法，掌握现代资金市场和财务决策技术，能够胜任各类工商企业、证券和金融机构的财务分析、决策、规划与控制工作以及资本市场运营工作的管理型、应用型专门人才。其工作岗位以会计、资金管理、投资理财为主，主要岗位设置如表2-1所示。

表2-1 财务管理专业职业岗位及基本知识能力要求

岗位	岗位描述	基本知识	职业技能
出纳员	1.办理现金收付与银行结算 2.设置登记日记账 3.贯彻执行货币资金管理的法规制度，审核、监督各项收支的合理合法性	1.现金业务 2.银行存款业务 3.其他货币资金业务	1.原始凭证的填制、审核 2.记账凭证的填制、审核 3.日记账的登记、审核 4.银行存款余额调节表的填制 5.具备熟练的财务电算化技能
财务会计	1.会计核算 2.编制报表 3.纳税申报 4.会计监督 5.资产管理 6.成本核算	1.企业会计核算理论与方法 2.会计报表的编制方法 3.成本核算基本方法 4.税收法规	1.原始凭证的填制、审核 2.记账凭证的填制、审核 3.明细账、总账的登记、审核 4.会计报表的编制 5.纳税计算及申报表的填制

续表2-1

岗位	岗位描述	基本知识	职业技能
会计主管	1.复核会计凭证、账簿、报表，汇总会计凭证，登记总账 2.试算平衡，编制各种对外会计报表	1.财务核算 2.纳税申报 3.财务报表分析 4.会计稽核 5.内部审计 6.会计调整	1.负责公司的全盘财务核算工作 2.纳税申报表的编制 3.财务报表的编制与分析 4.会计凭证、账簿、报表的稽核 5.负责公司年度会计决算工作及审计工作 6.会计账目的调整 7.负责公司的票据管理及会计档案管理工作 8.参与公司日常财务管理
财务主管	1.进行预算的编制和调整 2.纳税申报表的编制 3.编制审计报告	1.综合财务核算 2.内部审计 3.预算的编制	1.负责审核公司原始凭证、记账凭证及会计报表，保证各项数据真实、准确 2.负责审查所有对外提供的会计资料和经济信息。每月初负责审核公司的纳税申报表；每年负责审核公司的年终汇缴清缴报告，负责完成公司的年终汇算清缴工作 3.负责与财政、税务、金融部门的联系，协助主管领导处理好与这些部门的关系，及时掌握财政、税务及外汇动向 4.负责财务管理制度、细则、办法的拟定和实施，组织制定并完善财务部岗位责任制，负责对财务人员的考核 5.负责编制公司的年度经营预算 6.负责预算调整并报财务主管审核
财务总监	1.审查查财务成本计划及各项财务开支 2.制定财务管理制度 3.制定公司内部控制制度	1.综合财务核算 2.工商、财会及税务管理制度 3.内部控制制度	1.在董事会和总经理领导下，总管公司会计、报表、预算工作 2.负责制定公司利润计划、资本投资、财务规划、销售前景、开支预算或成本标准 3.制定和管理税收政策方案及程序，建立健全公司内部核算的组织、指导和数据管理体系，以及核算和财务管理的规章制度 4.组织公司有关部门开展经济活动分析，组织编制公司财务计划、成本计划，努力降低成本，增收节支，提高效益 5.监督公司遵守国家财务管理法令、纪律，以及董事会决议

目前，在高等院校招生目录中不仅有财务管理专业，而且还有会计、会计电算化、统计事务、金融事务、保险事务、信托事务等许多相关专业。总之，财务管理体系不仅仅需要财务管理专业，更需要其他相近专业与之相配合。

五、财务管理专业的就业现状

目前，财务管理专业的毕业生就业状况较好，根据中国教育在线系统的统计，2020 年，财务管理专业 87% 的学生毕业后能够从事本专业相关工作，其中从事财务、审计、税务方面工作的占总毕业人数的 65.40%，5.10% 从事销售业务，3.80% 进入银行工作，从事行政、后勤、文秘工作的占

1.90%，还有 0.80% 的学生在办公用品、保险、餐饮娱乐、电力水利等行业负责精细结算工作。财务管理专业毕业生的主要去向是银行，其次是事务所，其他的主要分布在国有企业、政府部门和事业单位。受就业意识和宏观经济形势的影响，财务管理专业就业现状有以下特点。

1. 自主创业比例不高

财务管理专业毕业生自主创业比例不高，主要有两方面的原因：一是，财务管理专业更多的学生职业规划都是成为一名高级的财务管理人员，大多数学生的就业定位是去会计师事务所或在企业做财务工作，没有自己创业的想法。二是，国家鼓励自主创业的优惠政策的落实有待加强。为了鼓励高校毕业生自主创业，国家有关政策明确规定了对大学生自主创业的市场准入、资金、税费、社会服务等方面的支持，但由于具体的实施办法尚未到位，优惠政策缺乏可操作性。

2. 受宏观经济形势影响

受金融危机的影响，企业生产经营面临较大困难，企业用工仍趋于谨慎，新招用大学生的积极性不高，不少单位更是减少招聘应届毕业生的计划，就业形势整体不很乐观。

3. 毕业生缺乏实践经验

我国的各大高校进行了扩招，财务管理专业的学生数量得到了提升，但由于很多高校的教学资源是有限的，因此就降低了高校财务管理专业的整体教学质量，严重影响了财务专业学生的能力。调查显示，大学生和用人单位都认为"大学生缺乏实践经验"是造成当前大学生就业难的首要因素，工作经验成为用人单位在甄选应聘者时考虑的一项重要指标。在全部调查对象中，用人单位招聘时要求有一定工作经验的居多，要求 2 年以内工作经验的占 19%，要求达到

3~5 年工作经验的占 23%，要求具备 8~10 年工作经验的为 14%，合计占全部招聘岗位的 56%。而财务管理专业学生大多忙于专业知识学习以及各种考证考级，实践经验缺乏。

4. 大学生缺乏正确的就业观念

当理想与现实存在差距时，毕业生应当积极转变就业观念，打破一步到位、从一而终的旧的就业观，放下身段，先就业后择业，树立正确的就业观。但是，也有一些大学生被严峻的就业形势所吓倒，既难以找到适合的工作，又不愿去从事吃苦较多的工作，也没有参加相关培训提高自己的求职本领，"先就业后择业"的意识不强。

所有的事业单位和企业的财务管理工作都离不开财务人员的参与，因此可以看出在一个国家和一个企业的发展过程中，财务人员所起到的重要作用。财务管理行业在早期还处在供不应求的状态中时，财务人员享有较高的薪金待遇，就职的门槛也较低，但是随着社会会计机构的增加和高校的不断扩招，大大增加了财务人员的数量，现阶段财务管理行业已经出现了供大于求的问题，加大了财务管理行业的市场竞争压力。

5. 大数据与云计算下的智能财务管理发展迅速

随着我国现代科学技术的创新发展，大数据和云计算技术已经在各行业领域中得到广泛应用，并得到了一致认可。大数据和云计算技术对现代财务管理产生的影响主要体现在两方面。

一方面，从根本上改变了财务管理观念。在大数据和云计算数据处理方式的影响下，现代企业财务管理工作已经从管理性工作向有价值的财务整合分析方向不断发展。在实际财务管理工作中，所有数据都是在企业财务部门内部产生的，结算需要对大量数据进行整合处理并制成财务报表，工作量巨大，如果财务管理工作人员出现纰漏，将无法为企业管理层在制定经营发展决策时提供可靠的数据参考。大数据和云计算技术在现代企业财务管理工作中的有效应用，使财务管理工作人员可以通过云端系统对数据进行处理，能够全面实现云服务数据处理方式，使财务管理系统中大量数据不再受区域的制约，不仅确保了财务数据处理工作质量和效率，还有效缓解了财务管理工作人员的压力，节约了大量人力资源成本。

另一方面，有效改变了企业财务管理工作方式。在现代企业经营发展过程中，企业经营成本预算是财务管理工作的关键内容。在传统企业财务管理工作中，财务管理工作人员要将得出的财务报表和相关数据信息打印并送至各个部门，很容易发生因财务报表下发不及时导致部门项目决策制定不科学等问题。在大数据和云计算技术的指导下，企业财务管理工作人员通过计算机即可将分析得到的具体数据信息在企业内部进行公开分享，有效保证了财务数据信息公示的及时性，进一步提高了企业内部各个部门的工作质量和效率。

第二节　财务管理专业的教学现状与目标定位

一、财务管理专业人才培养中教学现状分析

作为一个新兴专业，财务管理专业建设在近十余年的发展中尽管得到了长足发展，但是随着世界经济形势及人才需求的变化，财务管理专业在教学和实践方面还存在不能及时跟上经济环境变化的状况。主要表现在以下几点。

1. 教育培养理念片面、滞后

教育理念是教育行为的先导，先进的教育理念不仅可以改进教育思路，提高教育质量，而且可以使教育活动更加丰富多彩，增加教育者和受教育者的荣誉感。财务管理专业教育理念是教育本质和社会时代在财务管理专业教育中的反映，也是指导高等院校如何培养高素质财务管理专业人才的指南。在社会发展中从重视科学技术为主发展到以人为本，关注人的发展的完整性、全面性，更注重教育过程中知识向能力转化的背景下，以人为本、全面发展、素质教育、开放教育等教育理念越来越受到教育者的关注。

由于财务管理专业建设历史短，骨干教师一般由会计、金融以及企业管理等专业教师调配过来，对于财务管理专业建设的理解还处于探索之中，本身还没有认识到教育理念对财务管理专业教育的重要性，导致主体性、素质教育以及开放教育等一些先进教育理念并没有在财务管理专业建设中得到普遍关注。从目前财务管理专业的培养模式看，大部分高校都将主要精力放在专业知识的灌输上，能力培养没有被提到应有的重视水平。各高校在通才与专才的权衡中，大都选择了高级专门人才作为培养目标。财务管理专业人才培养模式忽视了人才质量的个性和特色，课程体系注重于让学生更多地掌握专业知识，而不是更多地提高专业素养和面对复杂环境的应变能力。以财务管理应用型人才为例，培养理念受到传统应试教育的惯性作用，它所培养的人才是为完成某项工作或服务功能单一的工具，是较狭隘的专业教育，更多地局限于传播知识，不能兼顾培养能力、提高素质。现代教育理念认为，现代的教育应该包括学会认知、学会做事、学会共同生活、学会生存，其中的应试能力所占比例是非常有限的，学校教育不能只片面地培养学生的应试能力。随着信息时代的到来，传统教育理念在财务管理本科专业中的弊端越来越明显，教学内容、教学方法、课程建设和实践环节条块分割，科学精神与人文精神相互隔离，严重影响了应用型人才的形成。

2. 专业定位模糊，培养目标不明确

在对全国 10 所高校财务管理专业的培养计划的抽样调查中发现，财务管理专业、金融学专业与会计学专业的课程体系设置有雷同的现象。在这三个专业所列出的 14 门专业必修课程中，财务管理专业和会计学专业的课程有 12 门完全相同，财务管理专业和金融学专业的课程有 10 门完全相同。如果再包含教育部规定的公共基础课程，专业之间的课程共享程度将会更高。除了这些共享课程以外，财务管理专业的特色课程仅有：中级财务管理、高级财务管理、国际财务管理、资产评估等课程。课程体系设置大同小异，导致各高校财务管理专业定位模糊，财务管理人才培养目标不够明确。不合理的财务管理专业课程设置无法适应新的理财环境下经济社会发展对财务管理专业人才的能力和知识结构的要求。

3. 教学资源陈旧贫乏

在学生能力培育的过程中，育人培养模式平面化，学生以课堂填鸭式获取知识为主，教师与学生局限于课堂内的面对面直接教学。教学方法和教学手段都是以"纸上谈兵"为主，以理论教学为重点，以封闭式的教学系统为主导方向。同时，现代教育信息技术资源不足，课堂教学资源与课外教学资源被割裂，学业、产业、就业、创业互不连贯。这就难以适应应用型人才培养所需的立体化模式，学生的认知规律和教育教学规律发生人为扭曲。在这种资源条件下，学校培养出来的学生，其知识结构具有片面性和落后性，个体能力具有残缺性和单一性。

4. 课程内容交叉重复现象严重

由于财务管理专业课程体系与金融学专业和会计学专业的共享程度较高，不可避免地带来了课程内容的交叉与重复，形成了会计、金融、投资等基础学科的"大杂烩"。专业课程的交叉重复虽然保证了各专业课程体系完整，但是直接导致教学课堂的资源浪费，弱化了财务管理专业的特色，不利于财务管理专业课程体系的优化。在知识和能力结构方面，财务管理专业学生的知识体系成为会计和金融类课程的简单叠加，专业核心能力不够突出。问题在于，由于课程内容存在重复交叉，使得财务管理专业学科范畴难以界定，到底是属于经济学还是管理学模糊不清，这不仅制约了该专业的学生培养目标定位、课程设置、教学考评、实践教学等建设内容，也严重影响了财务管理专业教育的持续发展。

5. 教学环境、对象、时间、进度安排狭隘

传统的课堂实时教学培养方式不能适应社会经济信息网络化的加快发展，传统财务管理专业学生的课堂、班级、课表概念变得愈来愈狭义，学习的场所、顺序、时间、内容、方式都缺少个性化和自主性。教与学的环境紧缩，教与学的进度受到教学标准和学生掌握程度的限制，教师和学生只能在固定时间、固定地点进行固定计划的教学培养，施教者与学习者均不能随机自主确定教与学的场所和时间，这在很大程度上和范围内禁锢了教者和学者的自主性。

6. 财务管理专业教学方法需要创新

教学方法是教师为了实现一定的教学目标和完成教学

任务，在教学过程中所运用的方式和手段。由于学科发展历史短，相关教学方法理论研究还比较缺乏，大部分财务管理专业教师都是由会计及相关专业教师转换过来，导致了我国财务管理专业的教学方法和手段缺乏创新，依然严重依赖于老师讲、学生听的"灌输式"讲授教学方法。尽管讲授教学法便于教师控制教学进程，有重点地讲授学科重难点知识，使学生能够在短时间内系统地获取学科知识。但在财务管理专业教学中，讲授法往往演变成教师演示课件、学生听讲或记笔记，忽视了教学活动中学生的积极性，从而难以培养学生在财务管理实践活动中的操作能力和创新能力。尽管在财务管理教学中，多媒体教学、网络教学、案例教学等已有应用，并在一定程度上改变了传统教学沉闷的氛围，但这些只是辅助性的教学手段和方法。

7. 教学实践环节薄弱

财务管理是一门实践性很强的应用性学科。但是，目前国内高校财务管理专业仍然是教师讲、学生听的"灌输式教学"模式，实践教学环节缺失。具体表现在：其一，对实验实践教学的重要性认识不够。虽然近年来大多数高校已将财务管理专业实验实践教学提上了日程，增加了相应实验实践教学的课时，给学生提供了一定的实训和实习的机会，但是由于对实验实践教学认识的局限，具体的实验实践教学只是使学生有一个初步了解，更为具体、实际的业务并没有涉及。实验实践教学没有达到预期的效果，学生进入工作岗位后难以适应用人单位的需要。其二，校内外实践环节薄弱。目前，财务管理专业实验室的建设投入很少，实验室基础设施薄弱，缺乏相应的软件和硬件，很多学生对财务软件知之甚少，影响了以后的工作。而且校内实验课程内容安排上不够合理，财务管理专业学生的实验内容重点仍是会计基础实训，没有涉及财务管理的专业实训。其三，教师实践教学能力有限。在理论教学与实验教学中，教师是学生获得知识的主要来源，尤其在实验教学环节中，教师的指导作用更为直接。但是，绝大多数教师是大学毕业后就直接参加工作，没有相应的工作经验，缺乏实践操作能力，而许多高校对教师的岗位培训与专业进修重视不够，导致他们缺乏实验实践教学所需的解决实际问题的能力。

8. "互联网+"教学模式仍需完善

财务机器人的出现及其对传统会计工作的替代，使用人单位对财务管理人才的需求发生了较大转变。一些大型企业开始招收计算机专业的人员来从事财务工作，传统财务管理人才面临着严峻的就业形势。改革传统财务管理人才培养模式，实现"跨学科"融合的创新理念得到国内高校的一致认同。在财会人才培养改革实践中，以重庆理工大学为代表的工学类大学凭借其工科优势，侧重于会计信息化的发展，在"互联网+会计"MPAcc试点中增设了XBRL与大数据分析、大数据挖掘与价值发现、大数据与财务决策等会计信息系统的特色课程，通过案例教学、翻转课堂、实践平台的搭建使"互联网+"真正融入会计人才培养体系中。以西南财经大学和中央财经大学为代表的财经类大学为应对"互联网+"对传统课程的挑战，在教学内容上增加了计算机相关的元素。但是教学方式、教师转型等方面的探索还不够成熟，课程体系中专业课程与计算机课程内容的融合还不够深入。在财会人才能力培养上，2016年财政部颁布的《会计改革与发展"十三五"规划纲要》中首次明确要全面推动会计从核算职能转变为管理职能，并参与决策。传统的会计人员面临

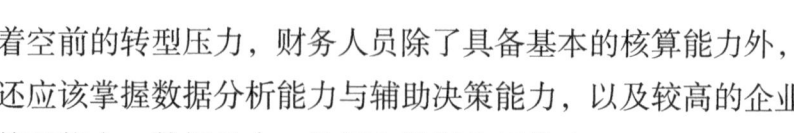

着空前的转型压力，财务人员除了具备基本的核算能力外，还应该掌握数据分析能力与辅助决策能力，以及较高的企业管理能力、数据整合、挖掘和数据分析能力。

二、我国高校财务管理专业（本科）的培养目标

自从 1998 年教育部把"财务管理"专业与"会计学"专业并列作为"管理学"门类"工商管理"学科下的一个独立专业后，许多高校纷纷开设了财务管理专业。通过搜索中国教育在线高考查询系统，2020 年全国开设"财务管理"本科专业的高校已经达到 681 所，遍及财务管理类、综合类、理工类、师范类、农林类等各高校。

教育部颁布的《普通高等学校本科专业目录和专业介绍》中，将财务管理专业的培养目标定为"培养具备管理、经济、法律、理财和金融等方面的知识和能力，能在工商和金融企业、事业单位及政府部门从事财务、金融管理以及教学、科研等方面工作的工商管理学科高级专门人才"。2000 年教育部高等学校工商管理类专业教学指导委员会在《关于财务管理专业的指导性教学方案》中提出，财务管理专业的培养目标是：培养德智体美全面发展，适应 21 世纪社会发展和社会主义市场经济建设需要，基础扎实、知识面宽、综合素质高、富有创新精神，具备财务管理及相关的管理、经济、法律、会计与金融等方面的知识和能力，能够从事财务管理工作的工商管理高级专门人才。

根据我国现有的财务管理专业岗位设置和能力要求，我国高校设立了财务管理专业的培养目标。我国工商管理类本科教育人才的培养目标是培养出"宽口径、厚基础、强能力、重创新"，适应 21 世纪商业发展需要的高素质工商管理人才。为了使财务管理专业本科毕业生能够胜任他们所从事的管理工作，我国教育部在《中国普通高等学校本科专业总览》中提出了对财务管理专业本科毕业生的知识和能力要求：

①掌握管理学、经济学和财务与金融的基本理论、基本知识；

②掌握财务、金融管理的定性和定量的分析方法；

③具有较强的语言与文字表达、人际沟通、信息获取能力，以及分析和解决财务、金融管理实际问题的基本能力；

④熟悉我国有关财务、金融管理的方针、政策和法规；

⑤了解本学科的理论前沿和发展动态；

⑥掌握文献检索、资料查询的基本方法，具有一定的科学研究和实际工作能力。

上述教育部的专业定位只是宽泛地指出培养对象应掌握的基础知识、应具有的专业能力和就业去向，仅对财务管理专业人才培养目标指定了大方向，描述过于笼统，对于"高级专门人才"的定位也比较模糊，是不是"高级专门人才"也要受到时代的发展、教育层次、学院类型等多方面因素的影响。因此，各高校具体详细的人才培养目标定位必须引进"应用型人才"和"研究型人才"这两个概念，在上述大方向的指引下，以社会需求为导向、学科优势和专业特色为依托来进行重新定位。

第三节 当今社会对财务管理人才的能力要求

什么样的人才是合格人才呢？在学校对学生进行培养之前，必须首先确定合格人才的标准，也就是人才培养标准。首先要了解当今社会大部分企业的财务管理组织机构设置情况以及对人才技能的要求情况，才能有针对性地培养符合社会需要的人才。

一、财务管理机构的设置

企业财务管理组织机构的设置应综合考虑企业的经营性质与规模、行业特点、业务类型以及企业总体组织形式等多方面因素，机构内部的设置要体现分工明确、职权到位、责任清晰的要求，以保证企业财务工作顺利进行。目前，财务管理组织机构可分为以下三种类型。

1. 以会计为轴心的财务管理机构

中小型企业财务管理的内容比较简单，其工作重点是利用商业信用筹资和收回应收账款，可以不单独设置财务管理组织，附属于会计部门。这种组织机构同时具备会计核算与财务管理双重职能。在机构内部以会计核算职能为轴心来划分内部职责，如在内部设立存货、长期投资、结算、出纳、成本等分部门。

2. 与会计机构并行的财务管理机构

在大中型企业，财务管理非常重要，其内容比较复杂，包括筹资、投资、收益分配等，所以，一般要单独设立财务管理机构，这种机构的特点是实行会计核算职能与财务管理职能的分离，财务管理职能由独立于会计核算职能之外的财务管理机构进行。企业财务工作的主要负责人是财务副总经理，直接上级为总经理。在财务副总经理之下，设有财务部经理和会计部经理。财务部经理的职责是组织财务活动，处理财务关系，负责资本的筹资、使用和股利分配；会计部经理负责会计和税务方面的工作。

3. 公司型财务管理机构

集团公司是在社会化大生产的基础上出现的一种新型企业组织形式，是现代商品经济条件下企业组织形式的创新。与一般企业相比，企业集团的财务活动一般分为四个层次：母公司层、子公司层、关联公司层和协作企业层。由于集团公司内部是由各自独立的成员企业组成，而非一个个独立的职能部门，与此相应的财务管理机构也适合采用法人形式，因而与集团公司相适应的财务管理机构是公司型财务管理机构，或者称财务公司。这种机构本身是一个独立的公司法定代表人，独立对外从事各种财务活动，在公司内部不仅设立从事财务活动的业务部门，还应设置一般公司所需的行政部门。财务公司的主要职责是负责集团公司的整体财务管理和各成员企业之间的财务协调，以及各成员企业的日常财务管理。具体职责如下：负责整个集团公司或者跨国公司的资金筹集，通常是通过金融市场取得资本；运用整个集团公司或者跨国公司的盈余资本或者单独筹集资本从事金融市场投资，买卖金融商品、提高信用放贷等；担当集团公司或者跨国公司内部银行的角色，在各成员企业间融通资本、办理结算等。

二、财务管理专业毕业生就业岗位及技能要求

财务管理专业的毕业生就业岗位以会计、财务分析、资金管理和投资理财等职业岗位为主。各岗位应掌握的专业基本知识和应具备的专业基本技能如下。

1. 会计岗位应掌握的专业知识及技能

（1）专业基本知识

①会计核算的基本理论与方法；②会计要素确认、计量的方法；③纳税会计处理及纳税申报知识；④财务管理法规知识；⑤会计电算化知识；⑥会计报表的编制与分析的基本理论和方法。

（2）专业基本技能

①会计凭证的编制与审核；②登记账簿；③财产清查；④成本计算；⑤纳税会计处理及纳税申报知识；⑥会计报表的编制与分析；⑦财务软件的熟练应用。

2. 财务分析岗位应掌握的专业知识及技能

（1）专业基本知识

①会计核算的基本理论与方法；②会计电算化知识；③财务管理法规知识；④财务分析的方法；⑤财务报表编制与分析的基本理论和方法。

（2）专业基本技能

①会计凭证的编制与审核；②成本计算；③财务预算的方法；④财务信息系统与组织控制；⑤财务分析方法；⑥财务报表的编制与分析；⑦财会软件的熟练应用。

3. 资金管理岗位应掌握的专业知识及技能

（1）专业基本知识

①流动资产管理的基本知识；②筹资管理知识；③资金分配管理知识；④资金成本与资本结构知识；⑤营运资金政策。

（2）专业基本技能

①应收账款管理；②现金管理；③存货管理；④筹资管理；⑤资金成本与资本结构分析；⑥资金分配管理方法。

4. 投资理财岗位应掌握的专业知识及技能

（1）专业基本知识

①公司理财学的基本理论和方法；②资本市场与资本运营的基础理论；③投资学的基本知识；④金融法规；⑤投资项目评估与管理的基本知识；⑥证券投资技术分析方法；⑦风险投资知识。

（2）专业基本技能

①理财的理念与方法；②公司财务控制与预算方法；③证券投资技术分析方法；④风险投资技巧；⑤上市公司报表分析；⑥税务筹划。

三、财务管理人才的职业发展与能力要求

1. 财务管理人才的职业发展需适应社会需求

本科财务管理专业人才培养目标应该结合服务地方经济的特点以及本科人才实践性的要求，在国家对财务管理人才培养的整体目标和要求下进行一定的调整，突显应用型、实践能力强的优势特征。目前，财务管理专业培养的毕业生主要进入于财务和会计岗位，在企业财务和会计岗位工作的财务和会计人员，其能力要求随社会需求而发生变化。社会需求变化决定了财务管理专业人才能力结构的动态性。随着社会的发展，经济的全球化，企业并购行为日趋增加，越来越多的企业走上集团化、国际化的道路，社会对财会人才的能力要求越来越高，对于某一区域而言，区域经济的快速发展，将对财务管理专业人才的数量及能力要求产生极大影响。

首先，随着世界经济的全球化发展，金融领域的跨国活动在迅猛发展，主要表现为资本流动的全球化、金融机构的全球化和金融市场的全球化。金融全球化促使资金在全世界范围内重新配置，既为发达国家的"剩余"资金提供了更为广阔的投资空间，也为发展中国家带来了更多的融资机会。各种金融产品不断创新，境外投资机构纷纷涌入，一方面企业筹资、投资有了更多的选择，另一方面又使企业处于极大的金融风险中。这些对财务管理工作者的理财观念、风险意识、知识结构和能力等方面提出了更高的要求。

其次，我国资本市场规模不断壮大，有力地推动了企业

重组和产业结构的调整，直接融资与间接融资实现了历史性突破，投资结构进一步完善。但目前有效的资本约束还未形成，这就要求财务管理工作者熟悉、掌握相关市场的法律法规要求和运作规律，并具有较强的发展适应能力。

再者，知识经济的兴起和电子商务的迅速发展，也使得知识资本、网络财务和网络安全风险等成为企业财务管理新的重要课题。经济环境的变化和一部分企业自身规模和行业地位的提升，使得企业财务管理的应用较之前更加普遍和深入，这也对财务管理专业人才的综合素质和能力提出了更高的要求。而目前我国高级财务管理人才严重缺乏，不少是从海外引进，特别缺乏内地本土培养的人才。由于高级财务管理人才必须经过市场的历练和经验的沉淀方能造就，不少企业开始进行财务管理人才的储备，使得人才市场上财务管理人才需求扩大。

2. 财务管理人才的实践能力要求

能力是掌握和运用知识技能所需的个性心理特征。从心理学角度讲，一般将能力划分为：一般能力和特殊能力。一般能力是指人在一切活动中所必需的一些基本能力，例如，感觉、记忆、想象和思维等方面的能力；特殊能力是指在完成某种专业活动所必须具备的能力。因此，财务管理专业人才的一般能力指在社交等一切活动中所必需的一些基本能力，如团队合作能力、交际能力。财务管理专业人才特殊能力是指在完成企业资金管理活动中所必须具备的能力，胜任财务岗位的财务人员特殊能力，如预算编制、财务预测等。

随着越来越多的跨国公司进入中国市场，也有大批的中国企业进入国际市场，社会经济发展对精通国际资本市场规则、熟悉国际会计准则惯例、外语水平优异、动手能力强、创新意识显著、综合素质高的高级财务管理人才的需求呈现几何基数增长。因此，财务管理专业人才的能力结构在划分为一般能力和特殊能力的基础上，应再进一步细分，形成合理的能力框架，促进学生的能力培养。财务管理专业培养的学生应具备较高的政治理论素养和社会责任感；拥有良好的身体心理素质和道德素质；具备良好的专业品质和与面向工作岗位相适应的踏实敬业、团结协作及创新意识的职业素养，具体来说，财务管理专业人才的职业要求如下。

（1）基本素质

具有 Windows 操作系统和 Office 等软件的操作能力，具备数据的收集、整理和分析的能力；拥有优秀的语言文字表达、人际沟通能力；具备较强的外语应用能力及书面和口头表达能力。

（2）思想道德素质

拥有高尚的文化与道德素养，具有正确的政治方向、坚定的政治信念；遵守国家法律和校规校纪；拥有较强的法律意识和社会责任意识；爱护环境，讲究卫生，文明礼貌；为人正直，诚实守信。

（3）科学文化素质

具有科学的认知理念与认知方法；实事求是、勇于实践的工作作风；自强、自立、自爱，正确的审美观、价值观；爱好广泛，情趣高雅，有较高的文化修养。

（4）职业道德

拥有诚实守信的品质，具有诚信品质、敬业精神、责任意识和遵纪守法意识，不谋私利，廉洁自律，坚持公平、公正的工作原则，保守职业秘密。

（5）职业行为

具有风险意识、法律意识和责任意识，以及良好的财务品格和严谨的行为规范；有吃苦耐劳精神，严谨、认真、细致的工作作风；具备人际沟通能力，团结协作精神；树立正确的择业观，健康的择业心态，正确的择业方法；拥有良好的心理素质和克服困难的能力及坚韧不拔的毅力，良好的心理素质、强烈的事业心和高度的责任感。

（6）自主学习、自我提高能力

能不断更新知识，善于接受新事物，学习新技术，自我提高的意识强。

（7）自我控制、管理与评价能力

具有自我教育和管理的意识和能力，确定符合实际的个人发展方向并制定切实可行的发展规划，安排并有效利用时间完成阶段工作任务和学习计划；拥有优良的体魄，具有较强的适应能力和承受能力；有正确评价自我和他人的能力。

（8）创新能力

在学习和工作中，勤于思考，善于提问，积极发表自己的见解；能在实际工作中，提出企业财务管理的新方法、新途径；拥有杰出的创新意识和创造能力。

第三章 财务管理专业教学模式研究

第一节 教学模式概述

随着科学技术的迅猛发展及社会的进步，高等教育的教学目标、教学对象和教学内容都发生了巨大的变化，高等教育要真正培育能够解决实际问题的、新世纪所需要的、具有世界竞争力的人才，必须深化高等教育人才培养模式改革与创新，积极探索新型教学模式是高等教育的必然选择和重要工作。

一、教学模式的概念

"模式"一词在现代社会中运用较为广泛。汉语中，模式是指"标准的形式或样式"。在英语中，它和"模型""模范"是同一个词，即"model"。模式通常被理解为经验与理论之间的一种知识系统，是再现现实的一种理论性的简化形式。概况来讲，它包括三个要点：第一，模式是现实的再现；第二，模式是理论性的形式；第三，模式是简化的知识系统。

一般认为，教学模式是指在一定教学思想或教学理论指导下建立起来的、较为稳定的教学活动结构框架和活动程序。它既是教学理论的具体化，又是教学经验的一种系统概括。它既可以直接从丰富的教学实践经验中通过理论概括而形成，也可以在一定的理论指导下提出一种假设，经过多次实验后形成。所以说教学模式也不是纯理论，它还含有程序、结构、方法、策略等远比纯理论丰富的东西。

教学模式不同于教学方法。教学模式是"在教学实践中基于教学形式和方法的系统结合而产生的一种综合性的形式",是宏观层次的概念。教学方法是教师和学生为了实现共同的教学目标,完成共同的教学任务,在教学过程中运用的具体方式与手段,是一个微观层次的概念。教学模式与教学方法有密切联系,教学方法是教学模式的重要内容,包含在教学模式之中,它比教学模式更具体。教学模式不是计划,计划只是教学模式的外在表现,仅此不足以揭示其内在的教学思想或意向。

人才培养模式在实践中已被探索多年,但理论上尚缺乏科学的定义。主要代表性的观点有:①目标、方式说。在1998年3月召开的第一次全国普通高等学校教学工作会议上,时任教育部副部长的周远清指出:"人才培养模式改革是当前高等学校深化教学改革的关键。所谓人才培养模式,实际上就是人才的培养目标、培养规格和基本培养方式。"②结构、方式说。时任教育部高教司司长的钟秉林在1999年11月召开的全国性教学工作会议上指出:"人才培养模式是学校为学生构建的知识、能力和素质结构,以及实现这种结构的方式,它从根本上规定了人才特征,并集中体现了教育思想观念。"③总和说。有些学者认为,人才培养模式是在一定的教育理论、教育思想指导下,根据特定的培养目标和规格,以相对稳定的教学内容和课程体系为依托,对不同类型专业人才、教育和教学模式、管理制度、评估方式及其实施过程的总和。前两种观点虽然突出了人才培养模式的基本内涵——培养目标和培养方式,但忽视了培养模式与社会经济环境的互动关系;第三种观点将培养目标与培养规格作为确定人才培养模式的"根据"失之偏颇。

二、教学模式的结构

教学活动存在于一定的时间和空间中。在空间上，教学活动表现为根据一定的教学理论、教学目标，处理和安排教师、学生、教学手段三者的地位、作用与相互关系；在时间上，教学活动表现为教师、学生、教学手段三者相互作用的具体实施过程。

因此，不同的教学理论、教学目标，对教师、学生、教学手段三者的地位、作用、相互关系的不同观点与处理、安排，以及所具有的时态序列，就构成了不同的教学模式。模式最突出的特点在于它是一种"结构"，且这种结构是由若干个与培养人才有关的要素组合而成的一种结构。人才培养模式是在一定的社会经济环境下，为实现人才培养目标而把与之有关的若干要素加以有机组合而形成的一种系统结构，是可供教师和教学管理人员在教学活动中借以进行操作的既简约又完整的实施方案。

一个完整的教学模式一般包括以下六个基本要素。

1. 教育思想与教学理论基础

理论基础是教学模式赖以建立的教学理论或思想，是教学模式的灵魂。教学模式是一定的教学理论或教学思想的反映，是一定理论指导下的教学行为规范。不同的教学观往往提出不同的教学模式。在人才培养模式中，教育思想与教学理念居于指导与支配地位，它制约着培养目标、培养规格、课程体系和培养过程。改革人才培养模式应首先应从转变教育思想与教学理念着手。

2. 教学目标

教学目标是指模式所能达到的教学结果，是教育者对某项教学活动在学习者身上将产生的效果所作出的预先估计。所谓人才培养目标，从狭义的角度理解，是指某类学校、某种专业培养人才的具体的质量规格和培养标准。任何教学模式总是为了完成特定的教学目标而创设的。教学目标在教学模式的构成因素中居于核心地位，是人才培养模式中最基本的要素，既受教育思想理念的指导，又是课程体系设置与培养过程选择的依据，是人们设计教学模式时处理结构、安排操作程序、选择策略方法的依据，对其他因素起着制约作用，是教学评价的标准和尺度。制定培养目标的主要依据有科学技术的发展、社会的发展和受教育者的身心发展状况。

3. 操作程序

操作程序即课程体系。每一种教学模式都有其特定的逻辑步骤和操作程序，它规定了在教学活动中先做什么、后做什么，以及各步骤应当完成的具体任务。操作程序的实质在于处理教师、学生与教学手段的关系及其在时间顺序上的实施。它是相对稳定，而不是僵化不变的。课程体系及其教学内容是影响人才培养质量的重要因素，是人才培养模式的体现和落脚点，需要在紧扣培养目标和培养规格的前提下，用系统论的观点和方法进行优化设计。

4. 师生角色

师生是构成教学模式重要的、能动的要素。任何教学活动都是师生之间的交往活动，这种交往的价值取向、方式和方法、互动与配合成为构成教学模式重要的、能动的要素。不同的教学模式、师生关系及角色特征有很大的差异。例如，教师对课堂教学的管理，可以是专制型（高度集中型）、民主型或放任型；学生的学习可以是被动型或主动型的。这种差异是由教学模式的价值取向、要完成的教学任务的特征及选择的教学策略等因素决定的。

5. 实现条件、手段与策略

实现条件、手段与策略是指促使教学模式发挥效力的各种条件（教师、学生、教学手段、时间、空间等）的最佳组合和最好方案，是人才的培养过程。策略是指为教师运用模式而简要提出的原则、方法和技巧，即操作要领。要保证模式在执行时的可靠性，提出的要领必须清晰、确切。保障教学模式的实现条件，可以更好地掌握和运用教学模式，顺利达到预期目的。它是由一系列的教育教学活动和相应的条件构成的。理论教学与实践教学在时空上的不同组合，构成了不同的教学过程。

6. 评价

评价是指评价的方法、标准等。由于各个教学模式在目标、操作程序、策略方法上的不同，因而评价的方法和标准也就不同。每种教学模式一般都有适合自己特点的评价方法和标准，但现阶段除少数的模式已初步形成了一套相应的评价标准方法外，很多模式至今尚未形成自己独特的评价标准和方法，这也是今后教学模式探索中的一个重点和难点。

培养模式是一个系统，系统中各要素既有不同的功能和特点，又彼此制约、相互作用。培养目标规定了培养方向和培养层次，是教育教学活动的出发点和归宿，具有导向作用，是设计培养规格、培养过程和进行评价的依据。

三、教学模式的特点和功能

（一）教学模式的特点

1. 指向性

教学模式具有很强的指向性。任何一种教学模式都围绕着一定的教学目标设计，而且每种教学模式的有效运用也需要一定的条件，所以在一定的条件下达到特定目标的教学模式才是最有效的、最恰当的教学模式。如果离开了特定的教学目标和教学条件，就谈不上哪一种教学模式是最好的。同时，不存在对任何教学过程都适用的普适性的模式。因此，在教学过程中选择教学模式时必须注意不同教学模式的特点和性能，遵循教学模式的指向性。

2. 操作性

教学模式必须是一种具体的、可操作的教学思想或理论，它把某种教学理论或活动方式中最核心的可操作部分用简化的形式反映出来，为人们提供了一个比抽象的理论更具体的教学行为框架，便于理解、把握和运用。

3. 完整性

教学模式是教学现实和教学理论的协调统一，它有一套完整的结构和一系列的运行程序及要求，体现着理论上的无懈可击和过程上的有始有终。

4. 稳定性

一般情况下，教学模式并不涉及具体的学科内容，所提供的程序对教学起着普遍的参考作用，具有一定的稳定性。但是教学模式总是与一定历史时期相联系，受到教育方针和教育目的的制约。因此，这种稳定性又是相对的。

5. 灵活性

教学模式的灵活性是指既要体现某种理论或思想，又要在具体的教学过程中进行操作，在运用的过程中必须考虑学科的特点、教学的内容、现有的教学条件和师生的具体情况，进行细微的方法上的调整，才能体现对学科特点的主动适应。

（二）教学模式的功能

1. 中介功能

教学模式能为教学提供一定理论依据，使教学摆脱只凭经验和感觉在实践中从头摸索进行的状况，为教学搭建起一座理论与实践相联系的桥梁。教学模式是抽象理论得以发挥其实践功能的中间环节，也是教学理论得以具体指导教学，并在实践中运用的中介。

2. 示范引导功能

教学模式为教学理论运用于实践提供了较为完备、便于操作的"基本套路"，教师在运用这些"基本套路"时，可以根据具体教学条件或情境灵活调整，形成适合教学实际的"变式"，从而减少盲目摸索、尝试错误所浪费的时间和精力，这就是教学模式的示范引导功能。教学模式示范引导功能的发挥，对于青年教师尽快独立教学、学校教学工作规范化、正常教学秩序的建立等，具有非常重要的意义。而教学模式的示范引导功能，旨在教给教师教学的"基本套路"，并不会限制或扼杀教师的个性和创造性。

3. 启发功能

教学模式一般由理论基础、教学目标、操作程序、实现条件、评价等要素组成，它能启发人们根据这些线索探索新的问题，如教学思想的渊源与发展线索、教学目标的分类与诠释、在时间与空间上的操作序列、师生角色的分配与活动的比重、评价的侧重点等。

四、教学模式的历史与发展

教学模式是教学活动的基本结构，每个教师在教学工作中都不由自主地按照一定的教学模式进行教学，而科学合理的教学模式离不开对传统教学模式的借鉴和对新兴教学模式的理解与运用。

1. 教学模式的演变

系统完整的教学模式是从近代教育学形成独立体系开始的，"教学模式"这一概念与理论在 20 世纪 50 年代以后才出现。不过在中外教学实践和教学思想中，很早就有了教学模式的雏形。

教学的典型模式就是传授式，其结构可以概括为"讲—听—读—记—练"。其优点是通俗化和直接性，能使深奥、抽象的课本知识变得具体形象、浅显通俗，同时避免了认识过程中的许多不必要的曲折和困难。其缺点是很容易固化成教师灌输知识，学生被动接受知识的模式，缺乏独立思考和探索，这样使学生不仅对知识本身掌握不牢固，更难做到举一反三并加以迁移应用，从而限制学生能力的发展。

到了 17 世纪，随着学校教学中自然科学内容和直观教学法的引入，班级授课制度的实施，夸美纽斯提出应当把讲解、质疑、问答、练习统一于课堂教学中，并把观察等直观活动纳入教学活动体系之中，首次提出了以"感知—记忆—理解—判断"为程序结构的教学模式。

19 世纪是一个科学实验兴旺繁荣的时期。赫尔巴特从"统觉论"出发，研究人的心理活动，认为学生在学习的过程中，只有当新经验已经构成心理的统觉团的概念且发生联系时，才能真正掌握知识。所以教师的任务就是选择正确的材料，以适当的方式提示学生，形成他们的学习背景或称统觉团。从这一理论出发，提出了"明了—联合—系统—方法"的四阶段教学模式。接着他的学生莱因又将其改造为"预备—提示—联合—总结—应用"的五阶段教学模式。

以上这些教学模式存在一个共同的缺点，即学生的个性发展没有被全部解放出来。于是，随着资本主义大工业的发展，强调个性发展的思想普遍深入与流行，以赫尔巴特所提出的教学模式为代表的传统的教学模式受到了挑战，应运而生的杜威的实用主义教育理论得到了社会的推崇，教学模式的发展又被向前推进了一步。

杜威提出了以"做中学"为基础的实用主义教学模式。这一模式的基本程序是"创设情境—确定问题—占有资料—提出假设—检验假设"。这种教学模式打破了以往教学模式单一化的倾向，弥补了赫尔巴特教学模式的不足，强调学生的主体作用，强调活动教学，促进学生发现探索的技能的培养，使学生获得探究问题和解决问题的能力。这一教学模式开辟了现代教学模式的新纪元。当然，实用主义教学模式也有其缺陷。它把教学过程和科学研究过程等同起来，贬低了教师在教学过程中的指导作用，片面强调直接经验的重要性，忽视知识系统性的学习，影响了教学质量。

20世纪50年代以来，随着新的科技革命的发展，现代心理学和思维科学对人脑活动机制的揭示，经过认识论对个体认识过程的概括，认知心理学对人脑接受和选择信息活动的研究，特别是系统论、控制论、信息加工理论等的产生，对教学实践产生了深刻的影响，也给教学模式提出了许多新的课题。

2. 教学模式的发展趋势

（1）由以"教"为主向以"学"为主的教学模式变化。现代教学模式更重视教学活动中学生的主体性，重视学生对教学的参与。

（2）教学模式的技术手段日益现代化。信息技术对教育发展具有革命性的影响。信息技术应用到教学中，不是用来强化课堂教学已有的模式，不是为了便于教师利用其来传递知识，而是要利用信息技术，支持学生构建一种全新的学习方式。

赫尔巴特认为，观念有同化作用，这就是说，人们心灵中已有的旧观念可以同化、吸收新的观念，使自己得到补充、丰富，并在原有的基础上形成新的观念。他把这个过程称为"统觉"。统觉在教学过程中具有重大意义，整个教学过程主要是统觉的过程。它有助于形成一种服务于学生自主学习的公共平台和资源库。

（3）教学空间的范围扩大化。教学的空间范围从教室发展为一切可能发生学习的地方。不只限于在实验室、制作室研究学习，去一个企业或者到社会上考察，抑或是到大自然里面观察、体验，而在家里，在等公交的车站或巴士上，在你愿意的任何一个地点都可以教学。

（4）学生从自主学习向自主管理发展。在这一趋势下，教学模式更注重学生担当责任的能力以及自我管理能力的形成。

教学模式的变化将引起教育的变革。整个社会可能重建教育结构、重建教育秩序、重建教育标准。

五、教学模式的种类

由于教学实践依据的教学思想或理论的不同，学习内容和目标的不同，教学实践活动的形式和过程必然不同，从而形成不同的教学模式。教学模式的分类方法很多，按教学系统的结构关系的不同分为"以教师为中心"的教学模式、"以学生为中心"的教学模式和"教师为主导，学生为主体"的双中心教学模式；按教学组织形式的不同分为班级教学模式、小组教学模式和个别化教学模式；按教学目标的不同分为基于"做"（hand-on）的教学模式、基于思维（mind-on）的教学模式、基于事实（reality-on）的教学模式。本书重点阐述按学习理论依据的不同对教学模式进行分类的方法，具体可分为以下五类。

1. 行为修正模式

行为修正模式主要依据行为主义学习理论，强调环境刺激对学习者行为结果的影响。如斯金纳的操作性条件作用和强化理论、班杜拉的观察模仿学习和行为矫正理论等。其教学方法有程序教学、掌握学习法、模拟、计算机操练与练习等，特别适用于知识技能训练。

2. 社会互动模式

社会互动模式主要依据社会互动理论，强调教师与学生、学生与学生的相互影响和社会联系。如班杜拉的社会学习理论、维果斯基的文化历史发展理论等。其教学方法有合作学习、群体讨论、角色扮演、社会科学调查等，特别适用于培养人际交往沟通能力。

3. 人格发展的个人模式

人格发展的个人模式主要依据个别化教学的理论与人本主义的教学思想，强调个人在教学中的主观能动性，坚持个别化教学。其教学方法有非指导性教学、启发式教学、求同存异讨论教学等，适用于个性培养和求异思维的培养，有利于培养学生独立学习和解决问题的能力。

4. 信息加工模式

信息加工模式主要依据认知主义的信息加工理论，把教学看作一种创造性的信息加工过程，其教学方法有概念获得的探究方法、范例教学、有意义接受学习、发现学习、调查方法等，用于提高逻辑思维，批判思维能力。

5. 建构主义模式

建构主义模式主要依据建构主义学习理论，强调学习者以自己的方式通过别人的帮助，建构对事物的理解。其教学方法有情境法、探索发现法、基于问题式学习、小组研究、合作学习等，特别适用于"劣构"领域和高级知识的学习以及科学研究精神的培养。

六、常见的国内外课堂教学模式

1. 布卢姆的掌握学习教学模式

掌握学习教学模式是在所有学生都能学好的思想指导下，以集体教学为基础，辅之以经常及时的反馈，为学生提供个别化的帮助以及额外的学习时间，使大多数学生都能达到教学的基本要求。

2. 斯金纳的程序教学

程序教学是根据学生目标，在促进学习者学习时，不断地给予强化，促进学习者向着学习目标迈进。

3. 赞科夫的"发展性"教学体系

"发展性"教学体系的主导思想，即以最好的教学效果来达到学生最理想的发展水平。赞科夫提出了五条"教学原则"：①高难度进行教学；②高速度进行教学；③理论知识起指导作用；④使学生理解学习过程；⑤使全班学生都得到发展。

4. 加涅的信息加工教学模式

信息加工教学模式把学习看成信息的获取、加工和储存。这是近代认知心理学最强调的观点。

5. 塔巴的"三步九阶段"教学模式

塔巴反对教师把现成的结论直接传授给学生，提倡学生通过自己处理信息来形成自己的结论，认为思维技能是能通过教学来进行传授的，但它必须通过特定的教学策略来进行，并且这些策略要按一定的顺序来使用，因为一种思维技巧的建立和获得往往要以另外一些思维技能的建立和获得为前提。

6. 杜郎口中学的"三三六"课堂教学模式

山东省聊城市杜郎口中学在教学改革中探索出一套学生自主学习的高效课堂教学模式，被称为"杜郎口模式"，或"三三六"模式。在后面有专门论述。

7. 主体性课堂教学模式

主体性课堂教学模式就是以"学术自立、自由、自觉，教讲民主、和谐、灵活"为基本特征，以"主体性"为典型特点的教学模式。

8. "271"模式

"271"模式，即课堂 45 分钟按照 2 ∶ 7 ∶ 1 的比例划分，要求教师的讲课时间不大于 20%，学生自主学习占到 70%，剩余的 10% 用于每堂课的成果测评。

"271"体现在学生的组成划分上，即 20% 是优秀生，70% 是中等生，10% 是后进生。

"271"还体现在学习内容上，即 20% 的知识是不用讲学生就能自学会的，70% 是通过讨论才能学会的，10% 是通过同学之间在课堂上展示，互相回答问题，加上老师的讲解、点拨，并通过反复训练才能会的。

七、现代信息环境下财务管理专业的教学模式设计观

近年来对教学模式的研究引起了国内教育界的重视，并开始进行现代信息环境下的教学模式改革。

1. 现代课程观

传统课程观认为课程包括教材、教师、学生三个要素，强调教材的控制作用，课堂教学活动主要是教师将教材内容传授给学生，这一时期的课程观导致了教材几乎等同于课程并控制课程的普遍现象。财务管理课程亦不例外。现代课程观认为课程是一个生态系统，其组成要素可概括为教学内容、教师、学生、教学环境（财务管理环境及教学媒体）四个要素。从教学内容来看，随着现代信息技术的发展和企业信息化的普及与不断升级，财务管理学科作为管理学的分支，其内容在不断扩大，在与其他学科不断地相互交叉融合。财务管理系统不再是财务管理信息"孤岛"，而是融于企业资源计划（ERP）、供应链乃至需求链中集业务与财务一体化的 AIS。财务管理课程中的师生、教学内容与财务管理环境之间形成的是一种持续交互作用的动态过程。由于财务管理学科有很强的技术性与实践性特点，使得这一过程可以设计成为充满挑战与活力的体验过程，师生在其中共同学习财务管理理论、探索财务管理实务，课程的各要素有机融合为一个生机盎然的教学系统。深化教学改革，不仅包括教材建设，还包括教学观念的变革，尤其是课程观的变革。现代课程观对教学模式的构建提供了理论与技术支持，同时也提供了对教学模式的一种评价标准。

2. 教学结构观

多年来，我国普遍反映整个教学改革并没有取得大突破的原因在于，这些教学改革只注重了教学内容、手段和方法的改革，而忽视了教学结构的改革。我们应探索一种既强调教师的主导作用，也强调有效激发学生的学习兴趣和学习欲望，从而形成学习动机的"主导—主体"教学结构。财务管理专业教学模式一般包含教育理念、人才培养目标、课堂教学与实践教学的操作程序、教学方法和教学手段、信息化财务管理环境应用以及对教学模式的评价，这些部分又有机地融于信息化环境下师生互动的教学活动中。通过信息化系统环境的教学模式，有效解决财务管理专业技能训练的问题，能够在知识传授与技能训练间形成良性的互动与互补，能够将财务管理专业素质培养与创新能力培养的要求有效融入教学模式中。要实现这样的培养目标，需要与之适应的教学模式，需要对教学方法、教学手段进行创新和改革，如采用案例教学、信息分析、公司实习、角色扮演等新方法。但是需要明确的是，教学方法和教学手段是教学结构中最底层的元素，对其进行改革可能不会触及教育理念和教学模式的改革。以优越性得到公认的案例教学为例，如果教学结构仍然是"以教师为中心"，即使用了这一教学方法，其教学结果可能还是既不能实时反映和实现财务管理与生俱来的量化属性，也不能让学生通过亲历案例实践获取财务管理经验，最终使案例教学流于形式而沦为新的"纸上谈兵"。

3. 信息技术与课程整合观

对于财务管理专业高等教育而言，信息技术与课程整合可分为三个阶段：计算机辅助教学阶段、基于信息技术的课程改革阶段和基于信息技术的全面教改阶段。财务管理学科教育与其他学科一样目前正处于第一个阶段，财务管理专业教育已经实现在多媒体教室授课，但是仍然是以教师讲学生听的方式为主，学生学习的主动性并未因教学媒体的变化而发生根本性改变。业界也曾寄希望于课件的进一步优化，但是无论怎样改进，都不能实现与财务管理环境的有机结合，只能是静态的财务管理环境与数据的显示。在计算机辅助教学阶段，信息技术主要用于改变教学内容的传递方式。无论课件做得何等精美，多媒体教室设备如何先进，只要属于计算机辅助教学阶段，经过一段时间的应用后，"瓶颈"必然会出现，这是由其先天性缺陷所致。因为计算机辅助教学阶段隐含的假设是原来的教学模式是很好的，只是教学手段不够而已，技术只是用来帮助实现原有的教学模式及手段，只是处在"术"的地位，未能触动教学理念和模式的变革。因此，财务管理专业教育当前的首要任务是，进一步深化财务管理专业教学改革，不能再局限于教学方法和教学手段的改革，而是要触动教育理念、革新教学模式，这样的改革即是前述的信息技术与课程整合的第二阶段（基于信息技术的课程改革阶段）。唯有如此，才能突破计算机辅助教学的瓶颈，以技术应用带动财务管理课程改革，最终进入整合的更高级阶段——基于信息技术的全面教改阶段。

第二节　混合学习教学模式

一、混合学习教学模式的基本内容

混合学习被认为是把在线学习与面对面学习优势结合起来形成的一种新的学习方式。混合学习蕴含巨大的潜力，是对传统教育进行根本性的设计，属于破坏性创新。

（一）混合学习教学模式的定义

混合学习教学模式的主要特点在于混合不同学习环境，特别是传统的面对面教学环境和基于数字技术的教学环境的混合。

具体来讲就是，在正式教育中，学生的学习形式包括至少一部分是通过在线学习和讲座来接收内容，且学生能自己控制时间、地点、路径和进度；另外至少一部分是在有监督和指导且不在家的实体地点进行。

　　"在线学习"这个词，根据不同环境可以用"虚拟学习""数字化学习""电子学习"等替换。"学生能自己控制时间、地点、路径和进度"这部分则是把混合学习与技术教学如多媒体教学等区分开来，"正式教育"与非正式学习区分开来。

　　具体提到学习必须是"有监督"和发生于"不在家"的地点，这是为了与发生在咖啡馆、图书馆或家中的全职在线学习区分开，提供监督和指导的人也避免是学生的家长或其他非专业人士。

　　混合学习并非一种单一的模式，不同的组织、学校或教师可能有自己对混合学习的理解和实践运用。一般认为混合学习的主要类别有四种，即循环模式、弹性模式、自混合模式、增强虚拟模式。其中，循环模式又分为四种，即就地循环模式、实验室循环模式、翻转课堂模式、个别循环模式，如图3-1所示。

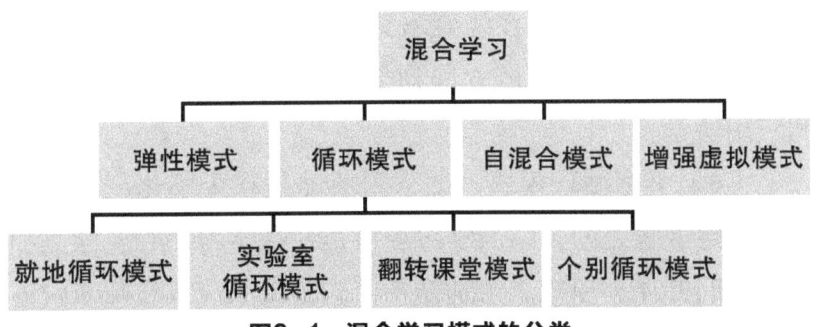

图3-1　混合学习模式的分类

1. 循环模式

对于某一给定的学科或课程，在固定的时间表内，学生在多种学习形式和活动（如在线学习、小组协作、集中授课、分组项目、个别辅导、书面作业）中循环的学习模式。根据学习场所和时间表又分为以下四个子类。

（1）就地循环模式，即各种学习形式和活动的场所在固定教室中的循环模式。例如，在每间教室装配了10~15台电脑，每天教师带领学生们在教室中循环进行在线学习、小型讲座、小组协作和个别辅导等学习活动。

（2）实验室循环模式，即各种学习形式和活动的场所在校园内的教室和在线学习实验室之间循环的学习模式。例如，每天学生75%的时间在各种教室参加面对面课程，另外25%的时间（大约2个小时）在装配有大量电脑的学习实验室进行实训操作和案例学习。

（3）翻转课堂模式，即上课时间在教室参加教师面对面的辅导，放学后回家进行在线学习的循环模式。例如，学生们在放学后在线观看讲解财务管理的视频，并在Moodle上回答相应问题；回到学校后在教师的帮助下实践和应用所学。

（4）个别循环模式，即学习活动是在个别化定制时间表和固定课表之间，以及学习场所是在线学习中心实验室和教室之间的循环模式。个别循环模式是由系统或教师来设置学生的个别化时间表，与其他循环模式的区别是学生没必要参加每一个地点或形式的学习。例如，每位学生按照自己特别的时间表，在学习中心的在线学习和各种线下学习活动之间循环，每个来回至少35分钟。

2. 弹性模式

弹性模式是一种内容和讲座主要通过互联网传递，学生学习基于个别化定制，各种学习形式流动安排，课程登记教师做现场支持的学习模式。面对面教师支持活动包括小型讲座、分组项目、个别辅导等。这是一个弹性和自适应的方式，根据需求有的可能需要大量面对面支持，有的需求则较少。例如，面对面教师使用数据监控面板在学生学习核心课程时提供有针对性的干预和补充。

3. 自混合模式

自混合模式就是学生选择一门或多门课程进行完全在线学习，作为对传统课程的补充，且教师通过在线给予支持的学习模式。学生既可以在学校又可以在校外进行在线学习。学生自主选择在线课程和学校传统面对面课程进行混合学习而并非学校统一运作，这是与全职在线学习和后面的增强虚拟模式的主要区别。例如，可以让学生自主选择学习一门或多门在线课程，课程是异步的，学生可以在一天中任何时候学习。学校创建一个叫作"网络休息室"的场所，让学生既可以在学校完成在线课程，又可以在其他地方完成在线课程。每个学生都可以通过在线方式寻求这门课程的教师单独指导，这些教师大部分也担任了学校的面对面课程。

4. 增强虚拟模式

增强虚拟模式是一种由学校统一运作，学生把在线学习和面对面教室学习时间完全分离开的一种模式。这类模式多发端于全职在线学习学校，然后通过给学生增加实体学校体验而发展起来的混合学习模式。它与翻转课堂的区别是学生每周很少出席实体学校的面对面课程。例如，可以让学生只在每个课程开始时在教室中与教师面对面，课程其余部分都

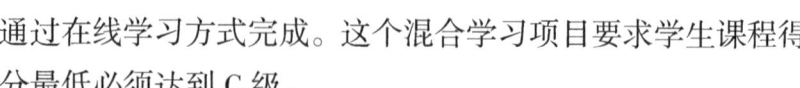

通过在线学习方式完成。这个混合学习项目要求学生课程得分最低必须达到 C 级。

混合学习的发展使其内涵也越来越广泛，主要包括：混合在线与离线学习、混合自定步调与实时协作、混合结构化与非结构化的学习、混合学习实践和绩效支持、混合多种教学资源、混合多种环境、混合多种学生支持服务。混合学习过程更强调教师主导作用与学生主体地位的结合，其关键是对媒体的选择与组合。下面主要以翻转课堂教学模式来说明混合教学模式的基本程序。

二、混合学习教学模式的典型模式——翻转课堂教学模式

（一）翻转课堂教学模式的起源

翻转课堂（Flipped Classroom）教学模式是美国曾获得"数学和科学教学卓越总统奖"的乔纳森·伯尔曼（Jon Bergmann）和亚伦·萨姆斯（Aaron Sams）两位优秀教师开创的，是打破现有教学模式的一种创新模式，是颠覆传统课堂教学模式的有效尝试。

一直以来，在科罗拉多州落基山的一个山区镇学校"林地公园高中"普遍存在的问题之一是：许多学生由于各种原因时常错了正常的学校活动，且学生把过多的时间花费在往返学校的巴士上。这样导致很多学生由于缺课而跟不上学习进度，直到有一天情况发生了变化。在 2007 年春天，学校的化学教师乔纳森和亚伦开始使用屏幕捕捉软件录制 PowerPoint 演示文稿的播放和讲解声音。他们把结合实时讲解和 PPT 演示的视频上传到网络，以此帮助课堂缺席的学生补课。更具开创性的一步是，他们逐渐以学生在家看视频听讲解为基础，开辟出用课堂时间来为完成作业或做实验过

程中有困难的学生提供帮助。不久，这些在线教学视频被更多的学生接受并广泛传播。

（二）翻转课堂的概念

所谓翻转课堂，就是教师为每天教学课准备若干分钟（一般 5~15 分钟）的在线视频，学生在家中或课外观看视频中教师的讲解，然后回到课堂上与教师面对面交流讨论并完成作业或任务的这样一种教学模式。

需要强调的是，翻转课堂不是在线视频的代名词。翻转课堂除了教学视频外，还有面对面的互动时间，可以与同学和教师一起发生有意义的学习活动。翻转课堂不是视频取代教师，不是在线课程，不是学生无序学习，不是让整个班的学生都盯着电脑屏幕，不是学生在孤立地学习，而是一种增加学生和教师之间的互动和个性化的接触时间的手段，是提供了让学生对自己学习负责的环境，是混合了直接讲解与建构主义的学习，是即使学生课堂缺席，也不会被甩在后面的课堂，是一种使课堂的内容得到永久存档，可用于复习或补课的教学方法，是所有的学生都积极学习的课堂，是让所有学生都能得到个性化教育的课堂。在翻转课堂中，教师是学生身边的"教练"，不是在讲台上的"圣人"。

（三）翻转课堂的实施

翻转课堂一般应创设两个基本环节。

1. 创建教学视频

首先，应明确学生必须掌握的目标，以及视频最终需要表现的内容；其次，收集和创建视频，应考虑不同学生和班级的差异；最后，在制作过程中应考虑学生的想法，以适应不同学生的学习方法和学习习惯。

2.组织课堂活动

教学内容在课外传递给学生后，那么课堂上更需要高质量的学习活动，例如：让学生有机会在具体环境中应用其所学内容；也可以让学生创建内容，独立解决问题；更可以进行探究式活动，基于项目的学习；等等。

（四）翻转课堂教学模式背后的学习理论

翻转课堂教学模式并非源自新的教育和学习理论，其仍然采用的是为广大教师所熟悉的掌握学习法。

掌握学习法由本杰明·布卢姆创立。布卢姆认为只要提供最佳的教学条件、足够的学习时间，绝大多数学生会掌握学习任务，获得良好成绩。实验结果也的确是这样。掌握学习，就是学生按他们自己的节奏学习课程，当他们完成一个单元，他们必须证明已学到了内容，采取的方式是"形成性测验"，包括实验室和书面测试。如果学生在这些测验中得分低于85%，他们必须回去，重新学习他们错过的概念，并再次参加考试。学生的成绩不再是由预想的比例决定，而是他们已经掌握了多少内容。

看似完美的模式，在实际运作中却不尽如人意。原因在于群体教学模式还顽固地存在着，所以学生不可能按自己的时间和节奏进行学习，必须跟上班级群体教学进度。

鉴于此，现行的教学策略采取群体教学与掌握学习结合的方式——群体学习并辅之以每个学生所需的频繁的反馈和个别化的矫正性帮助，反馈通常采取形成性检测的方式揭示学生在学习中存在的问题，再通过个别化辅导协助学生矫正错误，达成学习目标。不过这种策略在课堂教学实际运用中已是面目全非，即注重群体教学和目标检测，缺少了个别化辅导矫正，导致学习效果大幅倒退。

而现在流行的翻转课堂，能够使真正掌握学习这一目标在 21 世纪的学习中得以实现，处理得当甚至可以利用科技实现翻转课堂的一对一学习。

（五）翻转课堂教学模式的特点

翻转课堂还有很多名称，如颠倒教室、翻转教学、颠倒课堂、翻转学习等，其实意思都一样。目前，翻转课堂还在快速发展和完善中。不管怎样，引入翻转课堂实践的学校越来越多，翻转课堂也正在给教育带来颠覆性的变革，翻转课堂彻底改变了学习。

1. 让学生自己掌控学习

翻转课堂教学模式，是利用教学视频，让学生能根据自身情况来安排和控制自己的学习。学生在课外或回家看教师的视频讲解，完全可以在轻松的氛围中进行；学生观看视频的节奏快慢全在自己掌握，可以反复观看，也可停下来仔细思考或笔记，甚至还可以通过网络向老师和同伴寻求帮助，进而允许学生按照自己的进度安排学习和完成与之匹配的作业。

2. 增加学习中的互动

翻转课堂最大的好处就是全面提升了课堂的互动，具体表现在教师和学生之间以及学生与学生之间。

翻转后，教师的角色已经从内容的呈现者转变为学习的教练，这让教师有时间与学生交谈，解答学生的困惑，参与学习小组讨论，或与学生进行一对一的交流，也可以把有相同疑惑的学生聚集在一起进行小型讲座或演示，并及时给予指导。显然，教师比以往任何时候更有时间与学生互动。

与此同时，学生之间的互动也比以前多了。在教师忙于与某部分同学对话时，学生可以即兴组建起他们自己的协作学习小组，学生们彼此帮助，相互学习和借鉴，而不是依靠教师作为知识的唯一传播者。

翻转课堂无形中形成了一种学习文化，那就是学生们不再把学习当作任务完成，而是一件自我需求且有意义的活动。

3. 教师更了解学生，更有机会和时间帮助学生

翻转课堂能为由各种原因造成不能正常上课的学生提供帮助和学习机会。其巨大的灵活性让他们自主安排忙碌的时间——可以提前学习或事后补课，做到课程和活动两不误。而课堂上，教师的时间被释放，可辅导每一位有需求的学生，尤其是学习有困难的学生。

4. 教师与家长的交流更深入

翻转课堂改变了教师与家长交流的内容。传统教学中，家长关心的最多的是自己孩子在课堂上的表现。例如，其是否安静地听讲，行为恭敬，举手回答问题，不打扰其他同学等。而在翻转课堂中，家长关心的问题转变为孩子们是否在学习。如果他们不学习，家长和教师可以更好诊断孩子不学习的原因，并共同创建一个适当的环境来实施必要的干预，或做些能帮助他们学习的事情。如何把学生带到一个环境，帮助他们成为更好的学习者，是家长和教师共同关注的深层问题。

（六）翻转课堂实施过程中需要的环境支撑

1. 学校作息时间安排

（1）实施翻转课堂，学生需要在课后花费大量时间，因此需要学校在教学时间安排上予以支持。

（2）在翻转课堂的教学中，教师不应占用学生大量的自主学习时间，应该给予其充分的时间观看教学视频并进行

积极自我思考。

2. 学科的适用性

为了适应财务管理专业特点，在开展翻转课堂时，需要注意提高教学视频的质量，通过教学视频概括课程中所讲授的基本知识点、阐述相关理论，引起学生思考，让学生在课后查阅资料并进行思考，然后在课堂中与教师、同学进行交流探讨，逐步深化理解。

3. 强化教学过程中信息技术的支撑

翻转课堂的实施需要信息技术的支持。从教师制作教学视频、学生在家观看教学视频到个性化与协作化学习环境的构建都需要现代信息技术的支持。

网络速度较慢是当今制约众多学校开展网络教学的因素之一。在实施翻转课堂教学时，学校要通过各种途径解决这一问题，如配置高性能服务器、增大网络宽带的接入量。学生在课后是需要通过电脑和网络进行学习的，对于一些缺乏硬件条件的学生，学校应该提供相应的设备支持，如学校机房应在课余时间仍对学生开放。

翻转课堂教学实验的学校需要给授课教师提供技术上的支持，并在制作授课视频过程中形成流程化的发布方式，为后续教学视频录像提供经验。

翻转课堂成功与否的一个重要因素在于师生、生生之间的交流程度。利用信息技术为学生构建个性化与协作化的学习环境至关重要，这就需要教学平台的支持。平台作为交流工具，教师可以根据自己对教学活动的设计选择不同的课程平台。

4. 教师专业能力的支持

翻转课堂的实施过程中，在教学视频的质量、学生进行交流的指导、学习时间的安排、课堂活动的组织，以及模式的高效应用上，教师专业能力的强弱都起着至关重要的作用。翻转式教学模式对教师的要求主要有以下几方面。

（1）要教会学生利用自由支配的时间。给学生提供自由支配的时间，并不是说让他们爱干什么就干什么，而是要让它成为学生智慧、情感和全面发展所需要的、必不可少的时间。

（2）要使知识"活起来"。应努力做到，使知识既是学习的最终目的，又是获取新知识的手段或工具。

（3）让学生进行独立的思考，发展学生思维。教师越是善于给学生的思维活动赋予一种解决任务的性质，那么他们的智慧力量就越加积极地投入这种活动，障碍和困难就暴露得越加明显，从而使脑力劳动成为一种克服困难的过程。再者，教师要善于将现在学习和即将学习的东西，变成学生乐于思考、分析和观察的对象。

第三节　杜郎口教学模式

杜郎口教学模式（Du Langkou educational model），是杜郎口中学课堂教学模式的简称，是指山东省杜郎口镇中学践行学生主体地位而摸索新创的"三三六"自主学习的高效课堂模式。

一、杜郎口教学模式的思路和理念

1. 模式创设理念

杜郎口课堂教学模式基于对"教育即解放，释放人的潜在能力，挖掘人的创造力，促进人的全面发展"的认识，以"以人为本，关注生命"为基本教学理念，继而提出"为学生的生命质量负责，为学生的终身发展负责"，"一切为了学生的发展，一切适应学生的发展，一切促进学生的发展"的根本理念；以"快乐学习，幸福成长"为教学宗旨；以"人人参与，个个展示，体验成功，享受快乐"为课堂主题，达到激活思维、释放潜能、自主学习、个性发展的教学意图，最终培养具有自主自信、自强不息、勇敢有为、探索创新精神的，具有团结合作、服务奉献品质的现代社会人才。

2. 杜郎口教学模式的教学观

（1）教是为了不需要教，由一个人的积极性，变为几十个人的积极性，以把学习变成学生自己的事情为教学要求，实现学生、教师、课堂的转轨。

（2）该模式的理念是："给我一次机会，还您一份惊喜"；"我参与，我快乐；我自信，我成长；在参与中快乐，在快乐中幸福，在幸福中成长；变苦学为乐学，变乐学为会学，变会学为愿学"。

3. 预期实现的学生、教师及课堂的转轨目标

杜郎口教学模式旨在将学生、教师及课堂的角色重新界定。其基本目标体现为以下三个方面。

（1）学生要由接受知识的容器变为有自主人格的人；由对考试的准备变为对人生的理解；由对知识的背记变为规律的总结；由内向羞涩变为勇敢大方；由自私变为公益。在杜郎口教学模式下，黑板是学生的，甚至地板也是学生的（大片大片地写出来交流）；讲台是学生的，甚至整个讲解过程都是学生的；学习知识的初始权是学生的；疑难问题的发现权也是学生的。

（2）教师要由主演变为导演，由传授者变成策划者，由师长变为朋友，由老师变为学生，真正退居二线以纠偏、

点评、总结或释难。

（3）营造真正"三动"的课堂，即动脑（预习阶段）、动手（展示阶段）、动口（交流阶段）。课堂要由一言堂变为百家鸣，单纯知识型变为知识能力情感型，唯一答案、标准答案变为多种解答，整齐划一变为灵活多变，精英式变为大众化，死记硬背变成体验感悟，听、说、读、写深化为演、唱、画、作，接受式变为探究式，安分守己变为超市式自选。

二、杜郎口教学模式的教学原则

1. 民主性

教师不是高高在上的知识的统领者，也不存在话语霸权和课堂专制，有的只是平等的人格，学习的伙伴。以相信学生、发动学生、激活学生、发展学生为宗旨，学会对话、商量、征求甚至请教、道歉。高举尊重大旗，实施感动教育，创设民主、宽松、自主、和谐的良好环境。

2. 问题性

问题造就磁力，问题是具有吸引性、竞争性、探究性、创新性、实践性的，是学生学习知识、训练思维、增长智慧、培养能力、造就人格的基本组成部分。教学的基本前提是让学生发现问题、提出问题、分析问题、研究问题、讨论问题、解决问题。学生在解决问题中产生兴趣、动力。

3. 创新性

培养学生的自主探索的精神，尊重他们的奇特思维，引发他们的求变、求异、求新、求奇的内驱力，营造一种标新立异、创新超凡的竞争氛围。

4. 拓展性

以教材为例子，要注重知识的源头、过程、联系、结合，以本节知识为核心作好辐射与延伸，引发学生联想，构建网络，形成知识综合体。

5. 尝试性

高明的教师引导学生走路，笨拙的教师牵着学生走路，无能的教师代替学生走路。教学中最重要的是放手，让学生亲身感受、体验、分析、总结。懒惰是培养出来的，哪里有事无巨细、越俎代庖的人，哪里就有快乐的懒汉和庸人。

6. 实践性

学习切实注意联系实际，运用活生生的事例，学生的生活经历及听到、看到的事件来促进学生理解、剖析、归纳、总结、把握事物的本质。要注重学生动手能力的培养，听来的容易忘，看到的记得牢，做过的学得好。

7. 技巧性

任何事物都有其内在的特点、规律，学习过程中要善于发现、总结知识内在的技巧，分清层次，记住要点，善于总结，纲举目张，上课不是死记知识，而是找方法、寻规律、抓特征。

8. 全员性

不搞精英教学，对每一个学生负责，尤其对薄弱生要倍加关爱，尽最大可能提供方便、机会，让其展示自我，树立信心，培养其勇敢精神和竞争意识，分层次教学，合理安排不同任务，逐渐缩小优弱差距，力争让最后一名也能成才。

9. 主体性

把学习的权利、学习的空间、学习的机会、学习的快乐还给学生，教师扮演的是引导者、组织者、调控者，而不是主讲者、解答者、操作者。学生是课堂的主人，让他们当好竞技者、表达者、展示者。

10. 合作性

师生、生生、组生、组组、优弱加强合作，互补共赢，相互点评、指正、借鉴、补充、心灵碰撞、人格感染、智慧启迪。

三、杜郎口教学模式的基本内容

杜郎口教学模式主要变革在课堂，是一种有效的课堂模式。具体来讲又称为"三三六"模式或"10+35"模式。"三三六"分别指课堂自主学习的三个要求，即立体式、大容量、快节奏；自主学习三大模块，即预习、展示、反馈；课堂展示的六环节，即预习交流、明确目标、分组合作、展现提升、穿插巩固、达标测评。

所谓立体式就是教学目标、任务是新课程要求的三维立体式，将学习任务分配给每个同学、每个小组来完成，充分调动每个学生的主体性，发挥每个小组的集体智慧，展示模块就会有不同层次、不同角度的思考与交流。

所谓大容量就是以教材为基础进行拓展、演绎、提升，通过各种课堂活动形式展现，如辩论、小品、课本剧、诗歌、快板、歌曲、绘画等。

所谓快节奏就是在单位时间内，紧扣学习目标和任务，通过周密安排和师生互动、生生互动，达到预期的效果。

预习模块主要任务是明确学习目标，生成本课题的重点、难点，并初步达成学习目标。

展示模块的主要任务是展示、交流预习模块的学习成果，并进行知识的迁移运用和对感悟进行提炼提升。

反馈模块的主要任务是对前面的课进行反思和总结，对预设的目标进行回归性的检测，本环节尤其突出"弱势群体"，让学生说、谈、演、写，进一步检查落实情况，达到三维目标。

所谓的"10+35"，是指这种自主学习模式以学生在课堂上的自主参与为特色，课堂的绝大部分时间留给学生，教师仅用极少的时间进行"点拨"。一般情况下教师讲解要少于 10 分钟，学生活动则大于 35 分钟，即"10+35"；抑或教师基本不讲，时间全留给学生，即"0+45"，以充分引导学生，营造以学生自学为主，以学生为主体的课堂氛围。

四、杜郎口教学模式的具体课堂流程

1. 预习课

预习课是杜郎口教学模式的预习模块，是教育教学的重要起点。一般来讲，没有预习的课不准上；同样，没有预习好的课也不能上，预习要至少占到课堂的 70%。

在预习课中，教师首先分发预习学案，学案的内容包括预习重难点、预习方法、预习提纲、预习反馈、预习小结等，在课堂中的一般操作程序如下。

（1）给学生 5~7 分钟的阅读文本知识的时间，在阅读文本知识的时候，教师可以引导学生利用多种不同的形式，如自己独立阅读，结对子比赛读，小组讨论交流；可以在自己的位置上读，也可以到黑板上把重点知识标注下来，亦可以到教室外面去，几个同学在一块阅读交流，还可以到其他小组去，甚至有的同学利用教室内的多媒体上网查阅资料，利用图书室的图书查阅资料等。

（2）小组长带领组员进一步细化预习提纲上的知识点，并对课本上的疑难问题进行解疑，教师穿插其中，解疑解惑，指导学生。学生也可以自由发言，向同学、老师提出不同的问题，师生共同解答大约 5 分钟的时间。

（3）结合预习提纲，教师分配学习任务，为下面的预习展示作准备，大约 3 分钟的时间。

（4）学生以组为单位，把自己组分配到的任务进行文本知识的讲解、分析、拓展，学生点评，教师点评大约 15 分钟的时间。

（5）学生做一些典型题目进行预习反馈，反馈一般以题目的方式进行，可分为基础闯关和能力升级两部分。学生可以在黑板上写板书，也可以由小组长、教师进行抽查等，并及时公布反馈的结果，个人、小组进行评比，一般用 5~10 分钟。

（6）课堂小结。学生自由发言，说出自己在本节课中的收获，还可以提出不同的见解，发表不同的看法，师生共同互动。

（7）教师综合学生在本节课的知识掌握情况，对下一节课的内容提前做好预设。

2. 展示课

展示课就是展示预习模块的学习成果，进行知识的迁移运用和对规律进行提炼提升。

在展示内容的选取上，简单的问题不展示，无疑问的问题不展示，展示的是重点问题，难点问题，有争议的问题，一题多解的问题，能拓展延伸、提高学生能力、开发学生潜能的问题，体现在预习提纲上的多数是能力升级中的问题，也就是说，展示的问题不是预习提纲中的所有问题，而是选取有价值、有代表性的问题进行展示。

展示过程一般通过 6 个主要环节来完成的。

（1）预习交流（1~2 分钟）。目的是巩固解决问题所运用到的知识点，为学生顺利地完成本节课的任务扫清知识上的障碍，一般通过学生交流预习情况，明确本节课的学习目标。

（2）确立目标（1 分钟）。基本知识巩固之后，教师据此说出本节课的目标和重难点，展示课上的目标与预习课上的目标不完全相同，展示课上的目标除了基本知识与基本技能之外，更侧重的是规律和方法的总结，以让学生形成技能和技巧。

（3）分组合作（6~8分钟）。教师将本节课需要展示的问题分给6个组，然后每个组长负责再将任务分给组员，组员分工合作，一般分配原则是：中下游学生讲解、分析，优生点评、拓展，学会分析题目的重点、难点及涉及的知识点。在这个环节需要注意的是：①各组任务尽可能均衡，每个小组分配任务的多少应根据题目的难易来确定，如果此题目有不同的做法，或能够根据此题目进行拓展或延伸，或能够进行变式训练，一般是两组一题，如果题目涉及的知识点较少，规律和方法较少则一组分一个题目。②明确完成任务所需的时间，有时间限制，学生就会有紧张感，行动起来会迅速一些，在课堂中经常采取评比、报道的方式，根据各组同学完成任务的快慢，版面设计的美观情况对各小组进行排序，并加相应的分数，如10分、8分、6分、4分、2分、0分等。

（4）展示提升（20分钟）。通过分组合作对问题再交流，学生对本组的问题进一步理清思路，从而加深了理解。展示的过程是：一般是从一组开始，到六组顺次展示，也可以从其他组开始，对题目进行讲解、分析，其他学生进行点评，说出此题所运用到的知识点、解题关键点、易错点、总结的规律，或由此题进行知识拓展、变式训练等，学生也可以提出自己的疑问，其他学生或教师给予解答等。

在实际操作中，为了增强学生展示的积极性、主动性及精彩性，教师通常采取各种评比方式，如小组内全员参与的加 5 分，有开场白、过渡语的根据精彩性加 5~10 分，能主动参与其他组的分析、点评的加 10~20 分，能利用不同形式如顺口溜、小品、歌曲等加 20~30 分等。最后，根据各小组的得分进行排序，教师及时进行点评、表扬或鼓励。

（5）穿插巩固（3 分钟）。学生展示完后，给学生几分钟的时间对自己组没有展示的题目进行交流，解决疑难问题，重点是小组长对组员进行帮扶或检测。

（6）达标测评（5 分钟）。达标测评可以是学生谈收获，大致内容为"通过本节课，我学到了什么，还有什么问题"等，也可以是教师根据展示情况设置几个题目或问题进行单独抽测并及时反馈课堂效果。

3. 反馈课

新授课的反馈，一般作为下一节预习前的一个环节，教师抽取上一节课展示不理想的或重难点的题目，反馈学生的掌握情况，也可选取与其相类似的题目，考查学生的迁移运用能力，目的是查缺补漏，促进提高，是促优补差的一种好方法。做好反馈课特别要注意相邻学生之间不完成相同的题目。各小组长在黑板上对自己组的同学分板块进行指导，随时发现问题、解决问题，并在反馈完后，点评自己组员的反馈情况，教师对于出错多的共性问题进行点评、强调，并根据学生的实际情况或进一步训练、强化一节课，或进入下一节课的预习。

五、杜郎口教学模式的实践特点

1. 关注全体学生的生存能力

注重培养学生良好的学习习惯、学习能力，帮助学生建立明确持久的学习动机，引领学生掌握科学的学习规律和学习方法，养成良好的阅读习惯、书写习惯、语言习惯等，达到知识和能力的共同进步，提高学习效率，培养学生的生存能力。

2. 关注全体学生的生存状态

教学改革关注学生的情感、心灵，让学生学得主动、生动、灵动，有真情、真趣、真意，让学生的生命充满生机与活力，真正能够确立学生在学习生活中的主体地位，不断唤醒学生蛰伏的主体意识，形成持久的情感内驱力，从而有利于其个体的自我学习、自我发展、自我实现。

3. 关注全体学生的生命价值

宽容和鼓励学生不合常规的课堂表现，鼓励学生大胆质疑，不唯师、不唯书、不迷信权威，培养学生思维的广阔性、灵活性与独特性，最终实现提升学生创新品质的目标。改革立足于其个体的自我学习、自我发展、自我实现。

六、杜郎口教学模式实施过程的技术支撑

1. 预习（或自学）是最重要的环节

学生没有预习的课不准上，学生预习不好的课不能上。预习就是正课，自学就是正课。

2. 先学后交，当堂达标

"先学后交"与"先学后教"音同字不同，"交"是更宽泛的"教"，体现了合作学习、交流学习、交叉学习。

3. 课堂结构布局合理

一般情况下，教室可以方阵式排位，4桌8人一组，没有散兵游勇，没有孤兵作战，没有"独立思考"（开小差），且平行分组，均衡搭配。

4. 增强课堂目标性

有预设目标，有预习提纲，并要体现教学目标的精髓。

5. 作出直接、明确的课堂评价

用"举手积极、声音洪亮、辩论热烈、争问抢答、多种角度、创新实践""敢问、敢说、敢爬黑板（敢在黑板上写出自己的想法）、敢下桌讨论"作为标准来评价，也可用学生每节课参与的人次数（参与度）来评价本节课。

6. 辅以为学生建立"一帮一"学习制度

共同捆绑记分形成"共同体"，考试时看二人的平均分，组与组之间看小组平均分，有效地缩小好学生、学困生之间的差距，调动他们的积极性。

第四节　理论与实践一体化教学模式

理论与实践一体化简称为理实一体化，即将教学的场所转移到实习单位或实际的工作场所，在同一时间、地点上进行理论课程和实践课程的教学，抽象的理论和直观的实践相结合，理论和实践同时进行，互相渗透，理实一体。

一、理实一体化教学模式的内容

理实一体化教学模式把一系列教学任务（或项目或情景等）有机地结合在一起，做到理论与实践有机结合，利用现代的先进教育技术，把教学理论与学生的实验、实训等教学工作进行一体化的组合，做到教师的知识传授与学生的动手实训等一体化完成，课堂理论教学与实训基地教学等相关教学资源一体化，知识与能力要求一体化，最终做到理论与实践教学模式一体化，真正融知识灌输、能力训练、素质提升为一体的先进教学模式。这种教学模式能做到理论与实践在时间、空间上同一，认识过程同步，认识形式交错。

1. 理实一体化教学模式理论基础

理实一体化教学模式是高等教育中采用的比较常见的教学模式。该模式打破理论课、实验课和实训课等课程的学科界限，把相关知识按学习任务进行了集中，将课程的理论教学、实践教学、生产、技术服务融于一体。"在干中学，在学中干"，解决了理论教学的枯燥无味、死板难学、交叉重复等问题，解决了实习教学中与理论脱节、随意性大等问题。以一个个小的工作任务为起点，逐层渗透，逐步加大难度，最终，学生可以具备所学岗位知识实际运用的能力。

2. 理实一体化教学模式实施条件

（1）师资队伍建设

实施理实一体化教学，任课教师应具有较扎实的专业理论功底，具有较熟练的实践技能和有关理实结合的教材分析及过程组合的能力。教师既是传统意义上的双师型人才，更要具有创新综合能力，才能有效控制教学过程，做到有求必应，有问必答，融会贯通，使教学工作顺利展开。教师可根据高等教育理实一体化教学凸显形象思维教学的特点，结合生产教学实际，对原版教材按任务教学的要求进行必要的舍弃，抛弃那些烦琐冗长的理论和计算，编写出贴近学生实际、浅显易懂、简洁明了、易于让学生操作的教材。

（2）教学环境建设

在传统学科课程体系中有多种独立的教学场所，每一教学场所只具备单一功能，学生在各种教学场所中"赶场"，无法实现理论和实践的结合。理实一体化学习地点，不需要再明确划分理论学习和实践学习，而是合二为一。例如，可以做如下安排：①学生按小组就座，既可以单独完成学习任务，又可以小组作业形式共同完成学习任务；②学生不一定在同一时间里做同样的事情，可根据自己的情况决定学习进度；③学生可以和教师一样在教室里活动，具有更多的活动空间；④教师的高度集权被打破，师生之间具有更为融洽的伙伴式关系，可以最大限度地调动学生的积极性。

教学环境可以划分为理论教学区、小组工作讨论区、资料查询区、实验区和实操区等。理论教学区的配置同现有的多媒体教室大体相同，可以对全班进行理论课的授课。不同的是增加了移动式视频摄录设备，教师可以将演示实验投影到银幕上。小组工作讨论区可以相对分隔，也可以围绕某一实验台就座，形成相对独立的讨论小组，共同完成项目方案的讨论和制定。资料查询区应配备连接互联网的通用计算机，同时该区域还应配备常用手册、图册、计算工具、作图工具等传统的陈列柜。对于实验区和实操区，有条件的最好每个学生都设置一个操作实验台，考虑到资金因素，至少要求达到按小组分配一个操作实验台。

（3）工学结合、校企合作

工学结合、校企合作在我国教育发展过程中是有着历史传统的。我国古代高等教育的主要形式是学徒制，注重学生在实践中学习；近代的实业教育也强调工学并进。德国的"双元制"实质上就是工学结合、校企合作。澳大利亚、美国、加拿大以及韩国等较为成功的高等教育模式的共同特点之一也是实行工学结合、校企合作。具体包括课程开发、教材编写、工学结合、实训基地建设、师资队伍建设等方面的校企合作。

3. 理实一体化教学模式的特点

理实一体化教学模式突破了传统教学模式中的理论与实践相脱节的现象，教学中的各个环节相对集中。强调充分发挥教师的主导作用，通过设定教学任务和教学目标，边教、边学、边做，全程构建素质和技能培养框架，丰富课堂教学和实践教学环节，提高教学质量。在整个教学环节中，理论和实践交替进行，直观和抽象交错出现，没有固定的先实后理或先理后实，而理中有实，实中有理。突出对学生动手能力和专业技能的培养，是充分调动和激发学生学习兴趣的一种教学模式。

理实一体化教学模式的特点，是将教、学、做相互穿插于教学的整个过程，学生不断地在学与做中总结经验，教师在整个过程中不断地讲解、演示与指导，最终达到预期的教学效果。具体步骤是：首先，教师通过口头语言向学生描绘情境、叙述事实、解释概念、论证原理和阐明规律。其次，教师以具体操作或多媒体示范内容为范例，使学生了解所学操作的形象、结构、要领的过程，同时运用错误操作的演示来帮助学生了解操作中可能产生的问题，改进技术操作方式。教授的操作演示灵活简便，真实感强，调节度高，针对性强，运用范围广，直观效果好。再次，由学生动手操作，完成学习的任务及学习目标，教师在旁观看与指导，当发现问题时，可以由学生演示操作再由教师演示操作，让学生从教师的示范性操作中，总结出现各种问题的原因，掌握正确的操作步骤和方法。最后，再由学生自己独立完成操作，这样他们就能很好地掌握相关的教学内容。

理实一体化教学模式使理论教学与实践教学交互进行，融为一体。一方面，提高理论教师的实践能力和实训教师的理论水平，培养一支高素质的师资队伍。另一方面，教师将理论知识融于实践教学中，让学生在学中干、在干中学，在学练中理解理论知识、掌握技能，打破教师和学生的界限，

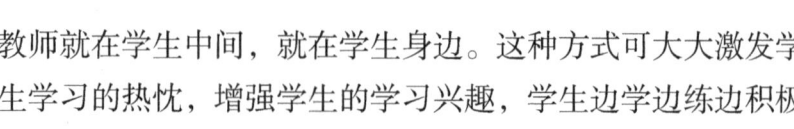

教师就在学生中间，就在学生身边。这种方式可大大激发学生学习的热忱，增强学生的学习兴趣，学生边学边练边积极总结，能达到事半功倍的教学效果。

二、理实一体化教学模式的典型模式——行动导向教学模式

行动导向教学模式是从激发学生的学习兴趣入手，合理地引导学生自主学习，运用行动导向的教学方法，使学生真正地参与到学习中来，从而训练出具有专业的综合性实践能力的技能型人才的教学模式，是较为典型的理实一体化教学模式。

1. 教学目标

行动导向教学的目标是提高学生的综合实践能力，即培养学生胜任社会生产、服务管理某一个职业岗位所需的综合实践能力，包括以下几方面。

第一，专业能力是指从事专业工作所必需的技能与相应的知识，是学生毕业后胜任专业工作的能力和走向社会赖以生存的本领。

第二，方法能力是指掌握从事职业工作所需要的工作方法和学习方法，包括制订工作计划、协调计划以及对自己的工作成果进行评价，在工作中努力学习新知识并具有技术创新的能力。

第三，社会能力是指在工作中的学习积极性、独立性和与他人交往的能力，以及职业道德、社会责任感、组织表达、勇于承担责任和社会参与能力。

在一堂课的教学中，要实现对学生综合实践能力的培养，其教学内容必须是理论与实践一体化。综合实践能力应是通过相互融合和相互渗透培养出来，各种能力不能是在彼此割裂的状态下独自培养。因此，教师在采用行动导向教学时，要围绕综合实践能力的构成制定教学目标，不仅要清楚地描述专业知识和专业技能方面的目标，通过行动导向开展教学，也要明确地指出学生的哪些关键能力需要锻炼和提高。

需要特别强调的是，在行动导向教学模式的实施过程中，教师对教学目标的追求，不是把现成的知识、技能传递给学生，而是让学生在教师的指导下寻找达到这个目标的途径，最终通过自身的努力学习取得理想的结果。在此学习过程中，需要着重培养学生的专业能力、方法能力和社会能力。这三个维度的能力彼此联系，相互作用，共同构建学生全方位的综合实践能力。

2. 行动导向教学模式的特点

行动导向教学模式是以"行动导向驱动"为主要形式，在教学过程中充分发挥学生的主体作用和教师的主导作用，注重对学生分析问题、解决问题能力的培养，从完成某一方面的"任务"（或项目）着手，通过引导学生完成"任务"，从而实现教学目标。从学生接受知识的过程看，知识来源于实践，在实践中得到感性认识，经过反复实践才能上升到理性认识，并回到实践中去。行动导向教学模式要求教师在教学中要把大任务分解成小任务。教师要分层次地给学生下达行动导向任务。教师下达给学生的行动导向任务过于容易，学生会认为没有挑战性，从而失去兴趣；教师下达给学生的行动导向任务如太难，学生又会产生自卑心理，从而失去学习的信心。因而教师应在实际的课堂教学中，根据学生的实际情况，分配不同层次的行动导向任务，让不同学情的学生都尝到成功的喜悦。

行动导向教学模式的特点是强调师生的互动，在教学中不断地给学生下达适合学生的行动导向任务，使学生在感受成功的同时获得知识。教师的行动导向任务应根据学生的不同而灵活掌控，做到难易适中。行动导向教学模式，能让学生即学即用，激发和培养学生的学习兴趣。采用行动导向教学模式，可以变抽象为具体，变枯燥为有趣，让学生乐于去操作、掌握。当学生完成了某一任务后，内心就会产生一种成就感，一种喜悦感，一种冲击力，这种力量不仅增强了学生的自信心，还提高了学生学习知识和技能的兴趣。

"任务"贯穿始终，让学生在讨论任务、分析任务、操作完成任务的过程中顺利建构起知识结构。因材施教，突出培养学生的实践能力和创新能力。

3. 教学评价

行动导向教学评价应既关注行为产品的质量，也关注学生在行动过程中的具体行为表现和学生综合实践能力的培养与提高。因此，行动导向教学的教学评价的方式和主体应该是多元化的，评价内容和过程应该是开放的和动态的，应该采取过程性评价与总结性评价相结合、质性评价与量性评价相结合的方法。评价主体有教师、同学、学生本人和企业人员；评价内容应既包括学生平时的行为表现、行为态度、行为产品的质量以及在行动过程中发生的变化，也包括学生在考核时的行为表现和精神状态以及考核结果的质量。

在设计行动导向教学的教学评价方式时，应该注意以下几点。

第一，对行动产品质量的测评要有可供参考的细化指标，包括量性评价和质性评价。

第二，学生参与评价标准的制订。

第三，对学生平时的行为表现、行为态度及行为变化过程的评价指标应该是开放的和动态的，即以过程性评价为主。

第四，教学评价的过程是信息反馈的过程，也是相互学习的过程，对教师和学生都具有督促作用，而不该给教师和学生带来负担。评价应在师生平等和谐的气氛中进行。

4. 保障条件

（1）教学资源

行动导向教学以构建主义的学习原则为基础，教师不再是知识与技能的传授者，更多的是作为教学的咨询者和课堂教学的主持者。教学重心从传统的教师的教转向了学生的学，教育为学习服务。在课程开发中，要按照行动导向教学观，以培养学生的综合实践能力为课程目标，依据职业工作过程构建新型高等教育课程体系，以工作过程各个环节设计课程内容，以工作过程为主线序化课程内容，理论与实践结合，保障行动导向教学模式的构建。

（2）师资队伍

教师作为课堂教学实施的引导者，直接决定了课堂教学质量。高等教育的目标是培养学生的职业行动能力，让学生在"行动"中学习，为了"行动"而学习。因此，行动导向教学要求教师必须能够"行动"，需要教师具有相当的企业实际工作经历，熟悉企业工作环境和工作内容，在实施课堂教学时，不仅能结合行业和企业的岗位实际，设计学习任务，还要能以规范和娴熟的技能指导学生完成工作任务、获得实践能力。

（3）实训基地

实训基地建设是行动导向教学得以顺利实施的重要保

障措施。高等教育教学要做到理论实践一体化，做到真正的行动导向，培养企业所需技能型人才，必须在高等院校内部建立真实或模拟仿真的企业工作情境，建立设备、设施完善的实训基地。

第四章　财务管理专业教学课程设计方法

第一节　教学设计概述

常言说，好的教学设计是教学成功的一半，教学设计是否合理直接关系到教学的成败。作为高等院校财务管理专业的教师，必须能够根据课程标准和教学内容及教学对象的特点，将教学诸要素有序安排，进行合理教学设计来达成教学目标，并培养学生分析、比较、综合、判断、推理、思考等各项能力。那么教学设计要考虑哪些要素，如何才能完成一个出色的教学设计呢？

教学设计是研究教学目标、制定教学决策的一种教学技术。高等院校财务管理专业教学设计是针对财务管理专业教学目标，在专业教学活动开展之前，以一定的教学理论、学习理论和传播理论为依据，对专业教学活动的各要素及各环节进行系统的分析和策划，以实现教学效果最优化的一种教学决策性活动。一般认为，教学设计具有以下特征。

第一，教学设计要遵循教学过程的基本规律，确定教学目标。

第二，教学设计是实现教学目标的策划性活动。教学设计一般以计划和布局为主要形式，是为达到一定教学目标而进行的具有创造性的策划。

第三，教学设计是以系统方法为指导。教学设计把教学过程各要素作为一个系统，分析教学问题和需求，确立解决的程序和方法，以便使教学效果达到最优化。

第四，教学设计是提高学习者获得知识、技能的效率和兴趣的一种技术过程。教学设计是教育技术的组成部分，它的功能在于运用系统方法设计教学过程，使之成为一种具有很强操作性的程序。

第五，教学设计最终落实到对教学活动过程的设计。我国目前正致力于探索新的教学过程模式设计，丰富教学设计的理论和实践。

高等院校财务管理专业教学设计的主要内容包括教学目标设计、教学任务设计、教学环境设计、教学方法设计、教学媒体设计等。

一、教学目标设计

教学目标是预期的学生学习结果，即将外在的教学内容通过学习转化为学生内在能力的结果。它既是教学活动的起点，又是教学活动的归宿。在教学设计中科学、合理地确定好具体的教学目标，是保证教学活动顺利进行需要解决的首要问题。教学目标设计从层次上来讲，包括课程教学目标设计、单元教学目标设计、课堂教学目标设计等，本部分内容主要是指课堂教学目标的设计。

1. 教学目标设计的意义

教学目标在指引教学方向、指导教学效果的测量与评价、指导教学策略的选择和运用、激励学生的学习等多方面发挥着十分重要的作用。

（1）教学目标规定着教学活动的方向、进程和预期结果

教学目标是教师选择教学内容，运用教学方法、教学策略、教学媒体以及调控教学环境的基本依据。若缺乏明确的

教学目标，教学将失去导向，可能因盲目而失效。

（2）教学目标是评价教学效果的基本尺度

教学目标具体规定着教学活动的预期结果和质量要求，是基本的评价尺度。缺少教学目标或教学目标不明确，都会给教学评价工作带来困难。

（3）教学目标是学习者自我激励、自我调控、自我评估的重要手段

教学目标明确了学生通过学习所要达到的具体目标，因而在学习过程中它可以有效激发学生学习的内部动力，增强学习的兴趣，并帮助学生不断调整学习方式，积极克服困难，努力达成目标。

2. 教学目标设计的特点

概括来讲，高等院校财务管理专业教学目标设计具有以下特点。

（1）教学目标设计的整体性

知识与技能、过程与方法以及情感、态度与价值观是财务管理课程教学目标的基本构成要素，它们相互渗透、相互交融，共同构成一个有机整体。因此，在设计教学目标时一定要从整体出发，不能忽略任何一方面。

（2）教学目标设计的主体性

教学目标的设计要从学生的角度出发，以学生为主体。教学过程要体现出"以学生发展为本位"，并由理念到实践的真正实施；教师角色要体现出由传授者变为参与者，由控制者变为帮助者，由主导者变为引导者的真正转变。

（3）教学目标设计的层次性

教学目标设计的层次性，是因材施教的基本要求。虽然相同年龄，相同班级，但不同的学生却有着不同的知识结构、

理解能力、学习方法、学习习惯及学习经验，这种差异是客观并普遍存在的。因此，教学目标的设计要考虑到学生个体的学习差异，必然会体现出一定的层次性。只有不同层次的教学目标才能有效调动全体学生的学习积极性，使目标实施到位。

（4）教学目标设计的可测性

教学目标作为衡量学生学习效果的基本标准，必须具有可测性，否则，就不能充分发挥教学目标的评价功能。因此，设计教学目标时要求目标陈述精确、标准、具体、规范。

（5）教学目标设计的动态性

教学目标是通过综合考虑各因素在上课之前制定的。目标的预设与具体教学活动的预设应尽量保持同步，并有动态调整的可能性。预设的教学活动随着教学过程的发展、变化，生成新的资源的可能性很大。课堂上，在师生教学双边活动中，常出现偏离原来教学目标的情形，此时，把课时目标作些微调，关注学生即时表现，加以适当影响、引导，既可帮助学生增长知识、提高能力，又能保护学生积极参与、主动探究的自主精神。

（6）教学目标设计的创新性

教学目标的设立要强调不断开拓学生的思维空间，发展他们的创造性思维能力。

3. 教学目标设计的依据

教学目标是指导学生学习的路标，一旦确立了合理的教学目标，就会给教学活动以积极的影响。相反，不合理的教学目标可能会导致教学活动遭受挫折。财务管理专业教学目标设计要以课程标准、教材和学生的实际为出发点。

（1）紧扣课程标准、教学标准和教材制定目标

大纲和教材是确定教学目标的基本依据。因此必须认真学习并依据教学标准，深入研究教材，准确把握知识系统和每单元的教学任务，制定出具体、可行的教学目标。

（2）考虑授课知识的类型及在知识体系中的地位和作用

在财务管理专业教学内容中，不同类型的知识有不同的目标要求；而相同类型有不同的内容，也有不同的体系地位和作用，所应达到的目标层次也就不同。例如，基本概念、基本方法属于基本要素，是教学的重点，所应达到的目标层次一般比较高。

（3）依据学生的生理、心理特征及现有的知识水平

高等教育面向的是思维活跃，可塑性较强的青年，一定要考虑他们的生理、心理特点，分析他们的兴趣所在，情感态度价值取向，寻找与教学内容的结合点。学生现存的生活及学习状态也是制定教学目标的重要参照。学生现有的水平是教师进行教学的起点，对于教学目标的确定是十分重要的。另外，学生的个性差异也不能忽视。因此，在制定目标时，应准确把握教学要求，从实际出发，制定出符合学生年龄特征和接受能力的教学目标，既不能加重学生学习负担，违背教学中的量力性原则，又不能降低教学要求，挫伤学生学习的积极性。

（4）要依据教学目标分类理论提供的参照系和当地教学的实际水平

目标分类能提高目标在教学中的清晰度和可操作性，便于教师更好地依据目标指导教学，评价教学。

4. 教学目标设计方法

（1）以"三维目标"为指导

三维是指知识与技能、过程与方法、情感态度与价值观三个维度。"过程与方法"是达成其他目标的桥梁、纽带，是学生获取知识与技能，形成正确的情感、态度与价值观的主渠道，是掌握科学的学习方法的途径。"知识与技能"是基础性目标，是过程与方法、情感态度与价值观的载体；"情感态度与价值观"是终结性目标，是掌握知识与技能、形成实效性过程和科学方法的动力，在探索知识和科学方法的过程中起到推动作用。三个维度是内在统一，相互交融，不可分割的一个有机整体。只是根据课程特点，侧重点会有所不同。因此，在设计教学目标时，应全面考虑三个维度，努力实现多维目标的整合。

（2）以学生发展为本

以学生的发展为本是教学目标设计的核心理念。教学目标设计要面向全体学生，着眼于学生的全面发展，尊重学生的个性差异，重视培养学生的完整人格。具体体现在：①进行教学设计时，要认真分析本课堂内容对促进学生发展的独特作用。要使知识的传授服务于促进学生有个性的、可持续的、全面的发展。②教师要有"全人"的观念。学生要全面发展，知识与技能、过程与方法、情感态度与价值观三方面的整合，必须落实到每一部分内容中，使学生知识增长的同时获得人格的健全发展。③注重个性发展。每一个学生都是一个特殊的个体，在他们身上既体现着发展的共同特征，又表现出巨大的个体差异。要辩证地看待差异，把学生的差异作为一种资源来开发。所以，设计教学目标时要考虑到学生个体差异，设计出不同层次的、具有一定"弹性区间"的教学目标，使每一个学生都学有所得，得有所长。

（3）研究课标与教材，把握教学目标导向

教学目标设计必须以课程目标为导向，并结合教材内容，认真、准确地理解和领会，将单元目标合理分解并适当拓展为课时目标。

（4）教学目标要体现出对学习过程的评价

教学目标设计既重结果，更重过程。其重点是启发学生积极思考，引导学生主动探究。教学目标在设计上，要体现出对学习过程的评价，这样才能保护学生积极参与、主动探究的自主精神，真正体现学生的主体地位。

总之，教学目标的设计要从实际出发，要从促进学生发展的角度出发，体现出学生是教学活动的主体，教师是学生发展的促进者，并体现出对学习过程的关注和引导。

5. 教学目标的描述

教学目标是可操作的、具体的、可检测的。教学目标要尽量用学生通过教学后所表现出来的可见性行为来描述。教学目标描述一般包括四个方面。

（1）行为主体

行为主体必须是学生而不是教师。在教学目标的陈述上，要站在促进学生发展的角度，体现出学生是教学活动的主体。多采用"学生通过……理解……""学生通过……懂得……""学生通过……体会……"的表达方法，体现出通过教学活动，学生得到怎样的发展，产生怎样的变化，为今后的学习或情感带来怎样的影响，突出学生在教学活动中的主体地位。

（2）行为动词

行为动词必须是可测量、可评价、具体而明确的。在教学目标描述时尽量多使用学生可观察、可测量的行为动词。例如，用以表述"知道"这一目标的行为动词有"编制、算出、指出、填制"等；用以表述"理解"这一目标的行为动词有"依据、分类、归纳、举例"等；用以表述"应用"这一目标的行为动词有"列示、分析、预算"等。行为动词不明确，就无法进行评价。

（3）行为条件

行为条件是指影响学生产生学习结果的特定的限制或范围。一般对条件的表述有三种类型，即使用辅助手段或不使用、提供信息或不提供、完成行为的情境。用于设计教学目标时具体说明学生在何种条件下完成指定的操作，如"借助网络平台""无须参考资料的帮助""根据教材"等。清晰的行为条件将为评价提供参照的依据。

（4）行为程度

行为程度是指学生学习之后预期达到的最低表现水准。教学目标应指出学生应达到的最低表现水准，用以测量学习表现或学习结果所达到的程度，如"至少能做出""至少掌握""准确率百分之百"等。提供准确的行为程度，便于测评学生的学习效果。

6. 教学目标设计的步骤

综上所述，教学目标的设计可以概括为以下几个基本步骤。

（1）钻研教学标准，分析教材内容

认真钻研大纲，分析教材，做到能从整体上把握课程的基本结构，理清教材的知识体系。在此基础上，具体分析某单元的教学内容，找出其中的基本概念、基本原理和基本方法，确定教学的重点和难点，为建立教学目标奠定基础。

（2）分析学生已有的学习状态

在充分钻研教学标准和教材内容的同时，教学目标的制定还要以学生的特点和已有的学习准备为基础。教学目标应该是在学生已有学习准备的基础上，经过学生的努力而能够达到的目标。对群体教学而言，全班学生普遍具有的学习准备状态和一些共同心理特征是确定教学目标时应考虑的主要方面，但与此同时，目标的设计也应充分考虑到学生的个别差异性，制定相应的发展目标，使每个学生都得到充分发展。

（3）确定教学目标分类

在完成上述两项基础性工作后，目标设计工作就进入了提出目标、确定目标分类的实质阶段。从不同角度和标准出发，对教学目标进行不同的归类。一般至少将教学目标分为认知、情感和动作技能三个领域，而每一个领域的目标又由低级到高级分成若干层次。

（4）列出综合性目标

完成目标分类后，设计者可用概括性术语先列出各类综合性目标，如"提高学生的阅读能力""培养学生对音乐的兴趣"等。综合性目标反映了对教学的一般要求，但往往还比较笼统，难以直接观察、测评。因此，在列出综合性目标后，还必须对它进一步分解，使之成为可操作、可评价的具体行为目标。

（5）陈述具体的行为目标

用能够引起具体行为的术语，列出一系列能够反映具体学习结果的教学目标来解释每个综合性目标，这些具体的行为目标是可以直接观察和测评的，它们能够解释学生达到目标的程度。

二、教学任务设计

（一）教学任务概述

简单讲，任务是为达到某一具体目标而设计的活动。教学任务就是学习者为了达到一定学习目标所进行的，涉及信息理解与加工，解决问题，决策问题的一组相互关联的、具有目标指向的课堂交际或互动活动。课堂教学任务，至少应包含以下几个基本要素。

1. 目标

目标，即"为什么"。教学任务应该具有较为明确的目标指向。这种目标指向主要是指利用任务所要达到的预期的教学目的，同时包括任务本身要达到的非教学目的。

2. 内容

内容，即"做什么"。任何一个任务都需要赋予它实质性的内容，任务的内容具体表现为需要履行的具体行为和活动。

3. 程序

程序，即"怎么做"。它是指学习者在履行某一任务过程中所涉及的操作方法和步骤，包括任务序列中某一任务所处的位置、先后次序、时间分配等。

4. 材料

所谓材料是指履行任务过程中所使用或依据的辅助资料。尽管有些课堂任务并不一定都要使用或依据这样的辅助材料，但在任务设计中，通常提倡准备和提供这样的材料，使任务的履行更具操作性，能更好地与教学结合。

5. 教师和学习者的角色

任务设计中应考虑为教师和学生进行明确的角色定位，促进任务更顺利有效地进行。教师既可以是任务的参与者，也可以是任务的监控者和指导者。学生是任务的探索者、决策者、执行者。当然，任务并非都要明确教师和学生在任务履行中的具体角色，但任务肯定会暗含或反映教师和学生的角色特点。

6. 情境

任务的情景要素是指任务所产生和执行的环境或背景条件，也涉及任务的组织形式。在任务设计中，应尽量使情境接近于真实。

（二）教学原则

1. 真实性原则

真实性原则，即任务具有在现实生活中发生的可能性，而不是仅仅为了服务于课堂教学。此原则是指在任务设计中，任务所使用的材料应来源于真实生活，同时，履行任务的情景以及具体活动应尽量贴近真实生活。具体要做到以下几点：①任务的目标和要求要有实际意义；②任务的内容和形式要尽量真实可行；③任务要能够促使学生获取、处理和使用真实的信息，通过探索和发现，开拓发展思维能力、分析能力、解决实际问题的能力、综合运用知识的能力以及创新能力；④任务应服务于课堂但不仅限于课堂教学，而要延伸到课堂之外的实际学习和实际生活之中，真正做到学以致用、学为所用。

2. 连贯性原则

教学设计的任务与任务之间在实施过程中达到教学上和逻辑上的连贯与流畅。这一原则涉及任务与任务之间的关系，以及任务的实施步骤和程序，即怎样使任务通过一组或一系列的任务履行来完成或达到教学目标。一堂课的若干任务或一个任务的若干子任务应是相互关联、具有统一的教学目的或目标指向，同时在内容上相互衔接。每一个任务都以前面的任务为基础或出发点，后面的任务应依附于前面的任务，这样，每一课或每一教学单元的任务系列构成了教学阶梯，使学习者能一步一步达到预期的教学目的。任务的顺序可以多种多样，如从接受性技能到产出性技能，或从预备性任务向目标性任务过渡等。

3. 可操作性原则

设计任务时，应考虑到它在课堂环境中的可操作性问题，应尽量避免那些环节过多、程序过于复杂的课堂任务。必要时，要为学生提供任务履行或操作的模式。

4. 教师主导作用和学生主体性相结合原则

教师主导作用与学生的主体地位二者是辩证统一的，主导是对主体的主导，主体是主导下的主体。这两者具有内在的联系，互相促进。教师的主导作用越是充分发挥，就越能保证学生学习的主动性、积极性和创造性；学生越是充分发挥主动性、积极性和创造性，就越能体现教师的主导作用。只有实现两者的有机结合，才有良好的教学效果。

5. 任务适中原则

任务设计不宜过难也不宜过分简单，要符合学生的实际认知水平及专业知识水平。教学任务设计得过难，学生无法完成或只有个别完成，不仅无法达到预期目标，而且很可能给学生以挫败感。教学任务过于简单，又可能因为不具有挑战性而无法调动学生的积极性，更无法激发学生的创新能力。

6. 合作学习原则

信息社会也是一个合作共赢的社会。合作意识和协作能力是财务管理专业学生必备的一项能力。

（三）特定课堂教学任务设计

"任务"的设计将直接影响课堂的教学效果，依据任务设计原则，高等教育财务管理专业在设计教学任务时，应兼顾全局，要求做到理论联系实际；难度要有层次，如基本任务、提高任务和扩展任务；解决问题要注意多元化；教学任务要注意给学生留有思考空间等。具体来讲可以从以下几个方面着手。

1. 任务设计要有明确的目标

只有为教学目标的达成服务的教学环节才是有效的教学环节，所有教学任务的确立都必须紧紧围绕教学目标。而教学目标的描述只是规定完成一定的教学活动之后，学生应获得的学习结果，并没有说明这些学习结果是怎样得来的。所以，设计科学合理的教学任务，是提高课堂教学效率、打造高效课堂的保证。

"任务"设计要有明确的目标，要求教师在学习总体目标的框架上，根据教学目标和学生实际，把总目标细分成一个个的小目标，并把每一个学习模块的内容细化为一个个容易掌握的"任务"，通过这些小的"任务"的实现来体现总的学习目标。

2. 任务设计要符合学生特点

教师进行"任务"设计时，要从学生实际出发，充分考虑学生现有的文化知识、认知能力、年龄、兴趣等特点，做到因材施教。

3. 任务设计要体现层次感和递进性

在设计任务时，要注意学生的特点与知识接受能力的差异，充分考虑学生的现有文化知识、认知能力和兴趣等。在设计的过程中，要始终以学生的角度考虑，根据学生的实际水平来设计每一个模块，针对不同程度的学生来设计不同层次的练习，也就是说任务要有层次感。基础扎实，能力较强的学生，任务难度稍大；相反，任务宜简单些。

4. 任务设计要注意分散重点、难点

掌握财务管理知识是一个逐步积累的过程，任务设计时要考虑任务的大小、知识点的含量、前后的联系等多方面的因素。

5. 任务设计要具备可操作性

财务管理是一门操作性非常强的学科。通常，教师对知识进行讲解、演示后，关键的一步就是让学生动手实践，让学生在实践中把握真知、掌握方法，同时，知识点也能得到及时强化。学生在动手实践的过程中既可强化所学的知识，又能使自己的实践能力得到提高。

首先，在任务设计时要注意解决问题多元化。引导学生从各个方向去解决问题，用多种方法来解决同一个问题，防止思维的绝对化。让学生能够触类旁通，举一反三，开阔思路，提高自主学习能力，尽可能多地产生学习迁移。其次，在任务设计时要关注任务的可思考空间。爱因斯坦曾说过："提出一个问题往往比解决一个问题更重要，因为解决一个问题仅仅是技能而已，而提出新问题，从新的角度去看旧问题，却需要创造性想象力，标志着科学的真正进步。"所以，任务设计要注意留给学生一定的独立思考、探索和自我开拓的余地，培养学生用探索式学习方法去获取知识与技能的能力。最后，在任务设计时要关注完成任务的时间。让学生有充足的时间完成任务，完成时间不宜太长。如果长时间完不成任务，学生对任务的兴趣会降低，无形中也增加了教学的难度。

6. 任务设计要注重培养学生能力

首先，任务设计要注重培养学生独立选择信息、获取信息的能力，就是俗话经常说的"授人以鱼，不如授之以渔"。只有让学生学会学习，具有选择信息、处理信息的能力，才能使其终身受益。其次，任务设计要关注学生团体协作能力的培养。学生学习是个别学习和协作学习的和谐统一。在财务管理教学中，教师进行任务设计时，要注意以适当的比例分别设计出适合个别学习和协作学习的任务。最后，重视学生思维的流畅性、变通性和独特性。创新思维是培养学生创造力的基础。在财务管理教学中，培养学生产生大量观念、疑问、不受固定模式约束的能力，还要鼓励学生学会大胆猜想、判断，并将其猜想作为逻辑推理的一种形式和发展学生创造力一种重要手段，帮助学生克服思维定式，培养学生举一反三的能力。例如，在多媒体、网络辅助教学过程中，提出的任务，可以不限制手段、方法、途径，学生可以各显其能，目的是完成任务。这样，学生在实践当中就会创造性地展开研究和探索，使学生对知识掌握得更加透彻、更加形象，有利于调动学生思维的流畅性、变通性和独特性，激发积极的思维，培养分析问题和解决问题的能力，从而有所发现，有所提高。

财务管理相关专业课程很多，如财务会计、管理会计等，在任务设计时要尽可能体现学科整合的思想，把相关学科的知识和技能要求作为一个整体，有机地结合在一起，使学生在潜移默化中得到锻炼，培养学生综合处理问题的能力。

三、教学环境设计

（一）教学环境的构成因素及作用

从宏观上讲，教学环境是指与教学有关，对教学的发生、存在和发展产生制约和调控作用的多维空间和多元因素的总和。它包括与教学有关的社会环境、社区环境、学校环境、班级环境、小组环境等。从微观角度来说，教学环境一般是指与教学密切相关的学校教学环境。具体包括学校教学活动的时空条件、各种教学设备、校风班风、师生关系等多方面。

1. 教学环境的主要构成因素

教学环境主要由物质环境和心理环境两大因素构成。物质环境又称为硬环境，心理环境又称为软环境。

（1）物质环境因素

物质教学环境是由学校内部各种物质的、物理的要素所构成的一种有形的"硬环境"，是学校教学活动赖以进行的物质基础。它由教学设施及校内外实践教学基地、自然环境和时空环境等因素构成。

①教学设施及校内外实践教学基地。教学设施是构成学校物质教学环境的主要因素。从大的方面来讲，校园、教室、图书馆、运动场所、实验室、办公楼、宿舍、食堂、浴室和各种绿化设施等都是属于学校教学设备。从小的方面来看，课桌椅、实验仪器、图书资料、电化教学设备、体育器材等也属于学校教学设备。在教学活动中，一方面教学设备以自身的完善程度制约和影响学校教学活动的内容和水平；另一方面，以自身的一些外部特征影响教学活动参与者的心理和行为。

②自然环境。学校自然环境是指学校所处的自然地理位置和气候条件，从总体上规定了学校大的环境面貌。

③时空环境。主要是指班级教学的时间安排和空间布局构成的特定教学环境。现代教学论要求教学时间的长短应根据教学内容、学生可接受程度来确定，使教学时间安排具有

一定的弹性和柔软性。教学空间结构以及空间的组织对教学活动效果有重要影响。班级规模和座位编排方式是与教学空间关系密切的两个环境因素。

（2）心理环境因素

心理教学环境是由学校内部各种人的心理要素所构成的一种无形的"软环境"，它与学校物质环境共同构成了学校教学环境的整体，是学校教学活动赖以进行的心理基础。它由人际关系、课堂心理气氛、教与学的形式等因素构成。

①人际关系。和谐健康的人际关系，有利于促进教学效果的整体提高，促进同年龄、异年龄、异质团体之间的联系性、开放性。和谐健康的人际关系是现代学校学生与学生之间人际关系的典型特点，也是培养和发展学生良好人际关系的基本前提。

②课堂心理气氛。课堂是学校实施教学活动的主要场所。课堂心理气氛是影响课堂教学效果关键因素之一。课堂心理气氛是由教师的教风、学生的学风以及教室中的物理和物质环境因素形成的一种心理状态。积极的课堂心理气氛一般表现为：课堂环境符合学生的求知欲和身心健康发展要求、师生双方都有饱满的热情、师生之间配合默契、学生之间关系融洽友好。

③教与学的形式。教学活动是师生共同参与的活动，教和学的形式是教学活动的重要心理环境因素。随着现代化教学手段的广泛应用，传统的以教师为中心的学习形式转变为以学生自主学习为主的学习形式。学生学习形式的变化，反过来影响着教师教学形式的变化，这些都将会给教学活动产生重要的影响。

教学的物质环境和心理环境相互联系、相互制约，物质环境的优劣会导致心理环境的变化，而心理环境的好坏也能导致物质环境的改变，两者是不可或缺的有机整体。

2. 教学环境的作用

从高等教育的角度讲，除健体之外教学环境的作用主要表现在以下几个方面。

（1）教育益智作用

教学环境是根据学生身心发展的特殊需要和培养人才的社会需要而组织、设计的。通过教学环境自身各种环境因素集中、一致的作用，引导学生主动接受一定的价值观和行为准则，使他们朝着教育者所期望的方向发展。独具匠心，把各种教育意图寓于生动形象的教学环境中，通过有形无形的教学环境因素给学生以熏陶和感化，将会产生"随风潜入夜，润物细无声"的教育效果。

（2）凝聚激励作用

良好的教学环境具有很强的凝聚力，它可以通过自身特有的影响力，将人聚合在一起，使他们产生归属感和认同感；同时，良好的教学环境作为一种最持久、最稳定的激励力量，能充分激发师生教学的内在动力。例如，整洁幽静、绿树成荫的校园，宽敞明亮、色彩柔和的教室，生动活泼、积极向上的课堂教学气氛，严谨求实、团结奋进的班风校风，这些都能给师生心理上带来极大的满足感和愉悦感，能无限激发他们内在的动力。

（3）传播整合作用

现代信息技术、多媒体计算机技术和网络通信技术等现代化教学环境为学校教师教学和学生学习提供了良好的教学平台，使学校在教学媒体、教学内容等各方面实现整合。教师可以根据教学需要，综合运用各种教学资源，将内容在大与小、远与近、快与慢、零与整、虚与实、微观与宏观之间互相转化。课程上实现信息技术与课程整合，为现代学校教学提供最理想的教学环境。

（4）养德美育作用

良好的教学环境有利于激发学生的美感，培养学生正确的审美观和高尚的审美情趣，丰富他们的审美想象，提高他们感受美、鉴赏美和创造美的能力。优雅的教学环境往往隐含着一些审美因素，它是一本无声的教科书，它能潜移默化地对学生进行美的熏陶和塑造，具有极大的美育功能。而长期在优美而较大活动空间中学习和生活，有助于培养学生宽容、豁达的心理素质。

教学环境能否有效地发挥其功能，绝不是随意或自发的，而是取决于是否对它进行合理的设计和优化。因此，应根据一定的理性要求，应用现代理念，对教学环境进行合理地安排和控制，并且持续地加以优化，从而使教学环境发挥积极的功能，防止消极影响，以建构教师、学生、内容和环境有机整合的新型教学系统，达成既定教学目标，提高教学质量。

（二）教学环境设计的意义

教学环境设计就是指为了创造或改善教学条件，对教学环境进行的整体或局部的规划、组织、协调和安排。教学环境设计涉及的范围很广，既包括学校物质环境设计，也包括校园心理环境设计；既涉及校址选择、校舍建筑和校园规划等一系列宏观的设计，也涉及课桌椅的配套和教室内灯光的安置、课堂教学情境等一系列微观的设计。本部分着重考虑微观环境设计的意义。

1. 教学环境设计体现了教学环境外在的整体面貌和审美风格

教学环境的美观、和谐，是教学环境建设的主要目标之一。教学环境是否美观大方，在很大程度上取决于教学环境的设计工作。不同的设计思想一旦付诸实践，就会导致不同环境格局和不同风格教学环境的出现，并且长期地存在和产生影响。成功的教学环境设计无疑会给人们带来一个和谐、舒适的环境，而失败的设计可能会造成教学环境不可弥补的缺陷。因此，教学环境设计要放远眼光，谨慎从事。

2. 教学环境设计的成功与否直接影响着教学环境功能的发挥

教学环境具有多方面的功能，对学生的学习活动、身心健康、审美情趣、思想品德和社会化程度，对教学活动的顺利进行和教学质量的提高，都具有深刻的影响。在实际教学工作中，教学环境的这些功能能否发挥以及发挥程度的高低，受多方面因素的制约，其中教学环境设计的优劣是重要的影响因素之一。

3. 教学环境设计影响着教学目标的有效达成

教学环境的优劣与教学目标的顺利达成密切相关。一个有利于学生身心健康发展，有利于教学活动顺利开展的优化的教学环境，必然会极大地推进教学目标的达成；相反，不仅不利于教学目标的达成，而且还可能直接损害学生的身心健康。正是从这一意义上说，教学环境设计对学校教学目标的达成产生着不可忽视的影响。

（三）教学环境设计的基本要求

教学环境是一个由多种要素构成的复杂的整体系统，教学环境与教学活动息息相关，环境的优劣直接影响着教学活动的进程。为了最大限度地发挥教学环境的积极功能，结合教学环境的特点和功能期望，在设计教学环境时必须遵循以下几个基本要求。

1. 整体性

整体性要求教师在设计教学环境时，要从整体上对教学环境的各个方面进行规划和调整，以便把各种环境因素有机地协调为一个整体，发挥最佳效益。尽管构成教学环境的因素复杂多样，但是教学环境是作为一个整体发挥功能的。因此，在设计教学环境时，应当密切合作，统筹安排，既要重视物质环境的设计，又要积极创造良好的校风、班风；既要改进师生关系，又要革新教学结构、组织结构等。只有树立全局观念，从整体出发，才能使各种教学环境的各因素协调起来，使教学环境向着有利于促进学生身心健康和提高教学质量的方向发展。

2. 针对性

针对性要求教师在设计教学环境时，要针对特定的教学目的有意通过突出教学环境的某些特性，增强特定的环境影响来促进学生的身心发展。例如，突出民主平等和谐的关系可以调节因人际关系紧张对学习效率的影响；又如，讨论课的布局结构可以增强讨论的气氛，提高讨论效果。

3. 转化性要求

转化性要求是指在设计教学环境时，要对各种经验和信息进行一定的选择转化，使其积极性扩大而规避其消极影响。当前社会是一个信息化、价值多元化的社会，教学环境必然受到社会环境多方面的影响。青少年社会经验少，识别、辨析能力不完善，有可能对积极的信息和价值持怀疑甚至排斥态度。因此，在教学环境设计时，教师要根据学生身心发展的特点，将自发的信息和价值影响转化为学生可接受的有目的的信息和价值影响，对涌入教学环境的各种信息和价值进行及时的调节和控制，并加以适当的选择转化，使学生享受健康的环境而抵制不良信息和价值倾向的影响。

4. 校本性

校本性要求教师在设计教学环境时，不能脱离本校的实际情况，在充分利用学校已有的有利条件的基础上，做好教学环境的设计。任何学校在环境建设上都有自己的特点和优势，充分发挥和利用自己已有的环境优势，就有可能推动整个教学环境的改善。例如，利用雨量充足、空气湿润等自然优势，广植花草树木，绿化校园环境，用自然美来陶冶学生；利用革命老区光荣的革命传统对学生进行革命理想教育，以促进良好校风、学风的形成等。教学环境的设计只能从实际出发，以校为本，突出优势，扬长避短。

5. 主体性

主体性要求教师在设计教学环境的过程中，要充分重视学生主体的作用，培养他们自控自理环境的能力，使学生自己学会控制和管理教学环境。教师和学生都是教学环境的主人，教学环境的建设和改善离不开学生的主体参与、支持和合作。例如，在良好校风和班风的建设、环境卫生的打扫和保持、校园的绿化和美化、教室的布置以及学校纪律和秩序的维护等方面，学生起着关键性作用。因此，在设计教学环境的过程中，教师应充分调动学生的主动性和积极性，培养他们对教学环境的责任感，提高他们控制和管理环境的能力。良好的教学环境才能得到最广泛的支持与维护，教学环境将会在学生自觉自愿地不懈努力中更加和谐与美好。

（四）教学环境设计的基本途径和方法

针对财务管理专业，教学环境设计要根据财务管理教学的需要，对教学环境的各种因素进行必要的选择、组合、控制和改善，选取环境中各种有利的因素，限制或消除各种不利的环境因素；同时必须遵循育人的特殊要求，体现育人的特殊价值。需将学校教育的各种价值渗透在教学环境设计中，也就是把教育的语言和信息转换为环境的语言和信息，使教学环境充分体现教育价值和教育要求，从而发挥出环境育人的基本功能，以实现教学环境的最佳状态，最大限度地发挥正向效应，保证教学活动的顺利进行。

1. 以财务管理专业课程和课堂培养目标为宗旨

以财务管理专业课程和课堂培养目标为宗旨建设并进一步优化和完善教学环境。财务管理专业课程培养目标是教学环境设计的出发点和归宿，根据教学目标具体规定的人才培养规格和质量要求，以及教育的基本规律和发展方向，来组织和设计教学环境。所以，教学环境设计，要体现学校培养目标的基本精神实质和要求。

教学活动是人类特有的社会实践活动，其对象是人本身，所以教学环境设计更需要注重活动目的目标的完善。在具体的教学活动中，教师还要随时省察自己的目标是否完善，这是教学环境设计的首要前提。

2. 密切关注外部环境的变化

外部环境是教学环境设计的大环境，它包括国家的政治环境、经济环境、文化环境和民族心理环境等。外部环境是影响学校教学环境的"大气候"，外部环境发生的任何变化都可能成为影响或改变学校教学环境的客观力量。财务管理专业涉及的学科很多，而且都是政策性和变动性都很强的内容，如会计、税法等。因此，在教学环境设计时，首先要把握时代发展的脉搏，充分利用大环境的各种有利因素，为财务管理专业教学创建良好的环境；其次，要采取辩证的态度分析社会大环境，对不良因素作必要的转化和诠释，发挥自身改造社会环境的作用；最后，要采取各种必要的措施，预防和抵制各种不良因素对教学环境的渗透和侵蚀，强化学校教学活动的影响力。

3. 符合学生身心发展的特点和习得规律

人的身心发展离不开良好环境的熏陶。教学环境作为专门的育人场所和设施，应以促进学生的身心健康发展为出发点。教学环境设计能否遵循学生身心发展的特点和习得规律就成为检验教学环境良好与否的重要标准之一。

4. 依据和改善学校现有的教学环境

教学环境的设计，很多情况下更侧重于在学校现有条件下创设教学环境，以达到一种最佳状态，它并没有一个绝对的标准和固定的模式。教学环境的设计要充分考虑和利用本校的现有条件，以校为本，不断改善教学环境的面貌，突出自身的优势，建成具有自己特色的良好教学环境。

同时，提倡师生通过对校园的精心设计和绿化，以及对教室的布置，使学校物质环境得到美化和优化，使教学环境体现出崇高的教育意义和审美价值，从而对学生的精神世界产生影响。

5. 优化教学过程和教学情境的要求

教学环境的设计是一项复杂的工作，它不仅要考虑到对整体环境的宏观控制，而且要注意对局部环境的微观调节。优化教学活动过程，就是要使教学微观环境各要素间的衔接紧凑自然，反馈顺畅，以便全面实现教学活动的目的。例如，筛选、组织和利用好各种信息，使其成为适宜的教学内容；依据教学内容和学生身心发展的特点和规律采取恰当的教学方法；等等。

由于课堂教学情境具有即时多变的特点，偶发事件随时发生，教师就必须时刻注意把握教学情境的变化，并根据教学情境变化的需要对各种课堂环境因素进行必要的、及时的、机智的调节和控制，以使课堂环境保持有序、稳定的良好状态。

有完善的教学活动与和谐的校内外环境，而没有优化的教学过程，那么，改善教学活动，提高教学质量只能是一句空话。优化教学过程，实质上也就是协调好诸因素间的关系。

6. 完善教学评价设计

教学评价一方面是对教学活动成果进行评判，另一方面又因其价值导向的功能而左右着教学活动的发展方向。在现实教学实际活动中，教学评价存在的问题，往往是导致教学环境失衡和教学活动低效率的重要原因之一。完善教学评价，不但要改进评价手段和方法，更应强调从维持教学环境平衡的角度展开，坚持科学性和伦理性相结合的要求。

四、教学方法设计

（一）教学方法简介

一般地说，教学方法是教师为实现既定的教学目标，在教学过程中组织和引导学生进行专门内容的学习活动所采用的方式、手段和程序的总和，包括教师的教法、学生的学法、教与学的方法。

教学方法通常可以从以下三个方面来理解。

1. 以"教学目标"为指向

教学方法自始至终是围绕教学目标展开的，目标不同采用的教学方法可能会大相径庭；即使教学目标相同，也可能选择不同的教学方法来完成教学目标。

2. 在"教学进程"中展开

教学方法与教学进程是紧密联系的，并依托教学进程，为教学进程提供教学服务。离开教学进程，教学方法也就失去了存在的意义。教学方法是教学进程的一个组成部分，但不能涵盖教学进程的全部内容。

3. 是"教师和学生"之间相互联系的活动方式

在课堂教学中，教师和学生处于发出信息和接收信息的交互作用中，而教学方法正是两者联系的纽带，是师生教学双边活动的桥梁。教师无论是对教法的选择和运用，还是对学法的指导与实践，本质上是统一的，两者相辅相成，相得益彰。

另外，教学方法服务于教学，必须依赖于教学内容和教学目标，而教学内容和教学目标的产生又依赖于专业培养目标。

目前，我国高等院校财务管理专业的培养目标是：培养具有较强综合职业素质的为社会经济建设服务的应用型、技能型人才，培养真正能够到企业财务管理部门从事相关工作的具有初级技能的劳动者。就业岗位主要是中小型企业或公司、服务行业等领域的会计核算、会计咨询、收银、出纳、代理记账、税务代理等。但是随着经济的迅速发展，不仅制造企业，还有金融产业，如保险推销员、银行客户经理、个人理财规划师等岗位对受过财务管理专业教育或具有良好财务管理知识的人员的需求也在不断增加。

但是，目前高等院校的学生在遵规守纪、习惯养成、学习兴趣、知识储备、理解能力等方面存在着与专业学习很不和谐的"困惑"，因此，要求高等院校财务管理专业教育应该采用超常规教学方法和手段，积极进行教学改革和创新，根据教学目标，完成培养目标。

人们通过总结以及比较筛选得出目前我国高等院校常用的教学方法包括讲授法、谈话法、读书指导法、练习法、演示法、讨论法、研究法、实验法等。这些教学方法在实施课堂教学时可针对不同的教学内容和目标，互相结合，取长补短。但随着现代信息化社会的发展，传统教学方法面临着越来越多的挑战，表现出很多不足，主要为以下几方面。

1. 忽视学生的"个性发展"

目前，各高等院校财务管理专业教师在进行教学行为时，仍然是"满堂灌"，学生以被动接受为主，个性被压制，得不到发展。

2. 忽视学生的"情感升华"

在传统教学中，教师一味地突出智力，一切向"智力"看齐，忽视学生的情感，如讲授法、实验法、研究法一直流行，就可证明。殊不知，学生作为社会当中的一员，他们是有情感的，强行将智力和情感分开也就违背了教育的最终目标。

3. 把教学方法看成"教法"

在传统教学上，人们习惯把教学方法看作"教法"，突出"教"的一面，在进行教学行为时，以"教授法"为主，突出"教授法"的主体地位。

综上，传统教学方法已不适应当今世界信息的迅速发展，因此高等院校财务管理专业教育必须在传统教学方法的基础上，设计更为灵活并与实践有效结合的教学方法，既注重专业理论培养，又注重实践能力培养；既注重专业教育，又注重素质教育，使学生的潜在能力得以充分发挥，使学生将学到的知识转化为适应瞬息万变的环境、实现终生发展。

（二）教学方法的设计与实施

1. 教学方法的设计

（1）依据教学目标

教学方法的选择受教学目标的制约，教学目标决定着教学方法的选择。如果是完成传授新知识的教学任务，就应该选择语言传递信息的方法和直接感知的方法；如果要使学生形成技能或完善其技能，就得选择以实际训练为主的方法；如果是为发展学生的智力，形成一定的能力，就应采取探索、研究的方法。

（2）依据教材内容的特点

各科教材内容的不同也要求采取不同的方法与之相适应。

（3）依据学生的实际情况

教师的教是为了学生的学，教学方法要适应学生的基础条件和个性特征。

（4）依据教师本身的素质

任何一种教学方法的选用，只有适应教师本身的素质条件，能为教师所理解和掌握，才能发挥作用。有的方法虽好，但如果教师缺乏必要的素质，自己驾驭不了，仍然不能在教学实践中产生良好的效果。

（5）依据各种教学方法的功能

每种教学方法都有局限性。某种教学方法对某个学科或某个课题是有效的，但对另一个学科、另一个课题或另一种形式的教学可能是完全无用的。

（6）依据教学实践和效率的要求

教学方法的作用是为了使教学顺利有效地进行，在较少的时间内使学生获得较多的知识，取得良好的效果。所以，在选择教学方法的时候，应考虑到教学过程效率的高低。好的教学方法应使教学在较少的时间内完成教学任务，实现教学目标，并使教师教得轻松，学生学得愉快。

2. 教学方法的实施

（1）变"教"为"育"，创新课堂教学模式

在传统的理论教学中，学生处于被动状态，主动参与教学的热情未被激发，部分学生上课只是出于要通过测试的考虑，知识掌握效果不明显，知识的转化、学生的创造力培养在学校期间都没有完成。

因此，转换教师在教学中的角色，要求教师从完全"教"的角色中走出来，将财务管理教学"形象化""简单化"，将概念、原则、程序、方法融入身边的事件和已经了解的理论中，并不断提出问题，引导学生思考、解决问题，使学生变被动学习为主动学习，分组讨论、激辩、演讲等贯穿于整个教学中，学生自我学习能力得以提高，重视"培育能力"。学生从学校学到的不再是一知半解的知识，而是自我学习、自我解决问题的能力。讨论、演讲等形式提高了学生的心理素质和逻辑能力，是自信养成教育的重要手段。专业基础扎实、有自信和耐力，这对财务管理专业学生非常重要。

转换教育理念后，教师在课堂上讲的相对少了，但对教师的要求却更高了。能将财务管理理论教学"形象化"，对于教师是非常困难的，将理论深入浅出，变得"简单化"更难。但是一旦教师在这方面进行了探索和努力，将难以理解的理论知识与实际相联系，从机械、大量的讲授中脱离出来，积极设计教学，就会产生意想不到的效果。教师与学生共同分析问题，解决问题，并在与学生进行广泛的讨论后作出总结，提出更合理或合乎法律规范的方法，发现实施工作中面临的

问题，提出主流观点、观点差异，可以更有效地培养学生分析和解决问题的能力。

另外，教师在教学实施中还要注意观察每个学生的反应，在适当的时候给予鼓励性评价，教师不经意的一句话或者一个微不足道的举动，可能影响一个学生的一生，这种影响力往往是隐性的。教师不仅教书，同样还要育人。

（2）导入实例，创新案例教学

近年来案例教学法在各专业教学中得到广泛应用，而实例教学法比案例教学法更有优越性，实例更具有鲜明的时代特征，与当今各种理财环境相吻合，无须背景陈述，并且能将教学对象和内容具体化。

高等院校教师在实例教学的第一阶段引入实例时，要精心选择教学实例，所选实例要具有典型性，体现财务管理专业课程内容的基本特征，同时关注正反实例，开展比较教学。当然，教学实例一般要提前布置，提前的时间要取决于教学设计想要达到的预期效果。

实例教学的第二阶段是教师反馈，可以采用评语方式进行。对于个别具有代表性的问题，教师可以将其引入课堂进行讨论和讲评。讨论可以采取就某一观点进行广泛自由的发言方式进行，也可以采取就不同观点进行分组讨论，然后选出代表进行发言的方式进行。在讨论中，教师一方面研究学生对问题的理解，另一方面阶段性干预讨论的方向。最后教师应做好实例讨论的总结。教师在总结中肯定学生所做出的努力，提出存在的不足，引入理论依据，指出实践中出现的新研究方向等，这样可以有效地培养学生的信息获取能力和选择能力，不但能巩固本次实例教学成果，还能引起再一次学习的可能。

（3）利用网络平台，发展开放式教育

目前，我国高校财务管理专业教育在培养人才方面主要采用教师面授为主，以教师为中心，忽视了学生的主体意识。学校和教师应该建设网络平台，进行开放式教育，可以通过公共邮箱、网络讨论室等方式为学生进行答疑、开展讨论，形成网上多角度互动教学，让学生有更多的机会进行发言。教师或课程组成员应时刻把握探讨式学习的节奏，在适当时机引入新问题和新思路。同时借助网络平台可以加强优秀课、精品课建设，向学生、社会开放，增进相互学习，为专业教育提供更多的途径。

（4）开发实践教学，模拟与实战并重

高校学生文化课基础虽然不错，但动手和发现能力未必优秀，所以学校和教师应积极设置专业实践教学，如专业模拟实训、专业认知实习、财务管理模拟实习、创业实训、毕业实习、岗前培训及就业指导，以强化学生专业方面的实际动手能力和创业能力；鼓励和支持学生参加课外实践活动，选择有经验的教师进行指导。在财务管理专业培养方案中积极探索多形式的模拟教学，培养学生解决实际问题能力、表达能力和团队精神，为学生成才搭建成功的桥梁。

同时，做好专业认知实习和毕业实习，尤其是毕业实习。有些企业为学生提供长期实习机会，通过毕业实习巩固学生所学专业理论知识，增强学生的感性认识，有效提高其动手能力，加快知识向能力的转化，为学生今后步入社会工作奠定坚实的基础。

五、教学媒体设计

教学媒体是教学环境的重要组成部分，是师生为实现预期教学目的相互传递信息的工具。随着科学技术的发展，现代教学媒体得以开发和利用，教育方式和教学模式发生了根本性的改变，学生和老师之间的关系也发生了明显的变化。

从财务管理专业教学的特点来看，既要采用传统的教学媒体，又要使用现代教学媒体。选用时，要遵循以下原则。

（一）财务管理专业教学媒体的选用原则

财务管理教师在实施教学选择教学媒体时应做到"四个结合"，具体内容如下。

1. 教学媒体与职业任务教学目标相结合

各高等院校和教师要完成财务管理专业的教学目标，必须按不同的职业任务进行分解，考虑每一个职业任务要达到的教学目标，在实施每一个职业任务的教学时，要根据不同的教学目标特点来合理、科学地选择教学媒体，提高学生学习兴趣和学习效果。

2. 教学媒体与具体的教学内容相结合

不同的教学内容，适合采用不同的教学媒体。例如，财务管理专业课程有很多是比较静态和枯燥的内容，这类内容就适合采用融声音、光色、情景为一体的现代教学媒体，视听并举，动静兼备，才能吸引学生的注意力，激发学生的兴趣。

3. 教学媒体与教学对象相结合

应根据不同的教学对象选择合适的教学媒体。例如，应根据入学学生文化素质的差别来选用教学媒体，发达地区学生的计算机水平、网络使用的数量程度要高于贫困地区的学生，在选择或放弃现代教学媒体上，就要考虑教学对象的具体情况。

4. 教学媒体与所在学校的教学条件、所需代价和难易程度相结合

学校是非营利性组织，每个学校都会受到财务状况制约。在选用教学媒体时，学校的现有条件是否能满足、创建教学媒体的代价能否承受等都是必须考虑的因素。另外，如果媒体操作起来过于复杂，不易掌握，也不能选用。

总之，教学媒体的选择要考虑教学目标、教学内容和教学对象，以易行、易懂、能引起学生学习兴趣为最根本原则。

（二）财务管理专业教学媒体应满足教学需要

1. 适合专业理论的教学需要

教学媒体要满足专业理论的教学需要，针对专业课程中出现的理论和方法，围绕教学内容，利用教学媒体设计更直观、生动、有效的课堂，提高学生的学习兴趣和学习效率。

2. 适合专业操作程序的教学需要

教学媒体在满足专业理论教学需要的基础之上，针对专业程序的特殊目的，要能够呈现出比较直观的工作过程和方式。将专业操作程序通过教学媒体变得更易于吸收和接受，使学生有一种身临其境的感觉。

3. 适合专业方法的教学需要

教学媒体在实现专业理论和专业操作程序教学需要的同时，对专业学习当中出现的方法，能够快速了解掌握。通过现代教学媒体的强大功能，将抽象变具体，将无形变有形。

4. 适合专业技术的教学需要

在完成理论、程序、方法等专业教学的同时，教学媒体需要能够将专业学习当中涉及的专业技术表现得淋漓尽致。针对专业技术，完全可以利用现代教学媒体的强大信息优势，将技术性的内容进行多方面搜集，以求全面、真实地满

足教学需要。

（三）财务管理专业教学媒体种类

目前，财务管理专业教学媒体主要有传统教学媒体和现代教学媒体两类。第一类是传统教学媒体，如黑板、粉笔、教科书、挂图、实物、标本和模型等；第二类是现代教学媒体，如幻灯机、投影仪、录音机、录像机、光盘以及多媒体课堂与课件、运用语言实验室、多媒体综合教育、视听阅览室、微格教学训练系统、计算机网络系统等。

从使用教学媒体进行教学的角度来看，主要有以下现代教学媒体种类：

①适用计算机辅助教学的媒体，如训练与实习型、指导型、咨询型、模拟型、游戏型和问题求解型教学媒体；

②适用计算机网络教学的媒体，如讲授式、个别辅导式、讨论式和探索协作式教学媒体；

③适用幻灯、投影教学的教学媒体，如书写式、图片式、实物投影式、作业式、引导式和声画式教学媒体；

④适用音像教学的教学媒体，如演播－设疑式、演播－讨论式、演播－发现式、演播－实验结合式、演播－操练式教学媒体。

总之，在进行教学媒体的设计时，首先要考虑的因素是教学目标，其次是教学内容、教学对象、教学条件和所需代价。符合学生的经验和知识水平，能受欢迎且易被接受和理解。只有熟知各种媒体的特性，经合理组合，才能扬长避短，相得益彰，呈现应有的教学效果。

第二节　财务管理课程教学法的选择

一、教材分析

1. 专业基础类课程教材分析

专业基础类课程包含的微观经济学、宏观经济学、管理学基础、会计学基础、税法、金融学、统计学、经济法原理几门课程，其共同的特点是既有较大篇幅理论知识的讲述，又有实践操作能力的要求，是理论与实践并重的学科。

比如，会计学基础作为一门基础课程，理论性强且枯燥，学生刚刚开始接触，每节课都是新的内容，没有既往的学习经验可以借鉴，往往出现"摸不着头脑"的情况，不知道学过的内容要在什么时候使用，怎么用。如果在教学中仍旧沿用传统单纯的理论教学模式就会效果不佳，根本不能调动学生的积极性。而该课程还需要同具体的实践工作紧密结合，这就要求学生不但要掌握基础理论和观点，还必须要能运用自己所学到的基础理论和知识来解决实际问题。传统的教学方法是教师照本宣科，纸上谈兵，学生一直处于被动学习的状态，导致"教"与"学"都难的现状。所以寻找更好的教学方法来提高教学效率，提升学生的学习质量成为教师急需解决的问题。

作为一名管理类专业的学生，除了要掌握一定的会计核算技能外，还应该掌握一定的法律知识，把握市场的动态，关注社会的发展。财会专业的知识更新得较快，而其中最快的就是经济法律制度。因此，经济法原理课程在专业基础类课程中起着一个领航的作用，占据着一个指导的地位。学好经济法原理，学生在其他课程中就会比较容易地去进行思考和实践。该课程是管理类专业中的一门专业基础课程，它的涵盖面比较广，既涉及法律知识、税务知识和会计知识，还涉及仲裁知识、劳动保障知识等。本课程旨在通过对经济法理论及其实际应用的研究和学习，使学生系统掌握经济法的基本理论、基本制度、基本原则，培养学生运用经济法理论和知识以及有关法律法规分析和解决经济生活中的实际问题的能力。课程中大多是对法律条文的解释，既枯燥又难以记忆。因此，在经济法原理课程教学中，如何让没有社会实践经验的学生能在短短的几个月时间里掌握大量的法律条文，又能把所学的理论知识很好地运用到财会专业的实践中去，就是我们授课教师急需解决的问题。

2. 专业核心类课程的教材分析

教材，有广义和狭义之分。广义上的教材指课堂上和课堂外教师和学生使用的所有教学材料，比如教科书、讲义、讲授提纲、参考书、视听媒体等。而狭义的教材仅指教科书。这里的教材分析主要指狭义的教材。

教师在教学过程中既不能将教材与教学内容混为一谈，也不能完全脱离教材。教科书是一门课程的核心教学材料，而非唯一教学材料。单纯依赖教科书教学的好处是教师仅需要掌握一本书的内容体系就可以完成授课，而学生学习和复习时也有的放矢。但问题是，教师的教学内容可能脱离教学标准的要求从而无法完成教学目标，同时学生掌握的知识仅依赖作者的知识体系，从而可能导致知识掌握得不全面，不能形成一个开放的知识体系，这对于其后续知识的学习可能会形成障碍。因此，几乎所有学校的教学管理过程中都严厉禁止教师授课的"照本宣科"。实际上，任何一本书都无法独自满足教学标准的全部要求，更不能提供学生所需要掌握的全部相应技能。从而，教师在慎重选择教材的同时，更需要对教材进行分析。教师在教材分析时可遵循如下步骤。

（1）明确教学目标和要求，把握难点和重点

教师在分析教材前应首先明确本门课程的教学目标是什么、教学要求是什么。教学目标是学生需要掌握的知识点，而教学要求则是培养方案要求学生对知识点的掌握程度。

教师需要从一门课程的总体教学目标确定学生应该掌握的技术和方法，再从学生必须掌握的技术和方法倒推掌握该技术或方法需要掌握哪些知识点，这些知识点分散在哪些章节，从而分解到每堂课应该掌握的知识点。通过对学生所需掌握的所有知识点进行分析，找到所有知识点之间内在的逻辑关系，从而确定教学的主要思路和主线。再结合教学要求找出课程的教学重点和教学难点，切忌面面俱到和平分秋色。对于教学重点内容和难点内容应该多花一些时间向学生进行详细讲解和联系，以确保学生能够掌握相应内容，对于非重点内容以及简单甚至已经接触过的内容，教师可以简单讲解甚至一语带过。只有这样，学生才能够理解教师的授课思路，从而准确把握教学内容的重点和难点，提高学习效率的同时也能够获得相应的技能。

（2）分析教材结构及思路

确定学生应该掌握的知识点并厘清知识体系后，教师应该对教材的编写思路和知识结构进行分析，找出作者的行文逻辑，判断其是否涵盖课程所需的所有知识点，对于难点和重点的剖析是否深刻，教材的可理解性如何等。同时，教师也应积极吸收教材作者在行文逻辑中的高明之处，完善教学内容知识点之间的逻辑联系，使得教学内容的系统性更强，也要充分利用教材提供的便利，如案例库、习题库等，减轻授课过程中的板书工作量。

（3）适当调整章节顺序及教材内容

为了达到较好的教学效果，教师应该寻找最佳的讲解角度、运用最得体的语言和多媒体方式，以最易于理解的思路向学生由浅入深、循序渐进地讲授教学内容，必要时可以对教材内各个章节的前后顺序进行适当的调整和删除，以便使得授课逻辑更加符合学生的"认知过程序列"。

而对章节内的具体内容，本着"突出重点、注重能力"的原则进行增加或删除。在财务管理专业核心课程教学过程中需要删除教材内容的情况有：第一，教学目标没有要求且该内容对于理解其他内容关系不大的；第二，专业基础课程或其他已经学习过的专业核心课程中已经讲授过的重复内容；第三，学生阅读后可自行掌握的简单内容。需要增加内容的情况有：第一，教学标准有要求而教材中没有的；第二，教材中虽有但内容不系统、不全面的；第三，教学标准中没作要求，但对于理解必要知识点有很大帮助的；第四，案例、视听材料等有助于学生形成直观印象进而帮助其理解掌握知识点的其他材料；第五，陈旧知识点在当前社会环境下衍生出新意的；第六，实践中发展的新思想、新技术、新方法。

（4）实践性配套教材的融合

高等教育更加注重职业岗位要求和专业技能的培养，对学生动手操作能力要求更高。因而，单纯依靠理论性教科书无法满足需要，还要求授课教师准备实践性配套教材，这种配套教材可以是实验室操作、电脑上模拟、课堂情境案例分析，也可以是操作过程录像、实地观摩等。财务管理专业的很多核心类课程都没有现成的实践性配套教材，因此，需要教师根据学校教学条件、授课进度以及授课内容自行准备，并将其融合在教学内容中。

二、教学适应性分析

事实上，各种教学法并无绝对优劣之分，教学法的选择运用并不是寻求剔除所谓不好的教学法采用好的教学法，或剔除传统方法采用现代的方法，而是寻求在正确的教育思想或是思想观念下，熟练地根据教学目标、教学内容、教师自身的个性以及学生情况等来选择达到教学目标最合适的方法。因此，对于财务管理专业的教学法的运用也应当是如此，教师在教学过程中应当善于根据教学内容、教学目标、教学阶段选择恰当的教学法或者优化教学法组合。

1. 讲授教学法的适应性分析

讲授教学法是指教师主要运用语言方式，系统地向学生传授科学知识、传播思想观念、发展学生思维能力和智力的方法。它是通过叙述、描绘、解释、推论来传递信息、传授知识、阐明概念、论证定律和公式，引导学生分析和认识问题。讲授教学法的优点是教师容易控制教学进程，能够使学生在较短时间内获得大量系统的科学知识。讲授教学法具有较为广泛的使用基础，对于财务管理专业核心类课程来说，其逻辑性较强，因而较为适合采用或辅助采用讲授教学法进行教学。但讲授教学法也存在很大的局限性，教师在进行财务管理专业核心类课程教学时，在下列情况下不能单纯选用讲授教学法。

（1）授课对象学科背景较弱时

美国心理学家奥苏伯尔认为，讲授教学法只有在满足三个条件后才是有效的，其中，需要满足的第一个条件是要求"学生具有有意义学习的心理倾向，即积极地把新知识与自己认知结构中原有的适当知识关联起来的心理准备状态"。任何一个课堂，对于主观上不想学习的学生，教师采用何种教学方法可能都是没有意义的。因而，我们假设我们的学生都具有有意义学习的心理倾向，但这些学生是否能够积极地把新知识与自己认知结构中原有的相应知识进行关联以及关联的程度则和学生的素质具有密切的关系。通常认为，学生素质越高，越能够将新知识与原有的相应知识进行关联，且关联的有效性越高，学习效果也就越好，越适合于采用讲授教学法。从生源上看，本科生的基本素质较好，文化知识的理论学习能力较强，但实践能力薄弱，因而对于实践能力要求较高的财务管理专业核心类课程并不适合单纯用讲授教学法教学，若单纯采用讲授教学法，不利于学生实践能力的提高。

（2）授课对象个体化差异较大且教学需要考虑授课对象的个体化差异时

讲授教学法可以面对大量学生进行统一授课。教师在授课过程中会根据学生对知识的掌握情况来把握授课进度，但如果授课对象较多，则其存在的个性化差异就会较大，更容易出现一部分学生掌握较好而另一部分学生还无法听懂的情况。在这种情况下，如果教师继续讲授新知识点则一部分学生可能完全摸不着头脑；如果继续解释旧的知识点则相当一部分学生会认为教师授课啰唆，进而降低学习兴趣。此时，教师会陷入左右为难的境况，致使教学过程无法顺利进行下去。因此，这类课程最好不要单纯采用讲授法教学。

（3）对授课对象创造性思维要求较高的课程

讲授教学法是教师讲、学生听的一种教学方式，重点在于让学生掌握知识。由于学生只是一味地聆听教师讲授的内容，缺乏主动思考，其创造性难以真正被激发出来。当教室中只有教师一人的声音，缺少学生的互动和参与时，学生的学习兴趣会不断下降，最终显得教学内容较为乏味，久而久之也会使学生形成被动学习的习惯。单调的课程氛围、被动地学习最终会严重扼杀学生的创造性思维。因而对于对学生的创造性思维要求较高的课程，单纯采用讲授法教学，效果不理想。

可见，针对财务管理专业核心类课程，要想实现较好的教学效果，需要学生深入思考才能接受的高级财务管理课程的部分内容，对学生自身学科背景要求较高的高级财务管理课程的部分内容不太适合单纯采用讲授教学法。而财务管理概览与基础、财务会计、审计学原理课程的大部分章节因难易适中，自身的逻辑性较强，可以较多地采用讲授教学法。

2. 案例教学法的适应性分析

案例教学法是通过对一个具体教育情境的描述，引导学生对这些特殊的教育情境进行分析讨论，获取知识和能力的一种教学方法。它是一种开放式、互动式的新型教学方式，实际上也是一种"做中学"的形式。

案例教学法目前已经成为管理类课程的重要教学方法，财务管理专业类核心课程的特点是理论抽象性高而实践性极强，学生在学习时通常会遇到以下困难。

①对实际决策环境想象力贫乏致使很多理论性的知识不能较好地理解。例如，货币的时间价值是理财的基本观念，而学生却很难理解这一概念。

②理论假设多，与实际情况有差异。财务管理专业的理论建立在正统经济学的基础上，几乎每一个理论背后都存在一定的假设，这些假设使得现实环境中的很多因素均被提前设定，从而与实际环境有一定的差异，这使得学生很难将学习到的理论知识直接运用到实际的决策中。

③应用环境复杂多变。财务管理相关理论的应用环境十分复杂，即使有些学生在一定程度上掌握了理论，但是实际应用时也会发现力不心，现实决策环境涉及的因素与教科书相比更要复杂，且面临实际问题时很难找到与教科书中一样的决策环境，加大了理论联系实际的难度。

④解决方案的多元化。财务管理实践中新发展的理论越来越接近于管理学理论，越来越讲求管理的艺术性，很多情况下的决策并非只有唯一正确的做法，学生在学习过程中往往会显得无所适从，加大学习的难度。

面对这些问题，教师在授课过程中选择案例教学法会起到事半功倍的效果。一方面，案例教学过程中会为学生提供过去发生的真实事件的具体情境，这既有助于学生理解财务管理决策的环境，也便于对决策过程形成更加直观的印象，有助于学生更好地掌握财务管理的理论。另一方面，学生接触更多的案例后，能够对财务管理决策环境的复杂多变有所准备，讨论不同情境下决策的过程和结果也有助于学生将理论灵活应用到实践中，体会多元化的问题解决思路，有助于培养学生理性的财务管理思维，增强其在未来实践中的动手操作能力。具体到财务管理专业课程来说，财务分析、公司财务与案例、高级财务管理等课程都可以采用案例教学法进行讲授。

但案例教学法也有一定的条件约束：第一，课时约束。案例的引入会占用大量的课时，因而教师不能够对所有的专业核心类课程的所有内容都采用案例教学法进行讲解，必须有所取舍。对于难度较大的知识点，必须采用案例教学法，而对于其他知识点，如果讲授教学法能够达成教学目标，就可以选择采用讲授教学法来代替。第二，教学条件约束。因案例是对实际决策环境的描述，通常会占用大量的篇幅，在教科书中没有现成案例可用的情况下，需要授课教师自己准备材料并将材料传递给学生，因而最好采用多媒体教学或者直接印发案例资料，所以需要能够进行多媒体授课的教室或者便利的打印复印设备。第三，教师专业素养要求。案例教学法要想达到预期的授课效果，需要教师能够正确筛选、准备案例，引导学生进行深入思考，在学生讨论后教师能够把握重点并进行总结提炼。案例剖析得越深入，教学效果越好，相反，若案例提供后不能够进行深入分析，可能无法发挥其应有的作用，甚至误导学生。因此，该授课方法要求教师具有扎实的专业素养。

3. 研讨教学法的适应性分析

从研讨教学法的概念上看，研讨教学法对于解决不确定性问题的课程或对一个问题有多元化解决方案的课程的学习效果会更好。例如在财务管理专业核心类课程中，财务会计是讲授如何根据企业会计准则的规定对不同的经济业务进行会计核算的课程，大多数情况下，对于一个具体的经济业务，其会计处理方式是确定的，在这种情况下采用研讨教学法教学效果提升有限；财务分析课程是讲授针对具体的情境如何利用财务分析指标找出企业存在的问题或风险所在，其可以选择的财务分析指标、分析方法和分析思路都不是唯一的，因而分析出来的问题以及问题解决之道也并非唯一，因而可以采用研讨教学法；公司财务与案例讲授的是企业在日常财务管理实践中如何进行筹资决策、投资决策、营运资金管理和利润管理，大多数情况下需要拟定若干备选方案，然后对备选方案的优劣进行评价后得出决策结论，其理论的应用情境较为复杂、决策方式和结果也是多元化的，因而很多教学内容比较适合采用研讨法进行讲授；高级财务管理与公司财务与案例类似，只是其决策环境更为复杂、决策过程中需要考虑的因素更多，决策难度更大，且很多问题都处于理论探索阶段，较少有完全确定的解决方案，因而最适合采用研讨法讲授。

当然，研讨教学法与案例教学类似，其成功采用对学生的前期知识基础、教师的专业素养、教学条件、课时等都有一定的要求。第一，教师应选择贴切的、富有吸引力的情境。研讨教学法要求以"导"为主，设置贴近学生生活、富有吸引力的情境，提出有思考价值的问题。否则学生可能对情境的感受不深刻，从而不能更好地理解问题需求，影响学习效果。第二，教师应具有较高的专业素养。研讨教学法要求教师有全面、深刻、独到的见解，了解学生原有的知识基础和能力水平，并且有熟练利用现代化手段教学的能力。在收集足够的资料的基础上来组织教学，引导学生利用资料，表达自己看法，并进行客观评论。第三，学生应具有解决问题的前期基础和条件。研讨教学法要求学生通过查阅资料、研究讨论后解决问题，其前期知识储备决定了其讨论的成效；其查阅资料的能力决定了其吸收新知识的成效。因而这些条件都具备时才更适合采用研讨教学法。

4. 角色扮演教学法的适应性分析

角色扮演教学法是在教师设定的故事情境中，通过让学生扮演某个职业岗位上的角色模拟履行岗位职责，处理该岗位与其他岗位之间的职责关系，解决岗位职责履行中遇到的各种问题，据此掌握相关知识和能力的一种教学方法。角色扮演法可以使学生直接将所学知识与工作岗位联系起来，且由于模拟实际情境，可以加深学生印象，方便其更加扎实地掌握相关知识。

财务管理专业核心类课程的设置基本上都与学生毕业后要面临的工作岗位相关。因此，都可以采用角色扮演教学法进行讲授。在采用角色扮演教学法进行教学时，因为有些内容比较适合于学生分组分角色进行模拟演示，而有些内容比较适合于学生个人进行岗位角色模拟，教师可根据需要采用分组角色扮演或个人业务模拟，通常而言，较为综合性的知识点可能会涉及两个或两个以上的岗位业务，因而可以将学生分成几个小组，小组中的每个成员分饰不同的岗位完成角色模拟；仅涉及一个岗位业务的知识点可以由学生一人模拟完成。

但在选择角色扮演教学法教学时也需要注意。

（1）角色扮演教学法的运用对教师的课堂组织能力要求较高

要使学生的扮演成功，就要求教师对学生有足够的号召力，并且相对了解学生的学习状况和表演欲望，只有这样才能够对不同学生的角色进行恰当的安排，模拟的情境才更加逼真，能够起到锻炼学生实践能力的目的。

（2）精选具有代表性的教学内容

角色扮演教学法在运用过程中需要教师和学生花费较大的精力，包括人员的分配、业务的编排、知识的讲解，有些相对复杂的教学内容甚至还需要将不同角色的表演台词提前准备，以便学生能理解自身的角色从而正确表达。因而，过于简单、易理解的知识点以及过于烦琐、程序过于复杂的知识点都不应该采用这种教学方法，前者时间虽短，但缺乏必要性；后者有必要，但可能涉及的时间过长，也不适合教学采用。此外，相似的内容，比如筹资的过程等不要重复采用，只选择有代表性的内容采用角色扮演教学法就可以。

（3）争取全员参与

采用角色扮演教学法教学时，应尽可能让每一个学生参与，且在教学结束前要公平、客观地对角色本身进行评价，既不打击学生参与表演的积极性，又能让学生明白某个角色的正确做法。

5. 实验实践教学法的适应性分析

（1）实验教学法的适应性分析

实验教学法，是指学生在教师的指导下，使用一定的设备和材料，通过控制条件的操作过程，引起实验对象的某些变化，学生从观察这些现象的变化中获取新知识或验证知识的教学方法。尽管实验教学法有感知性实验和验证性实验两种，但从财务管理专业核心类课程的特征来看，因财务管理中大部分理论的形成都是对实践经验的总结或者是由实证数据检验得到的，因而验证性实验更加适合财务管理专业课程的教学。

采用验证性实验教学法的优点在于：第一，验证性实验的主要目的在于通过数据计算证明某些结论的正确性，通常在学习完相关的知识之后进行，可以帮助学生从正（教师讲）反（学生验证）两个方向更好地理解相关知识点；第二，验证性实验也方便教师在使用前提前布置给学生，让学生把对实验数据的搜集放在课下进行，课堂上仅报告实验过程及实验结果，这既能让学生理解理论的形成过程，还能够节省课时；第三，验证性实验教学方法也有助于培养学生求真务实的学习作风，学生可以在验证某个知识点的过程中发现新的知识点，从而帮助其加强知识点之间的内在联系，使所学知识更加系统。

而感知性实验教学法更适合于能够有效控制投入从而形成特定产出的学科，比如化学、物理学等自然科学，便于教师掌控授课节奏。与自然科学相比，财务管理专业的理论本身就容易受环境变化的影响，不同情境下（例如数据搜集范围、口径等）的结论并不稳定，因而，教师很难掌控学生实验的进度及效果，容易得出一些似是而非的结论，不利于教学秩序的正常进行。

具体到财务管理专业核心类课程而言，财务分析、公司财务与案例、高级财务管理等课程都适合于采用实验教学法进行教学。而财务会计学因其会计核算的依据是企业会计准则的规定，因而相对而言不太适合采用实验教学法。

（2）实践教学法的适应性分析

实践教学是指根据高等学校培养目标，按照教学任务书的要求所进行的参观、实习、习题课、讨论课、设计等教学环节。因而，实践教学法也包含带领学生参观、实习、做习题、组织讨论等多种教学组织形式。

从财务管理专业核心类课程看，每一门课都可以设置部分习题课、讨论课，且财务管理专业的核心技能专门针对企业的具体财务管理岗位，教师也可以安排某个时间带领学生到企业进行实地参观了解某个岗位的具体工作情况。因而，财务管理专业核心类课程均可采用实践教学法。实际上，近年来的教学改革特别注重培养大学生的创新精神和实践能力，而实践教学法也是实现这一改革目标的重要方面，因而教师在授课过程中应尽可能多地采用实践教学法。必要时，可以增加实践课程的比重。

第三节　财务管理课程教学法的实践

我国《高等教育法》总则第五条规定："高等教育的任务是培养具有创新精神和实践能力的高级专门人才，发展科学技术文化，促进社会主义现代化建设。"实践教学，是根据社会要求和人的发展需要，有组织、有计划地把科学知识、思维方法、操作技能等传递给学生，从而开发学生的潜能，发展学生的个性，启发他们的创造精神和意识。然而，受传统"重理论轻实践"教学思想的长期影响，高等学校实践教学弱化现象普遍存在。

一、实践教学概述

实践教学，一般是指有计划地组织学生通过观察、实验、操作（广义的），掌握与培养目标相关的理论知识和实践技能的教学活动。根据教育部本科教学水平评估指标体系，实践教学的内容包括实验、实习、实训、课程设计、毕业设计（论文），也包括军训、创业活动、社会调查、科技制作、学科竞赛活动、社会实践等。其内容构成与理论教学既相互联系，又相对独立。

根据教学水平评估指标体系内容，笔者倾向按教学内容与专业课程联系的紧密度，将实践教学分为两个部分：第一课堂实践教学和第二课堂实践教学。

1. 第一课堂实践教学

第一课堂实践教学主要是指教学内容与专业课程结合紧密，按教学任务书而编入正常课表的教学活动。笔者倾向于将课程设计、毕业设计（论文）纳入实训的范围，从而将第一课堂实践教学分为实验、实习和实训三个部分。实验是为了检验某种科学理论或假设而进行某种操作或从事某种活动。实验教学是为课程教学设计的，作为课堂理论教学的延伸和拓展实验以校内实验室为基础。通过实验，使学生加深对课程理论和知识点的理解。实习是把学到的理论知识拿到实际工作中去应用和检验，以提高学生的工作能力。实习是专业教学阶段的实践教学，是理解专业知识、熟悉专业设备、掌握操作技能的必要实践环节。通过实习，使学生了解本专业所对应的岗位、所从事的工作内容和对岗位人员的能力和素质要求。实习可利用校内外实习基地进行。实训是一种实际训练，是让学生把理论知识转化为应用能力的训练，包括单项和综合应用能力的训练（含课程设计、毕业设计等）。通过仿真、模拟等各种形式的实际训练，使学生掌握学科专业要求的基本操作技能、基本技术应用能力，并培养学生应用理论解决实际问题的综合能力。实训主要以校内实训为主。

2. 第二课堂实践教学

第二课堂实践教学，主要是指教学内容与专业课程结合较为松散，按教学任务书未纳入正常课表编排或不纳入教学任务书的教学活动，主要包括军训、创业活动、社会调查、科技制作、学科竞赛、社会实践等。学科竞赛虽与专业课程有较高的关联性，但考虑到其教学活动的组织时间主要在课余，参与学生的范围较小，故笔者倾向于将其纳入第二课堂实践教学活动。与实习、实训、实验等教学实践相比，第二课堂实践教学活动的形式更灵活多样、内容更广泛。

二、财务管理专业人才培养中教学模式的构建与实践

1. 教学与实践

必须创建财务管理环境，让学生在其中经历而取得经验。借助技术创建的财务管理环境是真实的同时又是可移动

的，从而使教学环节与实践环节不用分割而得以并行。构建财务管理环境前需要做两方面的充分准备，一是要规划环境及初始数据，二是将课程内容尤其是实践内容重构为循序渐进的进程。教师创建财务管理环境后将其安装到多媒体教室、机房以及学生的电脑内。在多媒体教室，财务管理环境犹如一个教学伺服环境，教师在课堂教学中可随时进入其中讲授和演练，对案例进行处理，就相关问题组织课堂现场讨论；学生课后可以在同样的财务管理环境下完成单项案例或综合案例实践。

2. 教学方法的应用

很多新的教学方法，如案例教学、信息分析、公司实习、角色扮演等，是构成新型财务管理专业教学模式的基础。对于这些方法的应用需要把握两个要点，一是将方法置于信息化财务管理环境中应用，二是将其有机融于财务管理专业教学模式中。正是通过应用融于教学模式中的这些先进的教学方法，将教学过程变为充满挑战与活力的体验过程，师生融于信息化财务管理环境中，共同探讨财务管理理论、实践财务管理实务，才使得财务管理课程整体成为一个生机盎然的教学系统。融于财务管理专业教学模式中的这些教学方法，构成了财务管理专业能力培养的要素，成为素质培养与创新人才培养的基础。同样的教学方法，在不同的教学模式中的应用效果可能有很大差异。可以说，融于先进的教学结构与教学模式中的教学方法，才能够真正体现其最大价值。案例教学就是一例。案例教学法是现代信息环境下财务管理专业教学模式必选的教学方法。近年来教育界对于案例教学法的应用已有不少研究，但将案例教学始终置于财务管理环境中并让师生共同参与的教学实践则很少见到，主要原因在于未能解决财务管理教学的实践环境问题，而实践性恰恰是案例教学法的核心与根本。

3. 校内、校外相结合的实践教学体系的建立

实践教学是培养应用型创新人才的根本途径。目前，财务管理院校存在着应用型的特色不突出、与经济及产业的实际需求结合不够紧密、毕业生的适应能力和就业的灵活性较差等问题。因此，必须完善当前的实践教学体系。

建立多层次的实践教学目标体系就是要把培养学生实践能力的各实践环节作为一个整体来考虑，单独制定实践教学任务书，以形成学生实践能力的整体培养目标体系。实践教学可以分为 3 个阶段：基本技能训练阶段、应用能力训练阶段和综合能力训练阶段。财务管理学科具有自然科学和社会科学双重属性，要求其实践性教学模式必须坚持"两条腿走路"的方针，将校内实验与校外实践结合起来，充分利用它们之间的互补关系，弥补各自的不足，以达到我们的教学目的。为达到实践教学目标，要科学地、有序地、明确地、逐步递进地安排，在 4 年的教学方案中形成多方位的实践教学体系。其基本层次框架为：①结合公共课，开展相关技能实践教学活动；②结合专业基础课，开展专业认知实践教学活动；③结合专业课，开展专业技能实践教学活动；④结合专业选修课，开展专业前沿技术引导的实践教学活动；⑤结合暑期社会实践、毕业实习和毕业论文设计，开展实战和仿真专业实践教学活动。

4. 学生考评体系的完善

现有的考评或考试的评分标准往往过于单一，非对即错，这种考评标准不利于学生对知识的灵活运用以及建立创造性思维。在新的考评体系下，各种考试的评分标准不应过

于固定，仅仅考核对知识的死记硬背，而应着重考核学生对知识的理解和运用能力。财务管理学科是应用性的学科，有自己的准则和规范，但是随着经济业务的发展变化，准则和制度也在不断地发展变化。因此，我们应加强学生对基本原理的理解，在理解基本原理的基础上，允许学生有所创见和发挥，学生的答案与标准答案即使不符，只要他言之有理，符合经济规律和基本原理，就应该给分。另外，应该增加平时成绩在总成绩中所占的比重。平时考核、作业、实践等学习过程的成绩应该在课程总成绩中占有相当大的比重，还应提倡采用等级制评分，而不是各门考试均采用百分制。

综上所述，现代信息环境下的财务管理专业教学模式设计应整合现代课程观、教学结构观、信息技术与课程整合观，将各种教学资源、教学方法和评价体系通过整体规划、优势互补，系统地构成教学模式的方法体系，并有机地融合为一个整体；教学过程中不仅传授知识，还要使学习者获得体验，能够有效地对财务管理技能进行系统训练，能够将财务管理专业素质培养与创新能力培养的要求有效融入教学模式中。具体的教学法研究和实践将在本书的第五章和第六章中作详细阐述。

第五章　财务管理专业教学方法研究

课堂上，有的教师对于每一个概念都要逐字逐句地给学生分析讲解，不要求死记硬背，但要掌握"要点"；有的教师通过一个小实验，让学生观察判断，从而进一步理解某一事件的某一特性；也有的教师引导学生自学课本，使学生从被动的听讲者转变为以自学为主的探索者、思考者；还有教师强调熟能生巧，多做练习，以便循序渐进，逐步掌握所学。而今，要想成为一名优秀的财务管理专业教师，该运用哪些先进的教学方法，帮助学生牢固地掌握知识和技能，并挖掘他们的创造潜能呢？

教育常说"教学有法、教无定法、教有多法、贵在得法"。教学方法是教师完成课程教学成败的关键。在教学过程中，教师只有结合课程任务内容，根据实训设施条件，因地制宜，因材施教，集合科学有效的优势方法，才能有效激发学生学习的积极性、创造性。下列方法有的是高等教育先行者在长期的教学实践中摸索出来的，有的是吸收国外的先进教学方法并经过改造形成的。而随着时代对培养人才智力和能力的要求，教学方法在不断地发展和创新，已有的方法固然要借鉴，但探索科学适用的高等教育教学新方法对发展高等教育具有重要的意义。

第一节　情境教学法

一、情境教学法的定义

情境教学法是指为了达到既定的教学目的，根据教学内容和学生特点，引入或创设与内容相适应的具有一定情绪色彩的、生动具体的场景，让学生置身于特定的教学情境之中，引起学生的情感体验，激活思维，使其积极参与到教学活动中，从而帮助学生理解教材，提高教学实效的一种教学方法。其核心在于激发学生的情感。

二、情境教学法的特点

1. 抽象知识具体化

情境教学法具有很强的直观性，可以选用实物、图片、图表、幻灯片、录像等，也可以模拟实景进行直观教学，将抽象、枯燥的专业知识生动化、具体化，以帮助学生建立感性认识，提高学生学习兴趣。

2. 专业知识生活化

情境教学法能促进理论与实际相结合，将实际工作场景、资料甚至一些生活小事等作为情境用到教学中，把专业知识融入生活，让学生能鲜明地感受到所学知识的来源并运用到实际生活中，提高学生运用知识分析问题解决问题的能力。

3. 教学手段多样化

随着科技发展，现代教学手段越来越丰富，为情境教学提供了更多地选择，能更加形象、生动地展示情境，激发学生的学习兴趣。

4. 言行表达艺术化

教师在情境教学中加入艺术性的言行，产生的教学效果犹如锦上添花，使得学生更加有兴趣去感知情境中的知识，从内心激发学生学习的动力。

三、创设情境的途径

1. 生活展现情境

把学生带入企业，带入社会，从企业实际经营活动中，从社会和日常生活现象中选取场景，作为学生观察的客体，教师可以通过语言的描绘，使情景更加鲜明地展现在学生眼前。例如，可以模拟企业招聘的现场，让学生作为应聘者，亲身体验企业招聘财务管理人员的过程。

2. 实物演示情境

实物演示情境以观察实物为途径，体现情境教学法的直观教学原理，让学生在特定的情境中感知、理解，运用所学知识，从形象感知到抽象理解，缩短了认知时间，提高了学习效率，激发了学习兴趣。例如，可以从企业中选取部分凭证（入库单、报销单、凭证、账簿等）进行演示，使学生身临其境，实现逼真模拟，化虚为实，化抽象为具体。

3. 模拟再现情境

教学中能让学生到企业实地观摩是最有效的教学方法，但是由于时间安排、人员组织、单位落实等方面有一定的局限性，不适合经常采用。因此可以用录像、多媒体等方式将真实场景模拟再现，通常也可以起到较好的教学效果，可以增强学生感性认识，为其打好理论基础。

4. 模仿感受情境

情境教学中的模仿主要有两种，一种是理论课中的模仿角色感受情境。由学生自导自演，解决财务管理的相关知识中比较抽象，难以理解的问题，让教学活动变得生动有趣。另一种是实操课中模仿操作感受情境。基于会计工作情境，由学生扮演不同工作岗位角色，如会计、出纳、会计主管等，培养学生职业自豪感和岗位适应能力。

5. 语言描述情境

除了运用直观手段进行情境创设，情境教学中还十分讲究直观手段与语言描绘的结合。在情境出现时，教师伴以语言描绘，这对学生的认知活动起着一定的导向性作用。语言描绘提高了感知的效应，情境会更加鲜明，并且带着感情色彩作用于学生的感官。学生因感官的兴奋，主观感受得到强化，从而激起情感，促进自己进入特定的情境之中。

四、情境教学法的作用

情境教学法是通过"情境"的设置，使教学内容在情境化的故事中得以完成，情境教学中的特定情境，提供了调动学生的原有认知结构的某些线索，经过思维的内部整合作用，就会产生顿悟或新的认知结构。情境所提供的线索起到一种唤醒或启迪智慧的作用。

1. 能激发学生学习的兴趣，体验学习的乐趣

创设一个生动的情境能快速吸引学生的注意力，激发学生的学习兴趣，使学生很快进入学习状态，而达到教学目标。将枯燥的知识点融入生动的情境中，让学生更容易接受学习任务，快乐地完成学习任务，享受成功的喜悦，体验学习的乐趣，为发展学生的交流、合作、应变能力创造了良好的条件。

2. 以学生发展为中心，注重学生的主体地位

情境教学法的运用始终把学生主动、全面的发展放在中心位置，在注意发挥教师主导作用的同时，特别强调学生学习的主体地位。

3. 有利于解决教学内容的重难点问题

设计情境是要为教学内容服务，情境设计会充分考虑学生的学习特点，突出学习重点，化解知识难点，继而将情境教学法充分渗透到整个教学过程中，让学生在情境中根据教学内容的重难点有目的地进行学习思考，最终完成任务。

4. 寓教于乐，有利于加强德育教育

寓教学内容于具体形象的情境之中，其中也就必然存在着潜移默化的思想教育作用，使学生在情境中养成各种品质，形成道德规范。

五、情境教学法的实施

1. 创设情景——联系实际生活

财务管理的课程理论晦涩难懂，内容抽象复杂。通过情境教学，有目的地引入或创设生动的情境，将枯燥、抽象的知识变得生动、具体，激发学生的学习兴趣，进而掌握专业知识。

2. 演示讲解——激发学习兴趣

演示讲解贯穿于情境教学的整个呈现过程，情境教学中始终贯彻"学生主体、教师主导"的教学思想，"创设情境＋演示讲解"能使整堂课变得生动，活灵活现，可以营造好的课堂气氛，吸引学生的注意力，激发学生的学习兴趣。

3. 探究归纳——获取理性知识

创设情境时将学生关注的时尚热点引入其中，可以有效地激发学生的探究欲望。教师可以引导学生把融合于情境中的知识总结归纳出来，便于学生掌握和理解，同时训练学生的思维，培养其分析问题的能力。

4. 实践检验——创新培养能力

理论来源于实践，反过来又指导实践。巴甫洛夫说过："任何一个新问题的解决都要利用主体经验已有的同类题。"在情境课堂教学中，教师应根据新旧知识之间的联系，巧设悬念，创设多种新情境，把学生原有的知识、经验迁移到其中，使学生有尽可能多的机会运用所学知识、技巧解决实际问题，这有利于激发学生对新知识的探求欲望，培养学生的创新能力。

六、情景教学法在财务管理教学中的应用现状

1. 主要应用形式

（1）通过角色扮演

当前大部分财务管理专业的教师会在课堂上模拟现实生活中存在的财务管理情景，有的放矢地创建出一些与财务管理密切相关的仿真工作岗位，学生在该模拟情景中随意选择仿真工作岗位进行角色扮演。通过不同部门或机构的仿真构建，让财务管理专业的学生在不同部门或机构担任不同的角色，有利于学生更好地融入具体的工作环境，更快地熟悉与财务管理相关的工作岗位的工作内容、要求及工作流程，帮助学生了解自身的优劣势，明确未来的定位，在今后更好地走向工作岗位。

（2）通过实物或实地体验

教师通过设置实物或实地体验将课堂教学转变为企业实地考察，让学生在接触实物后获得较为丰富的感性认识，将抽象的财务管理理论知识通过切实的感官体验转变为能够灵活运用的实践知识，最终使学生真正掌握财务管理理论知识，并完成理论和实践的无缝衔接，从而提升教学效率，完成财务管理教学目标。

（3）通过案例

教师通过向学生展示切合教学目标的、有吸引力的、具体的、经典的财务管理案例，引导学生在分析案例的过程中将学习到的财务管理理论知识应用在案例分析中，并逐步引导学生挖掘案例中的隐性知识。案例分析能够帮助学生更好地感知和理解书本中没有的隐性知识，运用和掌握显性知识。同时学生也会在案例分析的过程中看到他人的优势，取长补短，最终在完成教学目标的同时实现案例参与者的共同进步。

（4）利用多媒体辅助教学和网络资源创设情景

当前很多财务管理专业的教师会利用以计算机为基础的多媒体设施将许多丰富多彩的财务管理资源传递给学生，如在课堂上播放与财务管理教学内容相关的电视访谈节目、财务管理节目、商业纪录片等视频素材，利用网络与学生探讨最新的财务管理案例，激发学生的求知欲与探索精神。利用多媒体与网络资源创设财务管理情景，不仅可以作为学生学习财务管理知识的辅助内容和渠道，丰富教学形式，激发学生学习的兴趣，还能够大幅度提高教师的教学效率。

（5）通过创设辩论比赛、情景游戏等活动

在进行实际财务管理活动时，时常会遇到很多难以抉择的问题，为了提升学生的决策能力与发散思维能力，很多教师会在教学过程中引入辩论这一情境教学形式。选取较为中性的教学重点作为辩题，将学生分为正反两方，让不同的思维方式自由地进行碰撞，不断发现和探索最优选择，同时锻炼学生表达自己观点的能力，最后教师对辩论进行客观地总结。整个教学过程不仅能够扩宽学生的知识面，提高学生的逻辑思维能力、辩证思维能力和创新思维能力，还能够帮助学生更加灵活地运用课堂上学习到的知识，更好地完成财务管理教学目标。

2. 主要应用主体

（1）情景教学法在筹资活动中的运用

财务管理课程中我们通常会假设相关情况的存在，进行筹资活动的模拟。在筹资活动中，最为常见的情境教学是通过建立虚拟的企业，模拟该企业的市场目标、企业发展战略等基本情况，要求学生在该情景设置下完成企业筹资策划书的编制。为了保证模拟企业能够完成生产经营活动，学生需要利用所学的理论知识对模拟企业需要的资金量、需要资金的时间、可以采取的融资方式、能够承担的融资风险等进行分析，最终选出最为满意的融资方案，合理规划企业资本结构。在进行情境教学的过程中，教师可以运用多媒体呈现丰富生动的画面，将学生快速带入模拟情景中，全面了解模拟企业的相关信息。同时由于模拟企业包括各个部门，学生可以从不同角度考虑模拟企业的筹资情况，锻炼学生的发散思维能力。学生通过置身不同的岗位对模拟企业的筹资背景、方案、预计后果进行分析，能够更好地体会财务管理的真正意义。

（2）情景教学法在投资活动中的运用

教师会鼓励学生模拟确立相关投资项目，学生在确立投资项目的过程中需要了解市场状况和行业发展情况，利用多种财务管理方法对投资项目进行分析评价，最终确定最优投资项目。利用互联网创设投资活动模拟情景，使学生获得更多的企业和市场信息，使学生在对模拟投资项目进行选择的过程中，能够灵活运用不同财务指标比率对各个投资项目进行横向和纵向的对比分析，迅速提升学生的计算能力和逻辑判断能力，在最短的时间内熟练掌握并灵活运用纷繁复杂的指标体系。同时可以模拟股票投资等投资活动的手机软件和网站，为学生提供更多课下的实操机会。

（3）情景教学法在营运和分配活动中的运用

通过模拟真实的企业经营环境，让学生以财务管理人员的身份设身处地地参与到企业的营运中去，从所处岗位的视角去分析、考虑财务管理问题，权衡利弊，统筹企业各部门情况，做出最优的营运决策。在营运和分配活动的课堂情景教学中，教师可以模拟企业的现金管理活动，利用模拟的企业活动让学生更好地理解企业进行现金管理的意义所在。同时除了现金管理情景教学法，还可以模拟应收账款管理和存货管理等企业营运过程中常见的管理活动，让学生在情景中明确管理的原因和预期达到的目标状态，充分学习企业各项营运和分配活动，最终达到系统学习财务管理知识的目的。

第二节　案例教学法

一、案例教学法概述

1. 定义

案例教学法是一种理论联系实际，启发式的教学相长的教学过程。它要求根据教学标准规定的教学目的，配合课堂理论教学的内容和进度，组织学生通过对案例的调查、阅读、思考、分析讨论和交流，作出判断和决策，以提高学生分析问题、解决问题的能力的一种教学方法。案例教学法通过让学生主动参与、积极讨论、有针对性地运用理论去解决问题，从而加深其对理论知识的理解。在这一过程中，学生通过"做中学"获得自己可以理解并能驾驭的知识，有利于在以后的工作中解决处理类似的实际问题。

案例教学法是围绕一定的目的把事件加以典型化处理，形成供学生思考分析和研究的案例，让其通过独立研究和相互讨论的方式，提出各种解决问题的方案，从而提高学生分析问题和解决问题能力的一种教学方法。

2. 案例教学法地起源和发展

案例译自英文"case"。简单地说，一个案例就是一个对实际情境的描述，在这个情境中包含有一个或多个疑难问题，同时也可能包含有解决这些问题的方法。案例教学法（Case-based Teaching），是一种以案例为基础的教学法，是根据教学目的，针对教学内容，选择恰当案例，组织学生采取一种全面参与、平等对话的课堂讨论方式，达到理论联系实际、学以致用的教学方法。从广义上讲，案例教学是通过对一个具体情境的描述，引导学生对这一特殊情境进行讨论的一种教学方法，在一定意义上它是与讲授教学法相对立的。因此，案例教学法是一种教与学双方直接参与，共同对案例或疑难问题进行讨论的合作式的教学方法。

案例教学法是由古希腊哲学家苏格拉底最早开创。19世纪70年代，哈佛大学法学院院长首次将这种方法总结编著成《合同法案例》，这是世界上第一本应用案例教学法的教科书。他依照法律工作中立案的办法把教学内容编成案例形式，这种教学方法很受欢迎。现代案例教学兴起于20世纪20年代，美国哈佛大学法学院、商学院十分倡导这一方法。这些案例来自商业管理的真实情境或事件，这种教学方式有助于培养和发展学生主动参与课堂讨论。这一教学方法的实施取得成效后，被广泛运用于医学、工商行政管理、市场营销等教学之中。而国内教育界开始探究案例教学法，则是在 1990 年以后。近几年，我国教育领域也掀起了案例教学研究的热潮，出现了许多理论研究成果。案例教学法作为一种行之有效、务实，以行动为导向的教学法越发受到人们的青睐。

案例教学法的着眼点在于学生的创造能力和实际解决问题的能力，而不仅仅是获得那些固定的原理规则。通过案例教学，学生得到的知识是内化了的知识，并且可以在很大程度上整合教育教学中那些"不确定性"的知识。案例教学法大大缩短了教学情境与实际生活情境的差距。案例的运用也可以促使学生很好地理解和掌握理论。目前，案例教学法作为一种教学方法，不仅遍及美国，也广泛传播到其他国家，已成为一种普遍适用的教学方法。

我国于 20 世纪 80 年代初引入了案例教学法，当时主要的授课对象是商学院的 MBA 学员。如今，这种教学方法不断得到认可和推广，并在经济管理学科的本科生教学中得到广泛运用。

二、案例教学法作用

通过案例可以更有效地获得知识，案例教学实际上是一种"做中学"的形式，它在经验和活动中获取知识，增进才干。通过案例不仅可以获得知识，而且有利于提高其表达、讨论技能，增强其面对困难的自信心。案例教学中，教师实际上是更多地从讲台前站到了学生的背后，这既调动了学生的积极性，也可使学生有展示自己能力的机会。案例教学大大地缩短了教学与实际生活的差距。案例教学可以帮助学习者理解教学中出现的两难问题，掌握对问题进行分析和反思的方法。案例教学是通过对一个个具体案例的思考，去启发学生的创造潜能，培养学生解决实际问题的能力，在案例分析中可以体现学生的职业行为能力、决策能力和将整个决策过程用语言进行完整表述的语言能力。

教师在教学中扮演着设计者和激励者的角色，鼓励学生积极参与讨论，是一种相当有效的教学模式。它能创设一个良好的、宽松的教学实践情境，通过呈现案例视角材料，经过分析讨论，将书本中的理论与案例材料结合起来，并利用理论分析说明复杂的案例内容。它是一种连接理论和实践的方式，在学生掌握了一定专业理论知识的基础上，对真实的社会工作情景进行典型化处理，通过教师引导、学生思考、小组互动讨论，使学生在分析案例的同时，充分深入理解所学的理论知识，全面提高学生主动参与的意识、独立思考和解决问题的能力。

三、案例教学法的特点

案例教学法的主要特点是把课堂教学与工作实践紧密结合，这对学生掌握理论知识，增加课堂教学信息量，改善教学效果具有较好作用。

1. 明确的目的性

通过一个或几个独特而又具有代表性的典型事件，让学生在案例的阅读、思考、分析、讨论中，建立起一套适合自己的、完整而又严密的逻辑思维方法和思考问题的方式，以提高学生分析问题、解决问题的能力，进而提高其综合素质。

2. 客观真实性

案例所描述的事件基本上都是真实的，不加入编写者的评论和分析，由案例的真实性决定了案例教学的真实性。学生根据自己所学的知识，得出自己的结论。

3. 较强的综合性

案例教学的综合情况表现为：一是案例较之一般的举例内涵丰富。二是案例的分析、解决过程较为复杂，学生不仅需要具备基本的理论知识，而且应具有审时度势、权衡应变、果断决策的能力。案例教学的实施，需要学生综合运用各种知识和灵活的技巧来处理。

4. 深刻的启发性

案例教学，不存在绝对正确的答案，目的在于启发学生独立自主地去思考、探索，注重培养学生独立思考能力，启发学生建立一套分析、解决问题的思维方式。

5. 突出实践性

学生在校园内就能接触并学习到大量的社会实际问题，实现从理论到实践的转化。案例教学法中，教师提供给学生的是真实的案例素材，学生需要进入案例所叙述的真实情境中去体味、感悟，从而进行仿真的实践操作。因此，有人曾简明地概括案例教学的特征是："从实践中来，在实践中练，到实践中去。"

6. 学生主体性

学生在教师的指导下，参与进来、深入案例、体验案例角色。案例教学要求教师融入学生群体之中，与学生形成一个学习"共同体"。在这个共同体中，师生处于平等的地位，相互交流并获得信息。

7. 过程互动性

在教学过程中存在着教师个体与学生个体的交往，教师个体与学生群体、学生个体与学生个体、学生群体与学生群体交往，也就是师生互动、生生互动。案例教学法提倡"四个自由开放"，即自由设疑开放、自由思维开放、自由讨论开放、自由选择开放。这样就会创造出一个宽松、和谐的多维互动的教学情境。在案例讨论阶段，教师与学生是教与学的平等互动关系，教师和学生可以在"案例"这个平台上进行平等的对话。

8. 结果多元化

案例教学法在本质上并不提倡得出统一的结论。换句话说，案例教学不是刻意去寻求一个唯一的正确答案，而是注重运用案例启发学生去思考、去探索。

四、案例教学法的步骤

1. 准备工作

案例教学的准备工作包括同时进行的两个方面：一是教师的准备工作，二是学生的准备工作。

第一，教师的准备。主要是收集和整理案例的相关内容和背景资料，提前把案例印发给学生并制订计划及引导性问题。所选的案例应符合社会经济工作的实际，不能随意主观臆造脱离实际的教学案例，既要与教学目标相吻合，又是教师自己能把握得了，学生易于接受和认同的案例。教师可以通过参加社会实践活动，深入企业收集实际工作中的案例，也可以通过校企合作，由企业提供教学案例。选好案例后，制订案例讨论的计划，同时要积极引导学生预先思考相关问题。

第二，学生的准备。学生应根据教师的安排认真阅读案例，查阅必要的参考资料，将对应的思考题进行分析，提出对策并写出案例分析的发言提纲，为课堂的案例分析教学做好充分准备。

这个阶段学生如果没有准备好的话，会影响到整个案例教学的效果。

2. 小组讨论

教师根据学生的个体情况，将学生划分为由 3~6 人组成的几个小组。小组成员个体情况要多样化，这样他们在准备和讨论时，表达不同意见的机会就多些，学生对案例的理解也就更深刻。各个学习小组的讨论地点应该彼此分开，小组应以他们自己有效的方式组织活动，教师不进行干涉。

3. 集中讨论

各个小组派出自己的代表，发表本小组对于案例的分析和处理意见。发言时间一般应该控制在 30 分钟以内，发言完毕之后发言人要接受其他小组成员的询问并作出解释，此时本小组的其他成员可以代替发言人回答问题。小组集中讨论的这一过程为学生发挥的过程，此时教师充当的是组织者和主持人的角色。此时的发言和讨论是用来扩展和深化学生对案例的理解程度的。然后教师可以提出几个意见比较集中的问题和处理方式，组织各个小组对这些问题和处理方式进行重点讨论。这样做就将学生的注意力引导到方案的合理解决上来。教师在讨论和发言中不要轻易表露自己的观点，以免限制学生的思维，而是让学生充分阐述自己的观点。此时，教师应当是引导学生围绕案例的主题开展讨论，使案例真正能锻炼学生的各种能力。

4. 总结阶段

在小组和集中讨论完成之后，教师应该留出一定的时间让学生自己进行思考和总结。这种总结可以是总结规律和经验，也可以是获取这种知识和经验的方式。教师还可让学生以书面的形式作出总结，这样学生的体会可能更深，对案例以及案例所反映出来各种问题有一个更加深刻的认识。之后，教师要进行归纳总结，恰如其分地评价，指出优点，分析失误。要求学生写出案例分析报告，对自己在案例阅读、分析、讨论中取得了哪些收获，解决了哪些问题，还有哪些问题尚待解释等进行反思、总结，并通过反思进一步加深对案例的认识。

案例的教学步骤可以概括为：阅读案例，个人分析；小组讨论，达成共识；课堂发言，全班交流；总结归纳，消化提升。总之，案例教学法是一种以案例为基础的教学法，通过对一个具体案例的思考，去启发学生的创造潜能，重视的是求出答案的过程。案例教学法使理论知识和发展能力有机地结合起来，把学生引入社会实践中，使学生由被动接受知识变为主动探索知识，真正成为学习的主人。

五、案例教学法的教学要求

1. 真实可信

案例是为教学目标服务的，因此，它应该具有典型性，且应该与所对应的理论知识有直接的联系。案例一定要来源于实践，经过深入调查研究，决不可由教师主观臆测，虚构而做，否则，角色扮演将变成角色游戏，锻炼能力就无从谈起了。案例一定要注意真实的细节，让学生犹如进入企业岗位之中，确有身临其境之感。这样学生才能认真地对待案例中的情境和细节，认真地分析各种数据和错综复杂的案情，才有可能搜寻知识、启迪智慧、训练能力。为此，教师一定要亲身经历，深入实践，采集真实案例。

2. 客观生动

真实固然是前提，但案例不能是一堆事例、数据的罗列。教师要摆脱乏味教科书的编写方式，尽可能采用场景描写、情节叙述、心理刻画、人物对白等，作用是加重气氛，提示细节。但不可暴露案例编写者的意图，更不能产生导引结论的效果。案例可随带附件，诸如该企业的有关规章制度、文件决议、合同摘要等，还可以是有关报表、台账、照片、曲线、资料、图纸、当事人档案等一些与案例分析有关的图文资料。当然这里所说的生动，是在客观真实基础上的，旨在引发学生的兴趣，生动与具体要服从于教学的目的，不可喧宾夺主。

3. 案例的多样化

案例应该只有情况没有结果，有激烈的矛盾冲突，没有处理办法和结论。后面未完成的部分，应该由学生去处理、去争论、去决策，而且不同的办法会产生不同的结果。假设一眼便可望穿，或只有一好一坏两种结局。这样的案例就不会引起争论，学生会失去讨论探索的兴趣。从这个意义上讲，案例的结果越复杂，越多样性，越有价值。

六、案例教学法的局限性

尽管实施案例教学法在教学中能够发挥其积极作用，但是案例教学法也存在一定的局限性。

第一，案例的形成过程花费较大，时间消耗较多有时案例的来源往往不能满足教学的需要，若重复使用某些案例会使学生产生厌烦的心理。

第二，案例教学对教师的要求较高，编写一个有效的案例需要有技能和经验，它要求教师必须经过良好的训练，要求教师善于表达，感情充沛。也就是说，在师资的培训上，它所需要的时间一般要比运用其他方法进行教学的教师培训的时间长，否则难以达到想要的教学效果。

第三，案例教学的效率有时较低，案例教学法只有大量地使用案例才能收到案例教学预期的效果，但是，在需要较多的教学课时，还需要学生的积极参与，以及教师的有效组织，而要做到这两个方面的完整结合往往较为困难，有时会产生耗费时间较多而收效甚微的情况。

第四，案例常常是以较短篇幅的材料来涵盖相当长的时间历程的，很难在内容与时间历程之间保持协调一致，而案例教学一般既要让学生了解过程，更要让他们领会内容，这两者难以兼顾。

第五，案例叙述的是某一事件，案例与案例之间在事件的叙述上具有不连续性，没有什么严整的结构。这样，学生所获得的知识、技能等，也就难以汇总形成一个整体框架。因此，案例教学对于学生来说，存在着这样一种危险，即缺乏对概念、原理等概括化知识的批判性分析能力的培养，因为案例中的事件的叙述是远离那些抽象的概念和知识的。

第六，案例可能会使学生形成一些不正确的概括化认识。因为有时案例所展现出来的信息非常吸引人，学生也深受其影响，但是他在这一两个案例上形成的概括化认识，也许远远不能说明事物整体，这样也就出现了一种"过度概括化"的现象。

因此，教师在教学过程中需要认识并克服以上局限性，使案例教学法充分发挥其积极作用。

七、财务管理专业应用案例教学法的意义

随着中国经济的进一步开放，企业体制改革的进一步深入，以及民营企业的增加和各种非公有制形式经济的发展，企业面临的竞争日趋激烈，风险日益增加，企业对从事财务管理、财务咨询、风险管理、内部控制的高级应用型人才的需求大幅增长。通过对财务管理专业人才需求的论证发现，具备风险意识，拥有较强分析能力、信息处理能力和企业综合管理能力的财务管理专业人才更具有竞争力，更符合社会发展的需求。同时，通过对财务管理专业学生的调研发现，

学生更希望了解所学知识在实际中是否应用、如何应用，以及这些知识能帮企业解决什么问题。他们很愿意参与案例的讨论和分析，提高自己的综合能力，而不是仅仅被动地接受教师灌输的理论知识。

案例教学法是一种与传统演讲式教学法完全不同的全新的教学方法，它是在模拟的情景中，让学生在特定的情况中去体验分析、形成决策，培养学生综合的工作能力。可见，有必要在财务管理专业的教学中积极推广和运用案例教学法。

在财务管理专业的教学过程中，应用案例教学法可以弥补传统教学法的不足，充分调动学生的学习积极性，提高学习的效率和效果，具体而言，有以下几点作用。

1. 有利于增强学生学习财务管理的积极性，鼓励学生独立思考，着重于学生能力的培养

学生对每个案例的分析，能增强其感性认知，使所学知识融会贯通。每个学生都要去思考并发表见解，通过这种交流，可以取长补短，促进学生人际交流能力的提高。最重要的是还能锻炼学生的从业能力。在现实工作环境中，工作能力大致取决于个人三方面能力，即分析能力、沟通能力、说服他人的能力，案例讨论使学生的这三方面能力得到全面锻炼。另外，在案例教学中，学生通过发言提纲的编写、案例的分析整理均能提高文字表达能力。

2. 提高学生分析处理财务管理专业方面实际问题的能力

财务管理专业现实性很强，这就要求培养的学生有很强的应变能力。传统教学方法，可以使学生获得具有"标准答案"式的财务管理知识体系，却难以使其实践能力得到锻炼和提升。与传统的教学方式不同，案例教学法不刻意强调一

定要得到"标准答案"，而在于得出答案的过程。一个人能够经受得起在课堂上犯错误并从中吸取教训是因为其中没有真正的风险。也就是说，一个学生如果在课堂上就某个案例所作出的"决策"是错误的，他也不会因此而真的付出经济损失或其他代价，因为那毕竟是一次"预演"而非"实践"，并且其"决策失误"将在课堂上通过讨论或教师指导而得以当场纠正。但以后在他们的职业生涯中，作决策将是要付出代价的。所以，这一过程不仅可促进学生对财务管理有关概念、理论和计算方法的理解，而且对于培养学生的创新思维能力、语言表达能力等都有很大益处。

对财务管理专业学生实施案例教学，是要通过这种方法培养学生的判断力，锻炼学生解决问题的能力，而不是对现有分析技术的吸收和简单应用。学生要主动参与案例的交流和讨论，有针对性地运用理论知识去解决问题。教师引导学生去思考、讨论，使学生更深刻地理解教师所传授的知识。同时，为学生提供解决问题的思路和方法，提高其自主学习、自我更新、自我发展的能力，而不是仅仅学习固态的知识，从而全面提高学生的分析能力。

3. 有利于增加教师和学生之间在教学中的互动关系

与传统的教师授课、学生被动学习的教学方式不同，在案例教学中，教师与学生的关系是"师生互补、教学相辅"。案例教学法使学生积极参与，在查阅资料、案例分析和课堂讨论等环节中发挥主动性。教师在案例教学中则始终起着指导的作用，既要选择符合教学需要的案例，又要在课堂讨论中审时度势，因势利导，让每一个学生充分地发挥，获得最大的收效。案例教学加强了师生交流，活跃了课堂气氛，这方面是传统教学方式难以比拟的。

4. 有助于提高教师的业务水平，提高教师驾驭课堂的能力

案例教学方法要求教师不管是实际调研，还是利用已学，都要对实践及相关知识非常熟悉，所以有助于教师实践业务水平的提高。案例讨论时，学生为了争取发言的机会往往互不相让，唇枪舌剑，有时也会出现冷场的现象，这就需要教师有一定的课堂掌控技能与技巧。在传统教学中，教师一般是根据书本内容进行单向传输，而案例教学是采用双向互动模式，其现实性、互动性和开放性对教师提出了更高要求。教师在整个案例教学中要始终起着"导演"的作用：既要选择符合教学需要的案例，又要在课堂讨论中审时度势，因势利导，让每个学生的主动性都得到充分的发挥，获得最大的收获。这要求教师不仅需要通晓专业理论，还要深入到实际工作中进行广泛的调查研究，选编出适用于教学需要的不同案例，使教师的教学、科研水平不断提高。同时，通过指导学生分析实际案例，能弥补教师实践工作经验的不足，提高教师指导实践教学的能力，从而使教师自身的业务素质得到进一步提升。

八、财务管理专业教学中实施案例教学法应注意的问题

近几年，我们在《财务管理学》课程教学过程中，正确运用案例教学法应从以下四个方面加以注意。

（一）案例的选择

选择恰当的案例是案例教学法能否有效实施的前提，也是案例教学法实施过程中的最大难点。要在课堂上成功使用案例教学法，课前对案例的选择非常重要。案例的选择应注意以下问题。

1. 选择的案例及案例的编排顺序要与《财务管理学》教材内容和理论体系的前后安排相一致

在运用财务案例教学法教学过程中，所选案例体系一定要与选用的财务管理教材的内容结构和理论体系相"匹配"。学生在学习《财务管理学》理论与方法后，再与相关的财务案例结合思考分析。一方面通过案例教学循序渐进地再次强化学生对学过的知识点的掌握；同时又能运用所学的理论，分析案例中存在的问题并予以解决。这样有利于教学相长。传统的财务管理案例分析偏重于案例背景资料的介绍，缺少定量评析，也缺少分析问题和解决问题的方法、过程以及分析结论，学生研读案例背景资料的时间过长，浪费了有限的课时。现实的财务活动多数还是比较直观的，因此，选用的财务管理案例，其背景资料要尽可能简明扼要，让学生看后，立刻就明白要解决什么问题，而把注意力重点放在分析和解决问题上。

2. 注意案例的时效性

财务管理专业的理论和方法受会计环境、会计制度、会计法规影响较大。对于财务管理专业的案例选择，如果时间跨度过长，案例缺少时代特色，过去适用的解决方案或许如今已不再适用，这会降低案例讨论的效果。因此，教师要加强对案例的研究，不断补充新的案例，以确保案例的时效性。

近几年，随着我国会计制度、会计准则和世界不断接轨，每年都有许多新的准则出台，引起会计理论和制度的不断变化，从而也引起一些财务管理理论和方法的改变。这些改变必将使过去的某些经典案例失去其实际意义，一味照搬，容易误导学生。因此，教师在教学中必须注意到这些改变，适时对案例进行修改，使一些旧的案例能够适应新的环境、制度，给学生正确的指导。注意筛选公开出版的财务管理案例教材，尤其是工商管理硕士所使用的财务管理案例教材。由于这些教材中的许多案例多是美国哈佛 MBA 有关课程案例，多适用于成熟的资本市场，不太适合我国的国情，拿来生搬硬套给我们的学生讲解，不利于解决中国的实际问题。我们选择或设计的案例一般是近年我国上市公司运用市场机制筹资、投资和收益分配中出现的典型事件等。

3. 可以适当选用视听型案例开展多媒体教学

心理学实验证明，在视觉、听觉、触觉三种信息接收方式中，通过视觉接收的信息量最大，比例约占 85%；听觉接收的信息量约为 11%。采用多媒体教学，学生在教学过程中主要是通过视、听来接受教师所传递的信息，从而保证了信息传输的充分和有效。

4. 财务管理教学案例体系要完善

如近年财务案例教学中案例涉及企业资本运营或资产重组的案例较多，缺少资本结构优化的案例。资本结构理论和方法恰恰是财务管理理论和方法中很重要的一项内容，也是财务管理理论的精髓所在。若缺少资本结构安排的案例，财务管理教学案例就明显缺失完整性，选择设计的案例要充分考虑适应教学的需要和体系的完整性。

（二）教师自身角色定位

案例教学法对教师的要求较高，教师需要经过良好训练才能取得较好的教学效果。在财务管理专业案例教学中，要求教师与学生互相配合，在课堂上对案例所提供的材料加以认真讨论。在讨论过程中，教师的地位和作用明显不同于在讲授式教学中，教师的角色从知识的传授者与灌输者转变为学生学习的帮助者和引导者。教师应善于启发、诱导、鼓励学生参与讨论，善于营造能激励学生参与实践的思维环境。一方面充分调动学生的积极性、创造性，鼓励学生对案例进行充分讨论；另一方面，要引导学生紧紧围绕案例主题展开讨论，当偏题时要巧妙引导到被忽视的关键点，当讨论不够深入时要引导学生把注意力放到那些尚未深入的关键点，把握住学生发言的动向。同时，教师还必须能及时对学生的讨论作出恰当、准确的评价，使其在讨论中学会思考问题的方法，培养其解决问题的能力。教师必须注重以学生为中心，以学生的独立思考和自主讨论为主，教师的引导为辅。这也是案例教学成功与否的关键。

传统的讲授教学法，主要是教师讲，学生听，教师是主角。而在案例教学中，唱主角的应该是学生。在案例教学中，教师应该在选用案例、带领学生做好讨论前的准备、组织学生认真讨论案例、做好讨论后的总结等方面起主导作用。在讨论中，教师应设法调动学生的主动性、积极性，鼓励学生广开思路，积极发言，不断提出新的设想和思路。

财务管理是一种管理的思维，一个财务管理的案例其真实的答案不是唯一的，可能存在比先进企业成功经验更好的思维和方法。教师应该鼓励学生得出各种虚拟答案，学生提供的虚拟答案越多，可以证明学生的个性和创新能力越强。知识经济条件下企业与企业之间的竞争在很大程度上就是人与人之间的竞争，每个人只有拥有独特的、广博而精深的技能和知识，才会有更多的就业机会和成材机会。因此，在财务管理案例教学中，应当尽力培养学生的个性化思维，允许并提倡他们作出与设定答案不同的结论。这时，教师要有甘当学生的气度，学生也应该有敢于与老师讨论问题的胆识，做到教学相长。

案例教学固然很重要，但各种教学手段自有其用途，是案例教学不能完全替代的。教师可以在理论知识的讲授中穿插相关财务管理案例，在课堂理论教学的启示下，使学生自觉地进入理财工作"现场"，充当其中的"角色"，让学生具有"真刀真枪"实践的经历，以财务管理案例为典型实例，举一反三，变学生被动听课的过程为积极思考、主动实践的过程，促使他们勤于思考、善于决策，使案例教学成为一种适用的、有效的启发式教学方法。

（三）适用条件

并非任何课程都适于采用案例教学法。案例教学法作为一种新型的教学方法，比较适合于已经有一定知识积累，掌握了基本专业理论知识的大学高年级学生。由于案例讨论需要学生花费大量时间做准备工作，如果一学期内采用这一教学方法的课程过多，那么学生就不可能有太多的时间来分析、研究和讨论案例。因此，一学期内不能安排较多的课程同时采用这一教学方法。人数方面，哈佛法学院认为一般在20人左右，哈佛工商管理学院认为15人最为恰当。就我国高校的实际情况看，在100人左右的大班开展案例教学很困难，不会产生应有的效果。所以实施案例教学必须采用小班授课制，可考虑将一个自然班级拆分为2~3个。

综上，财务管理专业本科生实施案例教学法，可以考虑在三年级至四年级开设，每学期选择1~2门课程，实施小班教学。财务管理专业中的财务管理案例、高级财务管理、财务制度设计、财务报告分析等课程均可采用案例教学法。

应根据财务管理专业的不同年级的课程设置，灵活地运用案例教学法。比如会计类课程中有基础会计学和财务会计学课程，财务管理的课程有财务管理概览与基础、公司财务与案例、高级财务管理课程。教师应该根据各教学阶段的教学要求，以及案例反映财务和会计实际活动的复杂程度，结合学生现有的理论水平和实际操作能力，由浅入深、由易到难、由少到多，合理确定财务管理案例教学的内容和学时，安排的案例教学进度与课堂理论教学进度从时间和内容上应该是一致的。

（四）实施案例教学法的成绩评价

实施案例教学法，要构建以案例分析、小组讨论、案例研究报告考察为主体的成绩评判与考核机制，改变以往以知识积累考查为主体的考核机制。但是新的考查方法主观性较强，对教师的素质、职业道德和敬业精神都有更高的要求。财务管理案例教学选编的案例，要将适宜的财务管理理财基本理论和方法融汇于具体实例之中，或者明确地指出案例剖析所运用的会计与理财的理论和方法，以便于学生掌握并善于运用所学的理论知识，通过定性和定量的方法分析，对财务管理实际工作的各种复杂情况进行科学、系统的论证，提出正确的处理措施，并编写出具有较高理论水平的案例分析和评价报告。

在案例教学过程中，学生将应用所学的基础理论知识和分析方法，对案例进行理论联系实际的思考、分析和研究。要求学生对知识的广度和深度有新的探索，进行一系列积极的创造性思维活动，以充分体现学生在学习中的主体地位。因此，作为一种培养开放型、应用型人才的教学方法，对学生进行考核时，教师要克服主观随意性和自己对案例理解分析的局限性，应着重考量学生分析的步骤是否恰当（即思路是否清晰）、思维要点的选择是否科学、能否抓住重要问题、是否抓住了问题的实质和关键、运用了哪些思维方法以及从什么角度看问题，等等。由于案例讨论的发言并不是人人机会均等，建议成绩评定分为三个部分：平时成绩（占20%）、小组讨论成绩（占40%）和案例分析报告成绩（占40%）。平时成绩主要评价学生的课堂参与性，可实行强制扣分法，即凡参加讨论不发言的一律扣除应得分数；小组讨论成绩主要评价学生分小组讨论后的课堂演讲和讨论结果，以及对其他小组提出的质疑进行解答；案例分析报告成绩是评价在小组讨论完成后，小组成员对所分析的案例进行总结后形成的书面报告。

总之，案例教学法是以能力培养为核心的新型教学法。案例教学法体现了教学论的人本化思想和现代心理学的建构主义认识论思想，适应了学习者建构知识、接受知识的内在认识秩序，符合人在社会化进程中不断增强和发挥自身主体性的客观规律。这是案例教学法具有生命力的奥妙所在。

在财务管理专业教学过程中应用案例教学法，让学生在案例分析中充分表现自己，锻炼自己分析问题和解决问题的能力、提高学生的独立思考能力，语言表达能力，以及快速反应能力等。这种教学法能够密切联系社会实践，有利于理论与实际的结合，其实用性、可操作性非常突出，让学生学以致用，有利于应用型人才的培养。

此外，在吸取国际先进经验的同时要注意结合中国国情。管理方面的案例教学起源于美国，财务管理方面的案例教学也起源于美国。经过几十年的发展，管理方面的案例教学在世界主要发达国家得到了普遍推广。随着美国财务管理教学改革的不断推进，案例教学在财务管理教学中得到空前地重视和普及。在我国，案例教学刚刚起步，各方面条件都不很成熟，应该说，西方国家在案例编写、案例教学的推广和应用方面，都明显优于我国。因此，在推广案例教学时，适当引入西方国家的案例教材及教学方法是正确的。但在吸取国际先进经验时，应注意结合中国的国情。根据经验，一些纯方法性的案例，可以直接采用国外的案例，一些涉及法规和具体理财环境的案例，最好在调查研究的基础上，根据中国企业的有关情况，编写我们自己的案例，这样才能取得比较好的教学效果。

第三节　角色扮演教学法

一、角色扮演教学法的概念

1. 角色扮演教学法的定义

"角色"一词源于戏剧，自 1934 年米德（G. H. Mead）首先运用角色的概念来说明个体在社会舞台上的身份及其行为以后，角色的概念被广泛应用于社会学与心理学的研究中。角色是一个抽象的概念，不是指具体的个人，它本质上反映一种社会关系，具体的个人是一定角色的扮演者。将角色引入教学活动中，称为角色扮演教学法。角色扮演最早源于一种精神疗法，其提倡者为约瑟夫·莫雷诺（Joseph Moreno，美国著名的精神分析学家、音乐心理剧的创始人）。莫雷诺认为，角色扮演就是设身处地扮演一个在真实生活中不属于自己的行为角色。后来该方法被美国一些教学理论研究者引入课堂，并对其教学效果进行探索。经过几十年不断地发展和完善，当前角色扮演教学法已成为被广泛应用的教学模式之一。

角色扮演教学法就是一种设定某种情境与题材，以某种任务的完成为主要目标，让学生扮演自己原来没有体验过的角色或者旁观者，通过行为模仿或行为替代，使学生注意力专注于活动的全过程，让学生在真实地模拟情景中，体验某种行为的具体实践，以感受所扮角色的心态和行为，把学到的理论知识运用到实际工作中，以帮助学生了解自己，改进提高，掌握知识的一种教学方法。在该方法中，教师引导学生参与教学活动，让学生扮演各种角色，进入角色情境，去处理多种问题和矛盾，以此加深对专业理论知识的理解。

2. 角色扮演教学法的目标

角色扮演教学法是以培养学生的实践能力为目标，以学生为主体、教师为主导，根据具体的学习任务要求，精心设计虚拟的现场工作环境，进行角色设计，通过让学生扮演不同的角色，借助自身经历的过程来体验、掌握相关的知识和技能所采用的教学方法。如在会计凭证传递和日常业务处理流程等教学中让学生扮演业务经办人员、制单会计、审核会计、出纳、记账会计等角色，按岗位分工、角色轮换的"做中学"模式，模拟财务活动的办理过程，使学生体验不同角色的财务任务和财务职责，使学生真切体验企业财务管理工作过程，有效培养学生的综合实践能力，从而能更快地适应未来的职业环境。

二、角色扮演教学法分类

1. 按照组织方式分类

按照组织方式，角色扮演教学法分为模拟性角色扮演法、创造性角色扮演法和冲突性角色扮演法。

（1）模拟性角色扮演法

模拟性角色扮演是根据所学内容的情景，要求学生扮演教材中的人物角色，用语言和动作来表达教材内容的一种课堂活动。在活动中，教师给学生指定或提供进行模拟练习的材料。这是一种有一定控制性的练习活动，因此，又称为控制性的角色扮演。学生通过这一活动，能够自然地掌握课程知识，极大地提高了参与度并加速了学习过程。同时，它也是学生进行创造性角色扮演的基础。

（2）创造性角色扮演法

创造性角色扮演就是教师根据所学的内容结合现实生活设计的课堂活动。它为学生提供了一个更自由的想象创造空间。这种活动中，情景、人物角色是创造的，活动内容与教材有关，是在教材基础上的延伸或发展。在该活动中，学生没有现成的对话和剧本，教师为帮助学生完成任务，仅为学生创设情景和活动要求，并作适当提示，目的是让学生运用所学知识来自由表达自己的思想。所以，这一类型的角色扮演活动体现了任务型教学的特点。

（3）冲突性角色扮演法

冲突性角色扮演是教师根据课程内容，将学生分成正反两方面的角色，即赞成方和反对方角色冲突的扮演。这种教学方法是一个将课前准备、课堂教学和课后总结有机结合起来的教学过程，具体包含了"导读—分组—辩论—总结"这样一个基本的教学思维过程。

2. 按照控制度与开放度分类

从控制度与开放度分类，角色扮演教学法分为完全控制式角色扮演法、半控制式角色扮演法、半自由式角色扮演法和自由式角色扮演法。

（1）完全控制式角色扮演法

在完全控制式角色扮演中，情景和角色的语言、动作都是事先设计好的，学生只是根据情境用适当的语言语调进行对练。从控制度来说，学生完全是按照规定的语言进行操练，即学生完全受控于教师，教师对于学生的语言表达一目了然。

（2）半控制式角色扮演法

半控制式角色扮演中，只给其中一个角色或一部分角色以详细的提示和要求，而对于另外一个或一部分角色扮演者，只给他们有关对话情景的粗略信息，其目的在于训练学生在一定刺激条件下的言语表达能力。在这种角色扮演活动中，教师的控制相对较少，未获详细提示的角色扮演者虽然有时在使用语言上有困难，但有利于在一种较为真实的情景中训练语言表达能力。

（3）半自由式角色扮演法

半自由式角色扮演是给学生提供某个情景和教学任务，要求学生在某一情景的角色扮演中使用规定的知识进行交际，但又不限定使用具体的知识表达方式和内容。这类角色扮演活动要求在真实的环境中使用目标知识。从控制度来说，学生有较大的自由来开展活动，教师只是给予有限的帮助。但是从检测的角度看，教师可以看到学生的多方面能力。

（4）自由式角色扮演法

自由式角色扮演可在课前给定情景和任务，让学生自己分配角色，并根据自己的想法做好必要的准备。也可以是课堂即兴角色扮演，即事先并不安排学生的角色，只是临时给他们一个情景或任务，学生按照自己已有的知识和对情景或任务的理解进行角色扮演。为了能让更多的学生在活动中创造性地自由发挥，教师可以只是一名观众，不给学生任何的控制，教师的作用就是适当调整对活动性质的控制，最后给出适当的反馈。

三、角色扮演教学法的特点

角色扮演教学法具有以下几个显著的特点。

1. 情境性

情境教学是指运用具体的场景或提供学习资料以激起学生的学习兴趣、提高学习效率的一种教学方法。学生的角色扮演离不开情境支持，只有创设情境才能进行仿真的表演。

2. 趣味性

学生们平时都对影视剧、小品等特别感兴趣，将问题的主要矛盾运用影视剧、小品等形式表演出来，能激起学生的兴趣，变被动为主动，起到事半功倍的效果。如果学生能选择自己喜欢的角色来扮演，会更富有感染力。

3. 灵活性

哪个知识点适合运用角色扮演教学法，选择什么性格的学生去扮演，学生对角色的不同理解以及不同的学生说出的不同台词等，都体现出了角色扮演法具有很强的灵活性。在运用中，要注意分析多方面因素，同时将教学目标、场地和学生人数等问题考虑在内。

4. 教师适当参与

表演过程中，教师可以适当参与角色，有了教师的参与，表演会更加淋漓尽致，学生的积极性会更高，课堂气氛会更活跃，更能拉近师生距离。教师还可适当关注活动中出现的各种问题，对于出现的问题要作出正确的引导。

四、角色扮演教学法的作用

角色扮演教学法是运用情境设置、讨论、表演等各种形式的综合性教学方法，要求学生主动参与。与传统教学法相比，有以下作用。

1. 有利于加强学生的职业认知，体会各岗位角色不同的岗位职责

由于财务管理学科的应用性较强，在教学中不但要向学生传授基本的理论和方法，更要培养学生运用理论和方法处理财务管理实务的能力。但在现行的外部环境下，由于财务工作的严肃性、保密性等限制因素，组织学生到校外实习已较难实现。即便实习，实习效果也不尽如人意。角色扮演教学法是财务管理专业教学中的客观需要，在财务管理专业课程教学中使用角色扮演教学法，教师设计特定情境，将教材内容与专业知识相融合，让学生通过对角色的演绎，增强其对各财务岗位的认知，使其掌握专业知识的同时，提高相关职业技能，可以培养学生良好的职业道德。提前进入社会角色，对学生日后专业课程的学习和个人发展都起着重要的作用。这有利于培养既有理论基础又有实际操作能力的应用型人才。

2. 有利于激发学生的学习兴趣，在轻松的环境中获得新知识，掌握新技能

角色扮演教学法强调学生为主体，要求学生全身心地投入角色。为了准确演绎角色，学生需要分析角色特点，独立思考特定情境下角色的心理及行为活动，能让学生融入职业岗位中，深入理解岗位职责。在表演的过程中寓教于乐，可以激发学生的学习兴趣，使其在轻松、活跃的环境中学习专业知识，强化实践技能。这种活动可以充分发掘学生潜能，培养学生学习的主动性，角色扮演法留给学生很多自由发挥的空间，提高学生分析及解决实际问题的能力。还有助于增强学生的学习能力，形成正确的态度、情感和价值观，有助于培养学生的探究创新能力。

3. 有利于锻炼学生的沟通协调能力，培养学生的团队合作意识

在角色扮演活动中，每个学生都担任不同的角色，每个学生既是独立思考、解决问题的个体，又是团队合作、集体演绎活动的一分子。学生不仅能充分发挥个人优势，展现自我，表达个人见解，还需要角色之间的配合、交流与沟通，共同完成教师分配的角色扮演任务。因此，角色扮演法的采用，锻炼了学生的沟通协调能力，为他们提供了展示自我的机会，让学生在展示中获取自信。角色扮演教学法采用分小组合作表演的方式，小组互相配合，共同完成表演，有利于学生团队合作意识的形成。

4. 有利于建立新型的师生关系，使教与学产生良性互动

实施角色扮演教学法，体现了"学生主体、教师主导"。教师是学习活动的设计者、组织者、管理者和指导者，学生是教学活动的主体，是主动者和表演者，这种师生关系有利于双向沟通和对学生潜能的发掘。通过角色扮演、参与体验，使学生在更多地参与和互动下，获得深刻的体验，在做中学，以达到更佳的学习效果。此外，在角色扮演的过程中，教师也可以进一步了解到学生的思维方式、情绪体验、个性特征等深层次的东西，由此提供有针对性的教学手段，从而真正达到教学相长的良性互动局面。

五、角色扮演教学法的具体操作步骤

在财务管理专业中运用角色扮演教学法开展教学，努力实现做中学、做中教。在教学中创设财务情景，以工作任务为引领，以典型业务为载体，以岗位实践为形式，梳理和整合关联性知识点及岗位要求，让学生通过角色演练和小组合作，探索操作方法背后的工作原理，学会发现问题、分析问

题和解决问题的方法，让知识与技能的迁移能力不断生成，从工作任务实践中获得实质性感悟，最终生成岗位核心技能。该教学法的实施过程主要分为三个阶段：角色设计阶段、角色扮演阶段和角色评价阶段。

（一）角色设计阶段

1. 准备工作

首先，课前要做好充分的准备工作，制订好计划，每个细节都要考虑到，并且安排妥当，防止扮演过程中出现某个环节脱节，或者出错，导致演不下去。其次，要准备好表演所用的服装、道具、场景等。角色扮演准备阶段的重点工作就是如何有效整合教材内容，凸显岗位实践操作，有效培养学生岗位能力，根据典型工作任务，创设岗位实践工作情境，设计职业角色，做好角色的准备、任务的设计，成为角色扮演法的关键所在。

2. 角色的设计要注意两个原则

（1）角色设计要与学生所学专业课结合起来

学生在理解角色的知识应用时就比较熟悉、比较容易，同时也使学生知道学习这门专业课的价值，将所学专业知识综合运用，有利于提高学生的学习兴趣。

（2）角色的分配要与教学知识点相匹配

分配的角色在功能上要保持一定的独立性。角色中涉及的各知识点，要难度适中、循序渐进，避免跨度大，导致学生畏难情绪的产生。角色的设计是角色扮演教学法取得成功的关键。教师根据教学目标、角色中涉及的知识点和学生的基本素质，合理地提出任务要求，也就是说要遵守任务适当的原则。

3. 角色设计阶段应注意的问题

（1）选择典型工作任务，确定角色扮演目标

教师明确教学目标，提炼出教学的重点、难点，按照实际工作任务、工作过程和工作情境，有机整合理论与实务操作，贴合学生实际学习情况，精心进行教学设计。教师根据教学内容和背景材料，选择适合角色扮演的典型工作任务，创设情境和角色，明确角色扮演目标。如何创设符合教学目标且能让学生产生浓厚兴趣的角色扮演主题，是角色扮演教学法的起点，也是整个教学过程能否取得成功的关键步骤。

（2）角色分配，明确角色任务

先将学生分成若干个学习小组，教师可以让学生自由组合。以小组形式承担角色扮演任务，由小组内部协商确定每个人扮演的不同角色，如财务主管、会计、出纳等角色。小组成员共同进行角色分析，根据已有知识和自身理解设计角色扮演方案，教师应对角色人选的确定和方案设计进行必要的指导和确认。教师引导学生根据角色扮演的内容及主要问题，协助学生了解自己所扮演角色的特点。学生通过各种途径，如参考教材、网络、专业书籍等，搜集表演用的参考资料，参与演出的学生明确各自角色的特征、任务并草拟相关的台词，做好扮演角色的准备。

（3）设置模拟场景，做好角色扮演准备

角色扮演是在一种模拟场景中进行的，模拟场景尽可能要逼真。创造一种和谐、自由的课堂气氛和相对真实的情景，将有利于角色扮演者尽快进入角色。教师应准备必要的场景、道具或其他辅助用品，为学生创造相对真实的表演情境，并营造轻松的表演氛围，为角色扮演教学法的顺利实施提供一定基础。

（二）角色扮演阶段

角色扮演阶段是角色扮演教学过程的核心。在这一阶段中，主要是学生根据角色扮演设计方案在情境中扮演角色，表演问题情节，分析和解决问题。

角色扮演往往有两种情况：其一，不同的组进行相同内容的情景表演。各组的表演顺序由抽签决定，并限定每组的表演时间。这种情景表演主要适用于内容单一，跨度较小和表白性的知识点的教学，比如结算业务实验、纳税申报、会计案例分析等，其目的是对不同组相同情景的表演进行比较，从中选出优异者并将其做法进行推广。其二，不同的组进行内容不同的分工式的情景表演。这一方法适用于内容复杂、跨度较大、协作性要求较强的知识点的教学，例如，存货盘点实验、固定资产盘点实验等，可以由几个组扮演方案制作者，由几个组扮演方案的实施者，由剩下的组扮演整个方案实施的控制人员，然后由各组人员分别提出自己的观点、想法和操作思路。另外，财务预算、会计报表分析等都可以采取此类方法进行情景表演。

教师始终处于观察员、指导者、监督管理人的位置，而教师在这一阶段的主要任务是调动暂时无角色扮演任务的学生、维护课堂秩序、纠正一些偏离主题的行为，并做好现场气氛的调控，保证活动的顺利开展。教师和其他学生观看的重点，应集中在问题解决的方法和策略上，切忌在表演技巧上挑剔，苛求完美。在表演中给予学生更多的发挥空间，鼓励学生根据实际情节发展变化作适当调整，对于学生的表演应以肯定为主。对于过分冗长的表演，教师应及时提醒，每组时间控制在 10 分钟左右为宜。同时，教师还应引导其他无角色扮演任务的学生观察并记录表演者的情况，引导他们思考情景表演中出现的问题，进行间接学习，为下一步分析讨论和评价角色做准备。在此期间，教师应尽量安排扮演者与观察者轮流交换，尽可能使学生都有参与表演的机会。

角色扮演法的基本步骤可以分为以下七步。

第一步：确定或引出通过角色扮演所要解决的问题，使问题明确、具体。解释所要表演的故事情节，并说明所需要扮演的都有什么角色，动员学生积极参加表演，成为参与者，因为参与者与观众相比，最后对故事所要说明的问题的理解和把握程度是不相同的。参与者的理解会更深刻，更能理解故事的内涵。

第二步：挑选角色扮演者并分配任务。尽量将选择角色的机会留给学生，让学生选择喜欢的角色，有利于更出色的表演。分配角色应承担的任务，深入情境中去。

第三步：创设场景。安排好演出所需要的场景，尽量逼真。服装和道具要到位，并且划定表演的行动路线。

第四步：安排观众所要完成的任务。观众要带着问题去观看，同样也要思考问题、解决问题。

第五步：具体的表演过程。表演者根据设计的内容进行表演。

第六步：分析与评价。回顾表演的全过程，分析讨论扮演中存在的问题与不足，揭示所要说明的问题。

第七步：共享经验与概括。把问题情境与现实经验、现行问题联系起来，探索行为的一般原则。

（三）角色评价阶段

包括角色扮演过程中现场讨论和总结评价。在讨论前教师进可行适时引导和提示，将学生讨论重点转移到情景本身、情景操作所要涉及的知识点和问题解决方法等重点问题。评价则由互评和师评两部分组成。评价的人选可以是教师，也可以是学生，还可以是扮演的参与者和观察者。就评价目标而言，评价不是为了给学生在群体中定级，而是为了促进学生的发展。因此，评价的指标不仅要关注知识技能，更要关注过程、方法、情感、态度、价值观等成分。最后，设计好角色扮演教学法教学效果评价表，确定每一项的评分标准和分值。

评价的主要内容也要根据扮演角色的不同而有所区别。教师的评价可以让学生更进一步了解自己，看到自己的进步和不足，明确自己今后努力的方向，可以促进学生更加主动地学习。小组同学之间的评价可以肯定其中的优点，指出其中的不足，从而能够使学生的表演水平和知识水平不断提高。不同小组的学生之间还可以进行讨论，在交流中得到提高。当然，教师的评价应该是核心。通常建议教师的评价放在最后，以避免教师的评价主导了学生的评价。

六、角色扮演过程中可能遇到的问题

首先，由于每个学生的资质不同，并不是每一个学生都能将自己融入角色，而且这种角色扮演还必须在观众面前展示。这对于某些学生来说可能很容易，而对另外一些学生而言，可能会不自觉地产生一些抵触。这就需要教师和同学的不断鼓励，促使那些融入角色困难的学生反复练习，克服最初的抵触，从而自如地积极参与角色扮演。

其次，角色扮演达不到预期的效果。有些教师担心角色扮演会陷入无组织的混乱，有一些干扰因素会影响学习环境；还有些教师担心教学内容的单调和学生所受训练的不足而影响角色扮演的效果。其实，经过认真地计划和准备，上述所担心的问题是可以解决的。角色扮演的成功与否关键在于精心的设计和实施，尤其是计划的制订。要根据预期的目标和教学内容进行组织，使表演过程更富有教育意义。在这方面，首先教师要有详细而周密的计划，其中最重要的是要写一个角色扮演的脚本，让学生按脚本来表演。

最后，学生观众的积极观看与否也会影响角色扮演效果的好坏。学生观众要从观看角色扮演中获得知识，并积极参与其中，提出一些问题。如果学生观众不积极观看就无法收到学习的效果。所以教师还要对学生观众提出具体的要求，要求他们在观看完角色扮演后填写调查问卷，以评估是否有实际的学习效果。

另外，教师还应该在表演结束后，组织针对性的讨论，进行课堂总结，强调所学的内容，讨论怎样的过程能被运用在今后的财务管理工作中，以及有哪些方面还需要改进。总结角色扮演的优缺点，并提出指导性意见。

当然，完美无缺的教学方法是不存在的，而且现存的各种各样的教学方法只有在适宜的环境和条件下才能发挥自己独特的功能。教育具有复杂性，它不是教师或者学生单方面的努力就可以完成的，学生能力的充分展现需要师生间的密切配合。教无定法，教育工作者需要不断摸索和尝试。

七、角色扮演教学法实施要点

1. 问题情境与学生实际紧密结合

角色扮演得以顺利进行的首要条件，是选择一个适合学生表演的情境。如果情境设置不当，非但不能调动学生的积极性，反而会打消他们参加表演的热情。角色扮演的选题应切实考虑学生的年龄特点、文化程度、理解能力和生活实际。问题情境可涉及学生发展阶段存在的矛盾、价值观、社会争议及与学生有密切联系的现象等，既要有现实的教育意义，又符合学生认知与情感的发展水平。可让学生参与选题的确认。

2. 教师在角色扮演教学中要把握全局

教师要明确角色扮演活动是否适合在教室内进行，角色扮演会不会给学生带来过大压力或让学生有挫折感，扮演能否加深学生对所扮演角色的价值观、观点或感受的了解。角色扮演的情节是否清晰，演出是否容易进行，角色扮演的情节是否有助于学生了解人物或群体特点。

3. 教师要明确学生所要学习的目标

教师要对角色扮演的过程进行精心设计，包括编写剧本、选择要模拟的案例、预告学生角色扮演的学习目标、提醒学生不要偏题。要向角色扮演者详细描述各角色扮演的基本规则，包括各角色的表演方式、所强调的阶段重点内容等。所表演的内容应是紧扣教学目的、态度以及技能，也应是财务管理工作中可能经历的情景，既要易于表演者表现，也要易于观众接受。

4. 学生有足够的知识铺垫

对角色的理解和接受程度，将直接影响角色扮演的教学效果。实施前可通过学生自学或教师讲解使学生对教学内容相对熟悉，掌握足以应对角色扮演所需的知识，保证角色扮演教学法的针对性和有效性。

5. 应保证学生有足够的参与度

角色扮演教学法的优势在于引导学生广泛参与教学过程，对问题处理进行不断反思。学生参与程度的高低，将直接影响课程的最终效果。教师应充分调动学生的积极性，并在多个环节进行引导和提示，使学生不断明确各自的任务，以保证学生能够充分参与教学全过程。

6. 关注学生能力的培养

角色扮演教学其教学结果并非只有唯一的答案，具有一定的选择性。教师应给予学生一定的自由度来使他们能够自我"尝试"，教师可以通过开放式的问题来帮助和引导学生。教师应鼓励学生提出多种解决问题的方案，充分发挥学生的潜能，培养学生分析问题和解决问题的能力。

7. 充分尊重学生意见

角色扮演教学提倡学生进行主动性的学习过程，教师在学生主动学习的过程中应给予学生充分肯定，提高学生参与教学全过程的积极性。讨论和评估阶段，教师在评判过程中应持"客观"的态度，充分听取学生的观点和意见，避免直接否定学生。

8. 处理好归纳总结

最终教师的总结环节至关重要，总结旨在让所有学生对角色表演中的关键点有一个全面的了解，更深入地理解角色各种行为意义和目的，达到加深对专业知识的理解，并能灵活运用解决实际问题的目的。

9. 创造良好的课堂氛围

应为角色扮演准备一个良好的环境：一方面，创造良好的演出气氛。另一方面，进行职业场景的创设，如道具、场景、座位等应给予妥当的安排。为保持学生想象力创造一个轻松的气氛，讨论中不必称呼学生的真实姓名，而直接使用其角色名称，引导学生进入角色。

八、财务管理专业中应用角色扮演教学法时应注意的问题

角色扮演教学法是实践性很强且行之有效的教学方法，但是在财务管理专业教学过程中仍要注意一些问题。

1. 课前精选教学内容，有针对性地选择课程内容、情景及角色

角色扮演教学法对情景的设计要求很高，实施角色扮演法前教师要进行充分的课前准备，选择难度适中的任务，根据所选择的内容，选择贴近现实工作的表演情境，要避免情境设计过于简单化、笼统化等现象。同样，设计也要具有合理性，否则会达不到理想的效果，甚至误导学生。如在基础会计课程中，会计凭证的填制和审核，供应、生产、销售过程的核算程序，财产清查的方法、对账和结账等内容都可以用角色扮演法进行学习。

2. 课中表演采用分小组进行的形式，尽可能安排全体学生参与到实验中

角色扮演教学法作为一种课堂教学的表现形式，最终目的仍然是为实现教学目标服务，要让学生都能参与其中，积极表现自己，给学生更多的锻炼机会。在角色扮演活动实施过程中，课堂无法完全模拟实际场景，在演出过程中也不是所有学生都能自然融入所扮演的角色中。在角色扮演教学中，一方面个别学生由于自身的特点不乐意接受角色扮演的教学形式，而又没有明确拒绝，其结果是在表演中不能够充分表现出自己的个性。另一方面是部分学生的参与意识不强，角色表现漫不经心，这些都会影响教学的效果。因此，要以小组的形式分层次给学生下达任务，安排学生尽可能地参与到实验中，如果课时、精力等不允许，可以让少数学生角色扮演，其他学生和教师一起仔细观察，并对产生的"问题"的处理效果进行评估，以做到适时指导、及时点评。此外，学生还应有较强的参与意识、团队意识、吃苦耐劳和潜心钻研的精神，学生要扮演好不同的角色，必须花大量的时间和

精力去钻研和琢磨背景材料和角色工作的特征，明确学习的任务。

3. 课后对表演的角色及内容进行提炼，进行理论升华

在角色扮演结束后，教师要把握住时机，引导学生对角色扮演存在问题及解决方案进行讨论。在学生的讨论时间结束后，教师要及时给予相关的点拨和指导。教师要对角色进行分析，结合表演情况对岗位职责进行强调，再结合要掌握的知识点对问题进行深入浅出的分析和讲解。这一过程有利于学生把表演和理论结合起来，从表演中的感性认识进一步上升到理性认识的高度，真正能应用于将来的实际工作当中。

第四节　思维导图教学法

人类的思维特征是呈放射性的，进入大脑的每一条信息、每一种感觉、记忆或思想都可作为一个思维分支表现出来，它呈现出来的就是放射性立体结构。思维导图（Mind Mapping）是英国学者托尼·巴赞于 20 世纪 60 年代提出的一种组织性思维工具和学习方法，它基于人的多感官学习和放射性思考特性，将信息进行分类管理，并对信息之间的关联性进行分层，能够使大量的、枯燥的信息，变成组织性强、色彩鲜明而易于记忆的图画，使资料的储存、管理及应用更具系统化，能够增强使用者的立体思维能力和总体规划能力。目前，思维导图已被广泛应用于多种学科多种课程的教学中。

一、思维导图的定义

思维导图（Mind Map）又称脑图、心智地图等，是表

达发散性思维的有效图形思维工具，它简单却又很有效，是一种实用性的思维工具。它是一种放射状的思维表达方式，是将放射性思考具体化的方法；它是一种非常有用的图形技术，运用图文并重的技巧，提供一个有效的工具，开启人类大脑的无限潜能。

思维导图采取一种独特的画图方式，将人的思维重点、思维过程以及不同思路之间的联系清晰地呈现在图中。这种方式在处理复杂的问题时，能够显示出思维的过程，同时很容易理清层次，让人掌握住重点，启发人的联想力与创造力。例如财务管理课程中的预算管理模块的知识结构可以由思维导图表现出来，如图 5-1 所示。

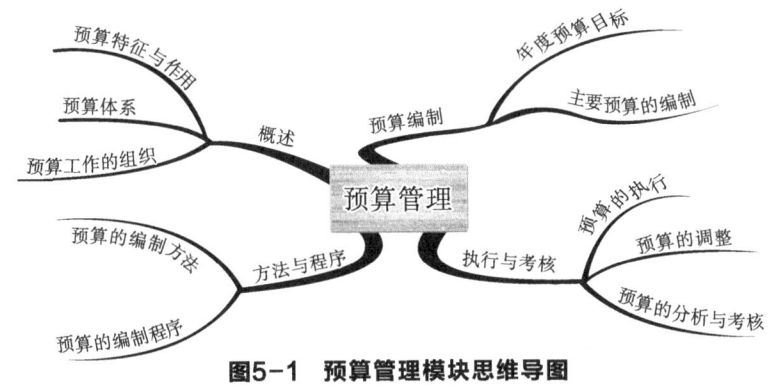

图5-1　预算管理模块思维导图

（1）主题的焦点清晰地集中在中央图形上，从图 5-1 可以清晰地看出，预算管理是主题的焦点。

（2）主题的主干作为分支从中央向四周放射，分支由不同颜色的线条和表示该分支内容的文字组成。图 5-1 中，预算管理这一问题的层次非常清晰，分为概述、方法与程序、预算编制、执行与考核四个分支，向四面发散。

（3）分支下面还可以再细分细小分支。如图 5-1 中四个分支里面又分别包含了若干个细小的分支，表明教学内容更加详细具体，分支形成一个连接的节点结构，线条越来越细。因此思维导图在表现形式上是树状结构。

二、思维导图在中国的发展

20世纪80年代思维导图传入中国，最初是用来帮助"学习困难学生"克服学习障碍的，但后来主要被工商界（特别是企业培训领域）用来提升个人及组织的学习效能及创新思维能力。在学科教学方面，它历经了50多年的发展，也没在学校广泛应用。后经华东师范大学刘濯源教授带领的思维可视化研究团队15年的研究及实践，得出的结论是"思维导图"并不适合直接应用于学科教学，因为"思维导图"过于强调"图像记忆"和"自由发散联想"而非"理解性记忆"和"结构化思考"。

对于抽象思维能力较差的学生，"图像记忆"的确可以帮助学生提高"把知识记住"的效率，但无法加深学生对知识的理解，属于一种浅层的学习。另外，"自由发散联想"具有天马行空，对思维不加控制的特点，更适合用于"头脑风暴"式的创意活动，而不适合用于学科知识教学，因为任何学科知识都是有其内在逻辑及固定结构的，由不得胡思乱想。基于学科知识的特性，学科教学必须强调"理解性记忆"和"结构化思考"，随着学段的升高，知识越来越抽象和复杂，就更加要强调"理解的深度"而非"记住的速度"。也正是基于这些原因，思维可视化研究团队把概念图（由美国康奈尔大学的诺瓦克博士提出）、知识树、问题树等图示方法的优势特性嫁接过来，同时将结构化思考、逻辑思考、辩证思考、追问意识等思维方式融合进来，把"思维导图"转化为"学科思维导图"。"学科思维导图"作为一种"基于系统思考的知识建构策略"已被全国500多所课题实验学校引入应用。

如今思维导图作为一种有效的思维模式，应用于记忆、学习、思考等的思维"地图"，有利于人脑的扩散思维的展开。思维导图已经在全球范围得到广泛应用：新加坡教育部将思维导图列为小学必修科目，大量的 500 强企业也在学习思维导图，中国应用思维导图也有 20 多年时间了。

三、思维导图的作用

将思维导图应用到教学之中，可以帮助教师建立完整的知识框架体系，对课程进行有效的资源整合，使整个教学过程和流程设计更加系统科学，帮助师生进一步加强对所教和所学内容的整体把握，同时可以更有效地促进师生间的交流与沟通，充分地发挥学生学习的主观能动性。具体作用有以下几点。

1. 思维导图能帮助学生建立完整的知识框架体系，树立全局观念

思维导图可以让知识变得有层次、有结构、清晰易懂。一本书或某个知识点可以是一个体系，教师要引导学生理清思路，把握全局。思维导图的优点之一就是可以让复杂的问题简单化。只需要用一张纸，就可以将一本书或某个知识点的体系框架结构画出来，让学生一眼看到问题的全局。

2. 思维导图能加强师生交流，促进学生自主合作学习

一方面学生可以发挥主观能动性画出自己通过判断、分析得出关键词的思维导图，增强其学习主动性。另一方面，教师也可以从学生画的思维导图里发现学生对现有知识的了解情况，关注不同层次学生的成长，因材施教，清晰而简洁。

3. 思维导图能帮助归纳知识点，将学习内容进行有效资源整合

在实际教学中，常出现"上课听得懂，作业不会做"的

怪象，究其原因，就是学生在课后没有主动去归纳总结，没有找到主干知识而一味地死记硬背，做题时不能灵活运用理论知识解决实际问题，而思维导图能有效解决这个问题。

4. 改进了教学内容的展示方式

思维导图法在协助教师展示教学内容上有独到的用途，使教学张弛有度，形散而神聚，凸显教学工作的技术性和艺术性，形象而简洁。

5. 改进学生的笔记形式

传统的笔记是提纲式的，看上去条理清楚，但是比较单调，不容易对大脑形成有益的刺激。思维导图运用图文并重的技巧，改变了"笔记是课文的重复"这一矛盾，彻底打破僵化守旧的落后方式，把思维从整齐划一的框框中解放出来。

四、思维导图教学法的课前准备

首先，将学生分成若干学习小组。

其次，制作思维导图需要准备如下工具：①白纸一张；②彩色图画笔和黑水笔；③投影仪。另外，还可以用电脑制作思维导图，利用 Inspiration、Mind Manager、Brainstorm 等软件制作出来的思维导图更美观。这些软件使用方便，容易掌握，学生和教师都适用。

五、思维导图教学法的实施步骤

第一步：教师布置教学任务。由教师提出有关的情境及问题，宣布用思维导图法学习这个问题。教学任务的制定是整个教学过程的关键环节。

第二步：简述思维导图的绘制步骤。

（1）在纸的中央用一个彩色图像或符号代表本节课知识点的核心，开始画思维导图。因为从中心开始，可以使学生的思维向各个方向自由发散，能更自由、更自然地表达自己的思路。

（2）把写有主题的连线与中央图像连在一起，每条连线又可以分出几条稍细的分支。连线自然弯曲而不是一条直线，体现思维导图的树形结构。

（3）每条线上只有一个关键词。因为单个的词汇使思维导图更具有力量和灵活性，同时单个的词也是容易记忆的。每一个词语和图形都像一个母体，繁殖出与它自己相关的、互相联系的一系列"子代"。

（4）在整个思维导图中都要使用色彩、图像。"一幅图像胜过千言万语"，色彩是各种思想的最主要的刺激物，尤其是在增加创造力和记忆力方面的作用更显著。色彩具有美感，这在画思维导图时会增加大脑的愉悦感，提高学生回顾、复习和使用思维导图的兴趣。运用图像可以把记忆力提高到近乎完美，让创造性思考的效率成倍提高，增强学生解决问题、交流和感知的能力。

第三步：学生小组式学习，共同参与。各个小组的学生进行讨论并将讨论结果画成初步的思维导图。小组式学习，能集思广益，取长补短。大家都团结一致，共同出谋划策，为小组目标的达成做出努力。好的合作学习，能把一个有限的课堂变为人人参与、个个思考的无限空间。教师负责为学生解答问题，进行个别的指导。在指导制作思维导图的过程中，不要太拘束于现有的形式，要让学生尽可能开放思维，联想相关知识点，如使用各种相关的色彩、图示、符号来加深印象。

第四步：展示成果。展示成果让学生体会作品完成后的成就感。展示成果的过程也是学生反思学习的过程，教师可以指导学生以遇到的问题为中心展开解决问题方法的查找，通过绘制思维导图的形式展示自己学习的过程，以此培养学生的思维扩展能力、查找问题的能力和自主学习的能力。

第五步：展示教师制作的思维导图。在教师指导下，将初步完成的思维导图进行完善，使知识形成一个完整的体系，并画出既美观又便于记忆的思维导图。

第六步：课堂评价。课堂评价的目的要以促进学生的发展为中心展开，评价应当包括学生自评、学生间的互评和教师的评价。通过评价不只让学生了解到自己在学习过程中的不足之处，更应当让学生在评价中学会自我认识，学会欣赏他人，建立自信，使评价成为学生主动发展的动力。

第七步：教师总结。总结是教师对一堂课教学内容的概括和提炼。通过总结可以帮助学生厘清所学知识的层次结构，掌握知识的内在和外在联系，是学生对知识的又一次重要记忆，有利于学生将认知归入自己的知识体系中。

六、思维导图在财务管理教学中的意义

思维导图在财务管理教学中应用具有优势：一是思维导图能够有效解决财务管理教学中的课程规划、内容设计、课堂设计等问题。思维导图作为一种方法，能够充分满足财务管理教学的要求，帮助教师掌握正确有效的教学方法和策略，更有效地进行课程教学内容的传授，促进教学效率和质量的提高。二是思维导图能够有效解决财务管理教学中的知识结构层次多、关联性强等问题。思维导图运用图文并重的技巧，通过若干主题将知识内容分解，通过插入各种关联、标记、附件、超链接、备注、图片、表格等元素，灵活地将各级主题相互隶属的关系表现出来，使主题、内容与图像、颜色等建立记忆链接，充分运用人的左右脑机能，利用阅读、思维和记忆规律，协助学生完成对知识的整理、归纳和分析。三是思维导图能够有效提高学生在财务管理学习中分析问题、解决问题的能力。将思维导图应用于重要内容的记忆、知识点的逻辑串联、问题的思考分析等，方便呈现书本理论与实际问题之间的关联，利于人脑思维的扩散展开，利于学生把握教学要点，厘清知识层次和结构，增强理论内容和实际问题的逻辑联系。

第五节　项目教学法

一、项目教学法的定义

项目教学法是近几年来我国高等教育领域中广泛应用的一种教学方法，它有利于培养学生的创新精神和开拓能力，适用于学校教学。项目教学法是从实际出发，选择具有典型性的事例作为教学内容。学生在教师指导下，了解并把握整个过程及每一个环节中的基本要求，以小组合作的形式，用理论联系实际的方法，进行深入探究，完成一个相对独立的项目。

项目教学法主张先练后讲，先学后教，强调学生的自主学习、主动参与。从尝试入手，从练习开始，调动学生学习的主动性、创造性、积极性等。学生为"主角"，而教师转为"配角"，实现了师生角色的换位，有利于加强对学生自学能力、创新能力的培养。

二、项目教学法的特点和原则

项目教学法最显著的特点是"以项目为主线、教师为引导、学生为主体"，创造了学生主动参与、自主协作、探索创新的新型教学模式。它不再对学生进行纯理论性、学术性的书本知识传授，教师从传统的"传道、授业、解惑"向"设计、指导、咨询"转变。将课堂转变为学生在做中学，教师在做中教。教师通过设计项目，围绕项目中的问题进一步指导学生独立思考，动手实践，在实践中体验，在实践中学会学习。

1. 以学生为中心

将项目教学法应用于专业课堂教学，学生成为学习的主体，以具体任务为依托，使学生处在真实的或模拟的环境中，让学生主动去思考、尝试、参与。通过教师引导，能让学生触类旁通，对所学知识做到活学活用。采用项目教学法较好地解决了教与学的矛盾，充分调动学生学习的积极性、主动性，有利于培养学生的创新能力、自学能力、实践能力，增强学生协作精神。

2. 理论联系实际

项目教学法作为一种教学策略，有利于把分散知识的各知识点综合起来，应用于实践。它将枯燥的专业理论知识融入企业实际发生的事例中，让学生以真实或模拟的项目情境带动具体学习，用学过的理论知识指导实践，解决实际问题，提高操作技能。

三、项目教学法的作用

项目教学的目标导向是"做"。相对而言，项目教学法能紧密地将理论与实践相结合，以团队合作式学习为主，将学习过程变成一个人人参与的创造实践活动，强调学习的自主性和探究性。它注重的不是结果，而是完成项目的过程。学生在项目实践过程中，理解和把握课程要求的知识和技能，体验创新的艰辛与乐趣，培养和提高分析问题和解决问题的能力。项目教学法体现了从传授向实践转变，从演绎性思维向归纳性思维转变的教学理念，能充分发掘学生的创造潜能，提高学生实践能力。

四、项目教学法的课前准备

项目教学法的课前准备工作是教学中的一个重要环节，包括教师的准备和学生的准备两大方面。

1. 教师的准备

首先应对项目任务进行分析和研究，查阅大量的资料，收集相关的知识及案例；其次制订好项目工作计划和项目活动评价表等指导性的资料；最后要向学生做简要的实施动员，让学生理解项目的意义与作用，激发学生完成项目的兴趣。

2. 学生的准备

项目教学法是以学生为主体的开放式教学方式，为了提高学习效率，学生必须认真对待，提前阅读相关教材，准备一定相关知识，注意预习相关课程，获取相关资料，做好项目前期准备工作。

五、项目教学法的实施

项目教学法要在教学中得到有效的应用，关键是教学任务的设计和严密的组织实施，以保证教学有序进行。

1. 设计项目任务

项目教学旨在配合理论教学的内容，让学生将所学知识理论联系实际，在实践操作中得以应用。财务管理专业教师各工作岗位典型工作任务的设计，应结合高等院校学生的认知特点和接受能力，充分体现理论与实践的有机结合；要符合认知规律，能充分激发学生的参与兴趣和创造激情；要综合考虑学生现有的经验和能力，确保学生能独立完成，或是在教师有限的指导下完成。

2. 学生实施项目，尝试完成任务

学生按照小组分组情况，采取合作的方式，根据项目要求，制订项目工作计划，确定该工作步骤。学生根据项目内容，结合实际工作岗位要求，分角色展开活动。项目实施过程中，教师可以通过多媒体演示一部分内容，学生在此基础上举一反三，尝试完成工作任务。小组内成员可以相互协调，互换工作岗位。

教师在实施过程中提出相关理论知识方面的讨论问题，完成此工作任务用到了哪些相关的理论知识，引导学生将以前所学理论知识应用到本项目活动中，达到理论联系实际的效果。学生通过解答问题，温故而知新；同时，学生提出在完成任务过程中遇到的问题或困惑，进行讨论分析。在投影仪上展示学生完成成果，发掘其中存在的问题，通过教师点评，将所学知识与项目任务联系起来，在掌握相关理论知识后，项目工作将得以更好地完成。

3. 考核评价项目成果

当整个项目实施结束后，师生要遵循公平、公正、公开的原则共同对项目成果进行评价。还可以结合不同项目的特点，从"知识与技能""过程与方法""情感态度和价值观"三个方面，将项目评价和学生个人评价有机结合。教师总评不必太多关注学生完成结果的好与坏，要侧重于从项目实施的全过程来分析，鼓励学生，尊重学生的成果，将学生在小组中的团队协作、知识运用等表现纳入评价，激发学生学习兴趣，让学生体验成功，从而使学生乐于实践、勇于创新、团结协作，综合素质得到锻炼和提高。

第六节 实验教学法

一、实验教学法的含义

实验教学法，是指学生在教师的指导下，使用一定的设备和材料，通过控制条件的操作过程，引起实验对象的某些变化，从观察这些现象的变化中获取新知识或验证知识的教学方法。实验教学法是随着近代自然科学的发展而兴起的，是物理、化学、生物、地理等自然学科中比较重要的教学方法。而财务管理是一个理论性和实践性都很强的专业，这就决定了该专业同样需要引入实验教学法。

从应具备的知识和能力来看，财务管理专业学生既要掌握管理学、经济学的基本理论和基本知识，熟悉经济政策、会计准则、税收法规以及国际相关法规和惯例，又要接受财务管理方法和技能方面的严格训练，具备分析和解决财务问题的实际能力。从应具备的综合素质和能力来看，财务管理专业的学生不仅要有较强的语言沟通、文字表达、人际交往、信息获取及分析的能力，还要具有创新意识、创新精神、创新思维和创新能力，需要不断增强职业的敏感性和判断能力。实验教学法，既可以使学生把直接知识同书本知识联系起来以获得比较全面的知识，又能够培养他们的独立探索能力、实验操作能力和研究兴趣。

按照实验的目的和时间不同，实验教学法可分为感知性实验和验证性实验两种。感知性实验发生在学习新的理论知识前，使学生对新知识形成感性直观的印象；验证性实验发生在学习理论知识后，使学生对所学的知识达到复习校验的效果。按照实验组织方式的不同，实验教学法又可分为个别独立实验和小组实验。个别独立实验是指由一人单独完成实

验任务；小组实验强调学生的集体参与，以小组合作的形式完成实验任务。

通常情况下，实验需要在实验室进行，也可以在教室里进行。目前，国内只有清华大学、人民大学等为数不多的院校拥有比较完备的财务管理实验室和实验平台，但大多数开设财务管理专业的高等学校只是安排学生到会计实验室进行相关会计实验操作，并没有专供财务管理专业使用的财务管理实验室。而设立财务管理实验室，对于财务管理专业的学生来说是十分必要的，可以使学生对工作环境具有更直观的认识，更好地理解财务管理活动，掌握财务管理的实际操作技能。

在教学手段上突出现代教育技术和网络教学的特色，充分利用幻灯片、视频、实物投影等高科技手段和现代化的教学手段，采用多媒体、教学资源上网等方法，方便学生学习实验内容，增加实验教学的直观性、形象感和立体感，扩充实验的信息容量，提高实验的效率。

二、实验教学法的特点

1. 理论与实践的高度结合

实验教学法是建立在管理理论与实践高度结合基础上的一种教学方法，其结合的深度、广度、紧密程度超过其他教学方法。应用型人才的培养质量很大程度上体现在理论联系实际的能力、实践动手能力和创新能力方面。实验教学法对于提高学生的综合素质、培养学生的创新精神与实践能力具有特殊作用。实验教学对于激发学生学习兴趣、促进学生将知识转化为能力以及让学生逐步地完成由学习者到实践者的转化等方面，具有不可替代的特殊作用。

2. 教与学的真正结合

实验教学法可以将教师与学生真正结合在一起，共同完成教与学的任务。在实验教学过程中，学生具有更大的独立性、自主性、探索性，实验的各个环节都要求学生独立完成，学生在实验教学过程中成为名副其实的"主体"，充分体现了学生自主性学习。而教师成为学生知识学习和能力培养的设计者、组织者、指导者。实验教学法充分体现了学生的主体地位和教师的主导作用，实现教与学的有机结合。

3. 知识性与趣味性的圆满结合

实验教学法可以使教学活动变得真实、生动、多姿多彩，具有极强的趣味性和吸引力，可以真正实现"寓教于乐"的目的。在实验教学的过程中，学生从"封闭的束缚态"转变为"开放的自由态"，增加了学生学习的自由度，激发了学生学习的兴趣和积极性，增加了直觉思维和创造思维的训练机会。

三、实验教学法的教学步骤

实验教学法通常按照下面三个教学步骤进行。

1. 明确实验任务，制订实验计划

教师在实验前需要做好充分准备，确定实验的目标和任务，并按照任务编制实验计划。做实验前，教师要认真准备并全面检查有关的仪器、材料和用具等，向学生讲明实验的目的、要求及其所依据的科学原理和操作过程中的注意事项。若是小组实验，还需要划分好实验小组。必要时需进行示范实验，以增强学生实验的自觉性，并保证实验的效果。

2. 按照实验计划进行实验操作

在明确实验任务以及计划后，学生独自开始实验，或是根据小组分工中所负责的任务，按照已确立的工作步骤和程

序进行实验操作。在实验过程中，无论是个别独立实验还是小组实验，要力求使每个学生都亲自动手参与实验。教师应注意过程控制，具体指导，确保实验程序科学、操作规范、结论正确。对个别学生或小组进行个别帮助，及时发现和纠正出现的问题。

3. 评估并撰写实验报告

实验结束后，由学生和教师进行小结。先由学生进行自我评估，再由教师对实验结果进行成绩评定。师生共同讨论、评判实验中出现的问题和学生解决处理的方法。通过对比教师和学生的评估结果，找出造成评价结果差异的原因。并最终由学生撰写实验报告。

四、财务管理专业中应用实验教学法应注意的事项

实验教学法是学生在教师指导下，按照预定的要求，利用指定的设备，采用特定方法进行独立操作，并在观察研究中获取直接经验、培养技能技巧的方法。财务管理专业在应用实验教学法时应注意以下几个问题。

1. 注重教师的多重角色

在应用实验教学法的过程中，教师除了需要具备良好的组织能力、缜密的逻辑思维能力、反应能力以及分析能力外，还需要在不同阶段扮演着不同的角色：示范者、观察者、引导者、业务顾问、评价者等。

示范者：为了明确实验任务和目标，教师需要将实验的相关资料展示给学生，并在需要的情况下操作示范实验。

观察者：在实验进行过程中，教师通过观察每个学生在实验过程中的表现，判断哪些知识是学生最欠缺的，并根据学生的特点选择最有利于学生快速吸收并应用的教学方法。

引导者：实验中主要是学生进行操作，教师要引导学生把实验过程与实际工作联系起来，帮助学生进行知识整理，并启发学生进入更高层面的思考。

业务顾问：教师不仅要在实验中激发学生的学习兴趣，还要提供必要的建议，根据学生的需要，帮助学生系统整理已掌握的知识，解答实验中出现的问题。

评价者：实验结束后，教师要根据实验情况进行全面、充分的点评与总结。

2. 明确学生的主体地位

学生在实验教学过程中是名副其实的主体，他们参与积极性的高低、动手能力的强弱直接影响实验的效果与效率。因此，在应用实验教学法时，教师需要提升学生的参与热情，促使学生积极思考，灵活运用所学知识。实验过程中，还要十分注重培养学生实事求是的科学态度，严格按事先拟定的规程操作，使实验能有序地进行。通过实验教学，加深学生对理论知识的理解，同时，提高学生的综合应用能力和实际操作能力。

3. 不断改进和完善实验条件

实验教学法的运用需要具备一定的实验条件。实验室建设不完善、投入的设备和软件不足、课时量过少等问题，都是阻碍学生进行有效实验的因素。在教学过程中，应充分利用多媒体、网络、录像等高科学技术和现代化的教学手段，使学生真正融入实验中去，在实验中体会学习财务知识的乐趣。

4. 保证实验资料的恰当性

实验教学法的运用弹性较大、实践性较强，能否达到预期的教学效果，实验资料是关键性的影响因素之一。在开展实验教学前，教师应编制一套比较全面的实验教学资料，主要包括实验项目、实验教学标准、实验指导书等，让学生在实验前进行充分的了解和准备。选取的实验资料可以通过整理有关调研资料得到，也可以通过整理上市公司的经营资料形成。选取时应注重资料是否具有代表性，数据是否真实、完整，资料是否齐全。同时，要严格归档管理，保证实验教学文档资料的完整性，为后续实验教学奠定良好的基础。

五、实施实验教学法的要求

1. 对教师的要求

在整个模拟过程中，教师既是编剧，又是导演。作为编剧，教师要收集案例，编定剧本（情景模拟指导书）。这就要求教师必须深入企业及其他组织，收集活动素材，并整理编写成剧本；或者从电影、电视中收集相关素材编写成剧本。作为导演，教师要有较高的实践能力，要有较强的情景设置和控制能力，还要有较强的发现和分析实际问题的能力。因此，教师应深入企业实践，去企业兼职或挂职锻炼，参与企业的各项活动，熟悉工作内容和技能。

2. 对学生的要求

为使模拟教学达到更好的效果，学生要做好充分准备。首先，要有一定的理论基础，理论知识是情景模拟的基础，学生应重视理论知识的学习。其次，要认真对待模拟。模拟虽然是角色扮演，具有一定的趣味性，但是模拟的目的并不是角色扮演本身，而是通过模拟巩固所学知识及提高实践能力，所以不能为模拟而模拟，在模拟过程中要不断思考问题。最后，学生要有吃苦耐劳和潜心钻研的精神，要花功夫去钻研和琢磨背景材料和角色特征，这样，模拟才能更逼真。

3. 对学校的要求

模拟教学属于实践教学环节，学校在做课程计划的时候要保证一定的实践教学课时，提高校内实践教学课时量。实施模拟教学需要学校加大资金投入，加强对财务管理专业课程实践场所及基地的建设。学校应出台激励措施，鼓励教师到企业、组织进行调研或实践锻炼，以提高教师的实践能力，促进教师综合素质的提高。

总之，实验教学法可以让学生获得真实的综合训练，有效地提高学生的实践能力，帮助学生掌握一定的从业会计日常工作的方法，为将来从事会计工作打下坚实的基础。

六、模拟实验教学法的发展和应用现状

财务实验教学法与前文介绍的案例教学法的相同点是选择的案例都源于实际的分析素材，两者都是理论联系实际的启发式教学法。不同点是，运用财务实验教学法，在教学活动过程中，学生是主体，财务管理实验教学材料是原始的素材；运用财务案例教学法在教学活动过程中，教师仍然是主体，财务管理材料可以是原始的素材，但多数是经过教师对原始素材的加工，并整理编写成用于教学形式的案例，例如已有用于本科教学和 MBA 教学的《财务管理案例》教材。有人说，管理学不能套用工学所用实验教学法。笔者认为可以借鉴工科实验教学法，模拟管理环境，寻找实验材料，让学生根据实验材料去分析问题。例如由学生根据企业财务状况资料和项目投资前地调研资料等，动脑思考、动手计算和动嘴讨论写出的企业信用报告和项目投资可行性报告等；也可以模拟企业财务部的专门财务分析会，对企业有关财务能力和综合财务能力进行分析。

南京财务管理大学会计学院财务系已有财务实验室，从对两届财务管理专业的学生开展的实验教学看，学生进入财务实验室，犹如进入管理"现场"，充当一定"角色"，感

同身受，比在课堂上作为"旁观者"有更真切的体会。在实验室，学生还可以采用用友软件等系统中的财务管理功能模块，在业务核算的基础上，掌握ERP环境条件下应收账款管理、存货管理、财务预算与控制、财务分析与评价和成本费用管理等技术。

目前，我国一些高等学校的教师开始接触到ERP沙盘模拟课程，多数教师认为这是一种全新的人才培养模式，通过实战方式培养了学生解决实际问题的能力、思考的能力、交流的能力以及团队协作的能力等。笔者参加过用友公司的ERP沙盘模拟课程，并在教学中运用了这一方式，对此深有同感。如果进一步思考，会计专业应用ERP沙盘模拟可以使学生从企业整体资源配置的角度去理解会计，摆脱会计就是核算技术的思维约束，以全局的观念在企业竞争发展的动态环境中理解会计与企业运作的关系，理解团队协作在会计工作中的重要性。把ERP先进思想寓教于乐、寓教于行，这为我国会计实验教学的改革提供了一条新的思路。

在会计实验教学实践中，笔者曾有针对性地对学生学习效果做过调查。结果显示目前的会计模拟实验教学存在诸多问题，集中体现为：①会计模拟实验锻炼的主要是技术能力。目前会计模拟实验是以一个工业企业的一个会计期间的会计事项为蓝本，要求学生从技术上练习从凭证到报表的一整套会计方法，而不能锻炼其他能力。②会计模拟实验过程让人觉得会计就是处理数字，方法是唯一的、答案是确定的。在几乎所有的会计模拟实验中，会计政策、方法的选择是既定的，最终所有的小组应该得到一致的报表数据。这不能反映现实中会计估计和会计判断等所具有的不确定性。③会计与企业的管理无关，只面对历史的、单一的静态期间。

不少学生感受到这样一种困惑：既然会计课程中提出会计是决策和控制的基础，但在模拟实验中为何只是对历史交易进行做账制表，而与企业的管理决策等内容没有一点关系呢？④会计工作中合理分工很重要，但相互协作的重要性就没那么高。目前会计模拟实验所强化的似乎是如何在会计小组中分权和划清责任，对于如何与人交流、如何进行团队合作则强调不够。

由此可见，这类会计模拟实验的设计思想已经不符合管理信息化的要求，需要进行改革和创新。如果把这种课程设计思想与会计核算软件开发思想相类比，还属于模拟手工会计核算为中心的思维模式。而我们知道，这种软件开发思想早在 20 世纪 90 年代就被淘汰了，如今软件开发以一体化的企业级软件为主导，即 ERP 软件。那么，我们会计实验教学的设计思想也应该进行变革，从 ERP 这个更高的角度、更全局的视角去培养学生的会计实战能力。

ERP 沙盘模拟是角色扮演模拟（Role-playing game，or Simulation）的一种表现形式。我们可以把角色扮演模拟定义为这样一种现代教育培训方法：它通过适当抽象，以简化形式模拟出现实中多变、竞争的环境，使学生分组并扮演实践中的角色进行操作。它融合了案例教学、侧重学生交流能力（写作、口头表达等）的教学和学生分组互助学习（Cooperative Learning）等现代教学方法的优点，能够充分调动学生的学习兴趣，并培养学生多方面的能力和综合素质。ERP 沙盘模拟则是对企业内外部的环境进行抽象和简化，用沙盘的形式表现企业整体资源的配置情况，然后让学生扮演企业管理者的角色在动态的竞争中运作企业，使学生充分理解各自独立的决策与企业 ERP 的关系。

ERP 沙盘模拟在西方国家得到了大量的研究和应用，并且在三个方面取得了显著的成果：一是高等教育，二是职业培训，三是学术研究（应用实验研究方法对参与游戏者的行为进行研究）。以高等教育为例，James E. Rbele 等（1998）总结了 1991—1997 年西方的会计教育研究的文献，发现很多学者在研究开发角色扮演模拟游戏来提高教学效果，并且形成了一个完整的体系。会计课程按其性质可以分为基础课程、中级课程和高级课程三个层次，不同层次的课程具有不同特点，所适用的角色扮演游戏侧重点也不同。ERP 沙盘模拟思想在我国的应用还处于起步和推广阶段，目前在少数领域引进了西方比较成熟的沙盘模拟模型。

1. 职业培训中引进了沙盘模拟游戏

从中国各大职业培训公司的网站上可以发现，来自西方的沙盘模拟游戏涉及了营销（如 Livon 行销战沙盘模拟）、财务（如 Apples & Oranges 沙盘模拟）、人力资源（如 Tango 人才争霸战）等系列课程。以 Apples & Oranges 沙盘模拟为例，4~6 人的学习小组接手一个业绩平庸的公司，决策安排公司的采购、投入、生产和销售全过程，在其中要编制并充分了解和应用企业财务报表数据，在竞争的环境中（组与组之间），整合财务工具、经营管理和团结协作等全局观念，争取使公司发展起来。这些沙盘模拟课程都是在 ERP 全局计划管理下理解各专项管理与企业运作的关系，都属于 ERP 沙盘模拟。

2. 国际企业管理挑战赛

把有名的国际企业管理挑战赛引入中国，并从中国赛区优胜者中选队参加国际比赛。这个网上模拟企业运作游戏得到了中国很多高校和企业的关注，每年的比赛都很激烈。它通过管理报告和付费的额外信息报告向参赛队伍提供环境和公司信息，参赛队伍在分析后作出下一个季度的所有决策，包括采购、人力资源、生产、营销等，然后所有参赛队伍的决策被收集汇总并由计算机进行分析，拟合出竞争后的结果，再通过管理报告进行反馈。经过多期间运作，最终由模拟公司的股票价格决出优胜者。这也是一种 ERP 沙盘模拟。

3. 用友公司 ERP 沙盘模拟培训课程

用友公司是中国 ERP 管理软件供应商中的佼佼者，其培训潜在客户的思想也比较超前。目前用友公司与全国一百多所高校进行合作，建立以用友 ERP-U8 软件为基础的 ERP 实验室，同时也向高校输出 ERP 沙盘模拟培训和竞赛。

第七节 四阶段教学法

德国著名教育家赫尔巴特依据兴趣的四个阶段（注意、期望、要求、行动）提出了极为著名的"四段教学法"。

一、四阶段教学法的定义

赫尔巴特以心理学为基础，通过研究发现，学生在接受新事物时，总有一条明显的思维主线，即"明了—联想—系统—方法"。因此在教学中必须引起学生的注意和兴趣，同时必须让学生在原有观念的基础上掌握新的观念。教师运用叙述教学法、分析教学法和综合教学法等各种教学方法，使学生通过专心达到"明了"与"联想"，通过审思达到"系统"和"方法"，这就是著名的"四段教学法"。

1. 明了

"明了"（Clearness）是了解新出现的个别事物，它相当于出现某种新"问题"。这是教学过程的第一步，由教师讲授新教材。为了使学生真正明了个别事物，教学速度必须放慢一些并尽量将教学内容分解为小步骤。要求教师在讲解时应尽量明了、准确、详细，并和意识中相关的观念（已掌握的知识）进行比较。教师主要采用提示教学，也可辅之以演示，包括实物挂图等直观教学方式帮助学生明了新观念、掌握新教材。学生这一阶段的心理状态是静止的专心活动，其主要表现为注意，注意教师对新教材的提示，集中精神对新的概念、教材进行钻研，努力明了新概念。

2. 联想

"联想"（Association）是将新出现的个别事物与经验观念中的原有事物联系起来考虑，初步形成新旧事物之间的某种暂时的"关系"，它相当于针对新问题而初步提出的某种"假设"。赫尔巴特将这种从明了到联想的心理活动称为"专心"。学生此时的心理状态是动态的专心活动，这种钻研活动可使学生新掌握的观念、教材与以往已有的观念之间产生联系。由于新知识与原有知识间的联系在开始时尚不清晰，处于一种模糊状态，心理表现为期待，希望知道新旧观念联系起来所得的结果。教师应采用分析教学，和学生进行无拘束的自由谈话，引起统觉过程，使新旧知识产生联合。

3. 系统

赫尔巴特讲的"系统"（System）是针对初步形成的新旧事物联系（假设）作进一步检查，使新旧事物处于恰当的位置。经过"联想"阶段后，学生的新旧观念、新旧知识已经产生了联系，但还不系统，需要一种静止的审思活动。学生应在教师指导下，在新旧观念联系的基础上进行深入的思考和理解，并寻求结论、规律。学生心理状态是静止的审思活动，心理上的特征是探究。教师可采用综合教学，通过新旧教材对比联系，将知识形成概念、定义、定理。

4. 方法

"方法"（Method）是通过重复推广应用，进一步验证原来假想的关系。赫尔巴特讲的"方法"即"应用"（或练习），如作业、写作与改错。让学生在类似的情境中获得对新知识的理解、提升、抽象，因为这里可以表明学生是否已正确把握主要思想，能否应用它们。学生对观念体系的进一步深思，其心理状态表现为一种动态的审思活动。学生会产生把系统知识应用于实际的要求，其心理特征是行动。教师可采用练习法，指导学生通过练习、作业等方式将所领会的教材应用于实际，培养学生逻辑思维的技能。

二、四段教学法中各个阶段特征关系

四阶段教学法中各个阶段的特征及相互关系可以概括为表5–1。

表5–1 四阶段教学法各阶段对比表

阶段/特征	明了	系统	联想	方法
观念活动	静止状态的专心	活动状态的专心	静止状态的审思	活动状态的审思
教学方法	提示教学/分析教学	综合教学	更高形式的综合教学	练习
兴趣特点	注意	期望	要求	行动

三、四阶段教学法应用的注意事项

1. 掌握教学对象的情况

要对所教学生的学习、生活情况有一些粗略的了解，如学生的动手能力怎样，班级中相对的"差生"情况是什么样的，等等。做好这一部分的准备，将很有利于教师在整个教学过程中掌握主动权，处于有利的地位，"知己知彼"才能有效地在教学中因材施教、因人施教。对于实习设备性能的了解以及充足的理论知识的准备等也都是至关重要的，如果

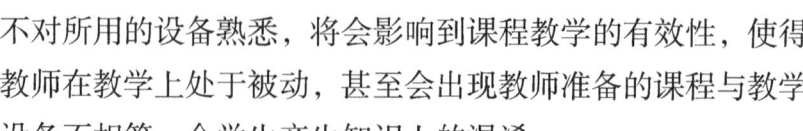

不对所用的设备熟悉，将会影响到课程教学的有效性，使得教师在教学上处于被动，甚至会出现教师准备的课程与教学设备不相符，令学生产生知识上的混淆。

2. 四阶段教学法在不同阶段的侧重点是不同的

在四阶段教学法的教学过程中，第一、第二阶段以教师为主，第三、第四阶段以学生为主，最终目的是完成已确定的教学目标，教学目标的制定强调技能目标的达到，并要注重合作意识和安全意识的提高。

3. 教师主要采用提示型的教学样式讲授教学内容

学生学习的活动更多的是接纳性的，主要通过倾听、观察、模仿、练习等形式进行，学生可以有计划、有目的地感知对象，更好地掌握知识和能力。同时，教师操作的熟练、准确程度不仅保证了学生在稍后模仿的正确性，而且从教师本身树立形象、建立威信这一角度来说，也是很有帮助的。教师要在示范操作的同时，辅以生动的讲授说明，让学生明确这是在做什么、怎样做、为什么要这样做，这样能充分调动学生的学习情绪，达到眼、耳、脑并用。教师在进行分段、分步骤示范时，等于是给学生进一步剖析了操作规程，这时要注意突出重点，并可根据教师的实践经验将常会出现的错误给予指出。随着教学环节的延展，也采用评价、教学对话等共同解决型的教学样式。

4. 教师应根据教学内容的具体情况选择恰当的教学组织方法

教师可以根据该单元操作步骤的难易及复杂程度，采用学生独立模仿和先分组观摩，后独立模仿操作（小组讨论式）两种教学组织方法。学生独立模仿操作这种教学组织方式，其应用对象是操作步骤相对单一的，注重提高熟练程度。

5. 每一阶段教学结束后应考查学生学习情况并及时给予反馈

完成某一阶段课题教学时，教师根据课题要求布置习题让学生去独立完成，而教师在旁指导监督、观察完成习题的整个过程，认可学生练习的结果，及时地纠正出现的错误。由于实训操作结果有其时效性，因此，教师最好能对学生在练习中的对错当场作出反馈，以巩固学习成效。

四、四阶段教学法适用范围

教学是整个教学过程中重要的一个环节，其任务就是通过实习使学生巩固、加深、补充理论课所学到的知识，从而掌握必要的职业技能，是培养合格人才的有效保证。学生在实习、实训学习过程中一般会有以下几个阶段。

①观察，即无意识的学习阶段。

②尝试，学生通过尝试，认识正确的方法，消除错误的因素。

③模仿，或叫作机械的学习，这一阶段学生能够学习某一整体的各部分，但还不了解相互间的关系，容易忘记。

④练习，通常是完成教师布置的任务，通过练习，使学生掌握操作技巧，动作过程趋于成熟。

⑤领会和理解，在这一阶段，学生对知识有了全面领会理解和消化，学生把现在所掌握的知识与过去的知识统一起来，形成比较，产生联想。

⑥形成认识，学生学会独立解决问题的方法。

基于以上一些学习过程和特点，在专业实习教学中都可以采用四阶段教学方法。

五、四阶段教学法的作用

四阶段教学法是实践教学法中最典型的一种，该教学方

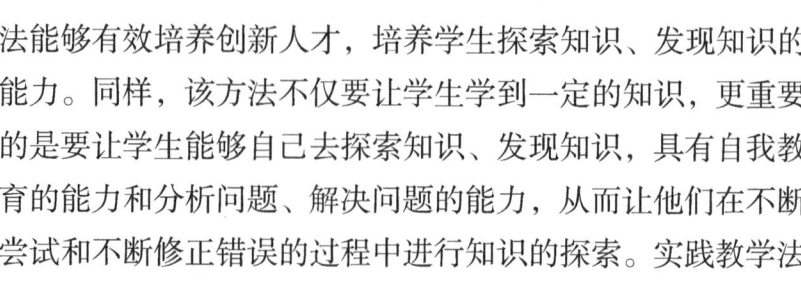

法能够有效培养创新人才，培养学生探索知识、发现知识的能力。同样，该方法不仅要让学生学到一定的知识，更重要的是要让学生能够自己去探索知识、发现知识，具有自我教育的能力和分析问题、解决问题的能力，从而让他们在不断尝试和不断修正错误的过程中进行知识的探索。实践教学法是培养学生的基本技能、实践能力、技术应用能力、创新能力的重要途径，最能体现人才培养的应用型特色。

1. 有利于理论与实践紧密结合

实践教学与理论教学有着不可分割的紧密联系，它对全面提高学生的综合素质，培养学生的实践能力有着理论教学无法替代的作用。实践教学增强了学生的感性认识，拓宽了学生将所学的理论知识与实际相结合的学习途径，既动手又动脑，是学习的能动过程。通过实践教学使学生更直观地了解所学的理论知识，引发学生的创新能力，因为实践是科学的基础，是科学发展的动力源泉，是解决学生学习兴趣低下、知识面窄，以及其发现、分析与解决问题和动手操作能力弱的关键。在教学过程中应积极引导学生参加实践活动，把学习到的理论知识与参加各种实践有机结合起来。这样，学生掌握的知识和技能才比较完善和全面，才能把所学知识转化为各种能力。

2. 有利于加快知识经验的转换

学生在课堂教学中不断接受知识、积累经验。但是这种知识和经验往往是平面的、抽象的，难以内化为学生独特的知识和经验结构。这就需要在认识主体与认识客体之间建立一个通道，这个通道就是实践。通过这个通道，认识主体就能够比较快地进入到认识对象之中。通过采用实践教学法，从物境到情境再到意境，有所感悟。也就是说，实践教学法打破了学习中机械孤立的学习状态，促使学生在解决问题时能综合运用已有的知识和经验，从而获得新的结果和感受。

3. 有利于优化教学体系

传统的教育体系是以理论教学为主，培养的学生实践能力不强，中高等院校应以培养专业技术人才为目标，实现由学科型向实践型转变。在教育教学中要突出技能和技术，在教学实践中要着重实践能力的培养，要突出知识与能力的协调发展。首先，要重视学习和研究，根据专业学科特点设计实践教学方案，积极认真思考，从基础实践—专业实践—社会实践，逐步完善教学体系，总结出行之有效的实践教学模式。其次，学校应围绕市场人才需求培养目标，将理论知识、实践能力和综合素质紧密结合，在教学体系中应设置实验、技术实习、毕业实习、生产实习、社会调研等主要实践方式，有助于学生更好地适应社会的需求。

4. 有利于创新型人才的培养

提高教育质量最根本的在于提高人才培养质量，提高人才培养质量核心在于提高人才能力和素质，其中首要的在于动手实践能力和创新能力，而提高动手实践能力和创新能力的核心点在于实践教学环节。实践教学法给了学生更多机会发展自己的能力，学生的主动精神与创造潜能更容易被激发出来。实践教学法对提高学生的综合素质、培养学生的创新精神和实践能力具有特殊作用。在实践中容易遇到一些预想不到的问题，这就需要寻找新方法，来解决新问题，学生在不断发现问题、解决问题的过程中，不仅提高了自身分析问题、解决问题的能力，也使得自身创新意识和创新能力不断得到提高。与此同时，还能培养学生严谨的学习态度、一丝不苟的工作作风、相互合作的团队精神，形成良好的个人素质和品格，进而使学生的综合素质得到全面提高。

5. 有利于提高教师的综合素质

通过实践教学法培养和提高学生独立思考能力、实操能力和创新能力，仍是一个相对崭新的课题。它不仅要在选题上具有代表性、新颖性和可实现性，而且要求教师能够指导和驾驭整个实践过程，能够回答学生在实践中遇到的各种各样的问题。这无疑对教师的知识面、实操能力、组织能力等都提出了更高的要求。作为一名合格的实践指导教师，不仅要具备丰富的专业理论知识，同时，还要具有丰富的实践经验和娴熟的操作技能；不仅要指导学生把已学的专业理论知识运用到实践中，同时，还要指导学生总结、归纳实践操作的技巧，并进一步指导理论学习。所以教师只有不断扩充知识面、逐步缩小理论与实践差距，提升组织、协调、管理等能力，才能满足实践教学法的需要。

实践教学法不仅是社会发展的需要，同时也是人才培养的需要。它不仅能让学生在实践活动中体验学习的乐趣，激发学生学习积极性，也能让学生在实践活动中通过不断发现问题、解决问题来提高自身的创新意识。虽然我国目前的实践教学还处于发展阶段，但伴随着国家对实践教学的不断重视、经费投入力度的不断加大以及教学观念逐渐由理论教学向实践教学的转变，实践教学一定能在广阔的教学领域发挥巨大的作用。

六、财务管理专业中应用四阶段教学法应注意的事项

四阶段教学法是财务管理专业学生实践能力培养质量得以保证的重要方式。不同的教学组织形式和教学方式对财务管理专业学生实践能力的培养将产生截然不同的效果。以往的接受式实践教学法忽略了学生的主体地位，忽视了学生的个性需求，教学中教师与学生之间缺乏互动和沟通，学生难以积极主动地参与教学活动，而往往成为知识被动地接受者和机械的应用者。所以，在财务管理专业中应用实践教学法应注意以下事项。

1. 贯彻"学生为主体，教师为主导"的教育理念

目前，大多数实践教学，更注重实践环境的改善，实践教学方法仍采用传统的、封闭式的教学模式。财务管理专业实践教学应该是开放的、共融的，教师和学生要把能力培养作为学习团队内所有成员达成的共识。教师的作用在于促进学生间的讨论，鼓励学生充分思考，转变传统的"满堂灌"教学模式，增强学生的参与意识，让学生以主体的身份参与教学过程，启迪学生，提高财务管理专业实践教学的针对性、吸引力和感染力，从而更好地激发学生的学习兴趣和热情，使学生主动地投身实践学习，锻炼自身的动手操作能力。

2. 注重学生创新能力的培养

实践是创新的基础，所以摆在高校面前的一个重要任务是尽可能为更多学生提供一个更具综合性和创造性的实践环境，以便使每个学生在学习中都能接受多个实践环节的培养，这不仅能使学生掌握扎实的基本知识与技能，而且有助于提高学生的创新能力。高等院校应着眼于市场人才需求和职业岗位需要，坚持知识、能力和素质均衡发展，注重能力培养，着力提高学生的学习能力、实践能力和创新能力。要坚持以职业需求为导向，深化教学改革，构建适应市场经济社会发展需要的人才培养体系。在培养学生具有良好实践能力和创新精神方面，应从学生身心发展为出发点，有针对性地制定相关措施和培养计划。在安排教学任务书时，要把握好理论课和实践课的比例关系，以加强实践为重点，认真研

究，使理论课与实践课的课时比例达到科学的比值。首先，要鼓励教师积极探索对教学内容和方法的改革，循序渐进地指导学生用课堂理论来分析解决实际问题，启发学生对实际问题的思考，培养学生解决问题的实际能力和创造精神。其次，应完善实践教学管理方法，创新实践教学机制，加强对实践教学的投入。要对教师的教学实践和科研实践进一步提出要求。

3. 科学安排财务管理专业实践时间和内容，提高学生理解财务管理专业知识的能力

在财务管理专业实践的时间和内容上要统筹规划、合理安排。教学内容是决定选择何种教学方法的重要依据，而教学方法又是教学内容的桥梁和载体。通过研究式教学、讨论式教学、引导式教学、启发式教学等多种实践教学法的改革，使教学内容产生更好的效果，激发学生的学习兴趣和热情，实现教师与学生之间的双向良性互动，不断增强学生的财务管理创新意识和实践能力。课题布置要有目的性，题目宜小而不宜大、宜广而不宜狭、宜普及而不宜专业、宜联想而不宜单一。要有适当难度，各次实践之间要有一定梯度，根据财务管理专业需要选择切实可行的内容。避免学生因不能理解所提供的材料，而走向死记硬背的道路。课题如果太难、太多、太杂的话，学生的实习就会变成走马观花式的走过场，蜻蜓点水式的混时间，达不到教学目的，浪费学生的宝贵时间。

在财务管理专业实践教学过程中，教师的指导作用是十分重要的，不应忽视。在实训环境中，学生所学的知识和应用之间可能会产生矛盾。教师应当充分利用这些矛盾，提出问题或者对这些矛盾加以点拨，促使学生积极思考，让学生

思索知识和实践之间的相互作用关系，再将认识发展上升到更高的层次，完成理论—实践—理论的升华。在财务管理专业实践过程中，着重引导学生将所学的知识和技能运用到实践当中，解决事件过程中遇到的各种问题。要多用启发式教学方法，不要对学生的操作过多干涉，应注重最后的实践结果及对结果的讨论。

4. 积极构建"校企融合"的实践教学环境

加强学校和企业的合作，构建"校企融合"的实践教学环境，并注重校企融合的多样性。如：英国的企业—学校—企业的理论实践交替模式，美国的半工半读模式，或者也可以是在各学年先进行学校理论学习，再到企业进行为期一年的实践锻炼形式等。将这样多样化的实践教学模式引入高校实践教学中来，不仅加强了对学生的实践锻炼和多样化的联合培养，而且能够保障学生的实践的时间，使他们学习的理论知识得以消化提升，让他们深刻体会企业的文化、生活的艰辛，然后回归学校完成最后的理论提升。这一过程有助于理论的深化、学习动力的激发。

按毕业生就业的企业类型和财务管理工作的内容，有针对性地建设校外实训基地也是校企融合的一种。建设校外实践基地的关键是通过双赢的合作机制使企事业单位自主参与进来，建立互惠互利的合作关系。一方面，高校可以为企业提供技术服务，解决技术难题，进行员工培训。另一方面，企业可以为学生提供真实的实践岗位进行专业训练和生产实习。财务管理专业建立的校外实训基地有两类，一类是教学合作型，另一类是顶岗实习型。教学合作型基地是为完成财务管理专业课程教学任务而建立，这类基地要求：一是校企紧密合作；二是具有经验丰富、水平较高的兼职教师；三是能满足课程认知实习、岗位实习和综合调研。顶岗实习型基地是为完成学生毕业实习和就业而建立，这类基地要求：一是有岗位需求；二是有以前毕业生在企业或部门当领导。对校外实践基地要规定工作任务，健全规章制度，提出预期目标，并对实践教学活动作出合理评价。专业实习是学生在校期间随具体课程进行的专业实践，通过学生到具体的社会组织、单位顶岗考察和锻炼，可以对生产流程、企业管理形式、营销模式、财务管理环节等产生丰富的感性认识，获取企事业单位管理工作的概貌，提高大学生应用专业知识认识和解决企事业单位实际问题的操作能力，增强他们独当一面的工作能力。毕业实习时，学校应组织学生到校外实习基地全面进行实习实践，使他们把整个学习阶段学习的知识、技能运用于各项活动中去，为就业创造有利条件。通过营造"教学合作型"和"顶岗实习型"校外实训基地，出色地完成财务管理专业实践教学的任务。

5. 构建科学合理的财务管理专业实践教学考核评价体系

考核评价是教学过程中的一个重要环节。一方面，通过各种考核手段，可以全面了解学生对于专业知识的掌握情况；另一方面，考评是对教师的授课水平及授课有效性的检查。实践教学的考评比课堂教学成绩的评定复杂得多，实践教学成绩的评定是一个多因素、多目标的综合评定过程，是一个以量化指标判定一系列边界模糊内容的考核体系。因此，在财务管理专业应用实践教学法，必须构建科学合理的实践教学考核评价体系。实践教学考核评价体系应体现综合能力的培养，学校需要深入用人单位进行调研，根据财务管理专业的特点，建立客观、全面的实践教学考核评价体系。实践教学考核评价体系的构建应遵循以下原则。

①整体性原则。财务管理专业实践教学考核评价体系的建立及完善应以整体性为原则，系统全面地结合影响实践教学质量的各个环节，对各个要素进行有效控制，以实现理论教学和实践教学的有机统一。

②科学性原则。财务管理专业实践教学考核评价体系的构建及完善应与人才培养目标一致。其考核指标应根据财务管理专业特点进行细化分解，不能简单地以每门课程建立独立的考核标准，而应综合考虑人才培养计划和教学标准，分解和建立相应的教学单元。

③交互性原则。实践教学强调，通过教师的指导，学生应自主归纳、汇总和完成实践课程内容，并从实践过程中完善各方面的素质，培养各项能力，在这个过程中应体现"教"与"学"两方面的内容。

构建财务管理专业实践教学考核评价体系能提高整体教学质量，也能促进教学改革的不断发展。财务管理专业高职人才的实践教学，应结合高职人才培养的目标，根据具体的实践教学情况，建立一个考核内容科学化、考核方法多样化、评价指标多元化的考核评价体制。坚持以学生为本，尽可能全面提高学生的实践能力、创新能力和综合能力。

6．加强教师实践能力培养，提高教师实践教学水平

在人们眼中，教师应该是知识的化身。学生也在听其言观其行的体察中加以判断，看是否应亲其师而信其道。我们常说：要想给学生一碗水，自己就应该有一桶水。每一位教师都应通过不断的学习来充实自己、更新自己。特别是在"实践教学"上，要向书本学习，向生产一线的人员和技术人员学习，不断地充实完善自己。

第六章　财务管理专业教学方法案例

　　诸多教学方法不是孤立存在的，相互之间有着千丝万缕的联系。如何合理地运用这些方法以获取最佳的学习效果呢？最简单的回答是"运用教学方法需要根据不同的教学内容和教学要求，进行科学合理的选择与优势组合，而不是简单叠加"。下面主要介绍几个典型的教学方法运用案例。

第一节　情境教学法案例

　　财务管理的课程都是集抽象性、专业性、实用性和操作性为一体的课程，学习兴趣是推动学生探求知识和获取能力的强劲动力。"兴趣是最好的老师"，因此一堂课成功与否，关键在于教师能否有效激发学生的学习兴趣。教学实践表明，情境教学法不失为激发学生学习兴趣的一种行之有效的方法，是实现教学效益最大化的重要途径之一。现以"坏账准备计提及账务处理"为例，说明情境教学法在财务管理专业教学中的应用，如表6-1、表6-2所示。

　　在财务管理的教学课堂上，适时地借助情境教学，进行一系列与财务管理的职业有关的活动，可以使学生尽快进入角色，让学生感受到自身价值的不断提高。

表6-1 情境教学法教学方案

课题名称	坏账准备计提及账务处理		学时	1课时
教学目标	知识目标	掌握坏账准备计提及账务处理		
教学内容	教学重点	坏账准备金的计提 坏账的发生及坏账转销及收回的账务处理		
	教学难点	期末坏账准备金计提额的计算		
教学方法	情境教学法			

表6-2 情境教学法教学过程设计

教学阶段	教学内容	教学实施	设计意图
复习导入	旧课复习 复习"坏账准备"账户 回顾"备抵法"的概念及内涵	列示"T"型账 点评学生作答的情况	温故而知新 分析问题，排除错误，真正解决问题
新课呈现	一、概述余额 百分比法的概念提取比例（略） 二、坏账准备的计算 1.当坏账准备账户无期初余额，本期没有发生坏账时 情境问题一： 天鸿公司本年有应收账款发生，但没有坏账发生，问：需要计提"坏账准备"吗？ 例题：天鸿公司2019年年末应收账款余额为100万元，计提比例为3‰，则年末坏账准备的提取额是多少？ 同步练习1： 飞越公司2018年年末应收账款余额为120万元，坏账准备账户无期初余额，按5‰计提2013年坏账准备金 2.当坏账准备账户有期初余额，本期发生坏账损失或转销的坏账收回后重补提时 情境问题二： 如果有期初余额，实际计提额应如何计算？ 例题：天鸿公司2019年8月发生坏账2000元，年末应收账款余额为80万元，计提比例为3‰，则年末坏账准备的提取额是多少？ 同步练习2： 飞越公司2019年8月发生坏账损失2000元，年末应收账款余额是100万元，按5‰计提2014年坏账准备金	利用幻灯片资料创设情境：天鸿公司资金链出现问题，资金周转困难，于是，加紧了往来欠款的追收。在追讨欠款过程中，出现了许多不同状况，引起了各方人员的深入思考。 1.利用幻灯片创设情境问题一 （1）利用黑板列示"T"型账、计算过程、账务处理，引导学生注意观察，推导出计算公式 （2）学生思考后回答按年末应收账款的一定比例，计算多少提取多少？ 2.认真听讲，积极思考，仔细观察 3.利用幻灯片创设情境问题二 （1）黑板列示"T"型账、计算过程、相关账务处理。师生共同完成例题并推导出公式 （2）学生相互讨论，完成练习。基础相对较弱的学生将练习2作为思考题 4.重点讲解如何计算计提前余额、应计提额，同时引导学生注意观察期末坏账准备余额 5.引导学生推导计算公式 6.利用幻灯片列示同步练习2	1.从易到难组织教学。使学生进一步明确"坏账准备"计提是为了预防风险。循序渐进地安排教学，逐层剖析，利于学生全面掌握 2.逐步加深教学内容，以培养学生的逻辑思维能力，为下节课内容的学习打好基础 3.练习的分层设计，符合学生思维的递进性，并能使他们有一定的成就感。同步练习，检测学生的掌握情况，及时调控 4.知识的延伸，利于学生思维能力的培养
当堂思考	接同步练习2：飞越公司2019年9月发生坏账损失1000元，同年11月以前转销的坏账又收回800元，年末应收账款余额是110万元，按5‰计提2019年坏账准备金	幻灯片列示思考题内容	为下节课学习打下基础
效果评价	通过课堂巡视，检查学生同步练习完成情况，对普遍存在的问题重点讲解，讲练结合，达到较好的教学效果。通过创设问题情境，增强学生感性认识，激发学生学习动力		
教学反思	在本节课教学过程中，借助于多媒体演示和学生的积极参与，大大提高了学生的学习兴趣及课堂效率，通过创设情境，以问题的形式呈现，引发学生主动思考，充分体现了以学生为主体的教学理念，让学生身处情境，感知学习的乐趣，进一步增强学生学习的信心		

第二节　案例教学法案例

案例教学法通过学生主动参与，积极讨论，有针对性地运用理论去解决问题，从而加深对理论知识的理解，是通过"做中学"获得自己理解并能驾驭的知识，以便日后在工作中解决实际问题。现以财务管理课程中的"库存现金的管理"为例说明案例教学法的应用。

佳美商场对其现金的管理采取下列处理程序。

（1）商场内的现金由4位柜台小姐操作两台收银机收存。

（2）为了保险起见，每台收银机内的钱数只要超过4000元，就要放入财务科办公室内未上锁的抽屉中，直到当天下午存入银行为止。

（3）每日下午工作结束后，由会计人员清点抽屉中的现金并存入银行，清点后发现现金长款100元，未作处理。

（4）商场内所有的支出由财务经理一人审核，并由财务经理签发支票。

（5）每月由会计人员编制银行存款余额调节表。

（6）每天由会计人员登记库存现金日记账。当天现金收入2000元未入账，直接用于现金支出。

请对佳美商场现金管理的程序进行审核，找出其在内部控制制度方面的缺陷，并提出建议。

表6-3、表6-4是一个以库存现金管理为主题设计的案例教学法的教学方案。

表6-3　案例教学法教学方案

课程名称		库存现金的管理	学时：1学时
教学对象		财务管理专业XX班	类型：新授
教学目标	知识目标	1.库存现金概念及管理和控制原则 2.库存现金的开支范围，库存现金限额，库存现金管理的内部控制	
	技能目标	学会将理论知识运用到实际工作中，发现问题并处理问题。通过学习现金的管理，进一步提高现金长短款及现金记账登记的业务操作能力	
	德育目标	1.培养学生严谨细致的职业素养和认真负责的工作态度 2.培养遵纪守法意识，增强职业道德观	
教学内容	教学重点	库存现金管理的内部控制	
	教学难点	库存现金管理的其他规定	
教学方法		案例教学法、实物展示法等	
教学准备		把提前设置好的案例发给学生，学生认真阅读为课堂做准备，学生分成5组，选出组长做好记录	

表6-4　案例教学活动流程设计

教学阶段与内容	学生活动	教师活动
第一阶段：准备阶段 教师一定要精心选择和设计案例，使其有针对性、代表性	1.了解会计案例中的议题 2.采取列条式、连续提问式概括地描述出此案例应讨论的问题及方向 3.课前将这些案例分给学生	1.要求学生认真阅读案例 2.做好充分准备，在发言中讨论
第二阶段：计划阶段	将学生分为5个小组进行讨论，其中一个人担任组长（负责记录讨论结果）	
第三阶段：案例教学法的实施（讨论阶段） 本节课在多媒体教室中进行，利用生动形象、具体直观的声像手段呈现给学生。教师是整个教学的主导者，掌握着教学进程，组织讨论	1.教师简要说明案例并提出问题：假定由你对佳美商场的库存现金交易处理程序进行审核，你认为库存现金的内部控制制度有何缺点，并提出建议 2.教师根据实际情况引导学生从多角度进行讨论	学生积极思考，主动发言，由组长做好记录
第四阶段：总结评价，提高学习水平 先由学生进行总结，教师再补充，并指出讨论的成功与不足之处	教师运用多种方式、阅读和分析案例的能力、知识迁移能力进行总结，帮助学生形成完整的认知体系	每个小组派一名代表进行总结，通过讨论和总结，学生查缺补漏，自我改进，写出案例分析报告，对自己在案例阅读、分析、讨论中有哪些收获，解决了哪些问题，还有哪些问题尚待解释等进行反思、总结，并通过反思进一步加深对案例的认识

案例教学法教学方案的具体做法如下。

（1）提前发给学生案例，要求学生认真阅读。

（2）在多媒体教室中进行，利用生动形象、具体直观的声像手段呈现给学生。分成5组，每组6个人进行讨论，选一名作为组长，做好记录。学生进行讨论，教师巡查了解各组情况，引导学生分析。

（3）在小组讨论完之后，教师应留出一段时间让学生自己进行思考和总结，教师再进行补充、归纳和总结，恰如其分地评价，指出优点，分析失误。最后，学生写出案例分析报告。

案例中存在的几点问题。

（1）收银机应由专人操作，不应由4人操作两台。4位柜台小组操作两台收银机收款，发生错误时，难以分清责任。在现有情况下，收银员交接收银机时应仔细清点机内现金，以分清责任。

（2）收入现金不应随意放置，应由专人负责接收。

（3）会计人员不应管理现金，此项工作应由出纳经手。现金长款应做现金溢余的账务处理。会计分录如下：

借：库存现金 100

　　贷：待处理财产损益——待处理流动资产损益 100

（4）财务经理不可一人既审核又签发支票，两项工作应分工。

（5）会计人员不应编制现金日记账，应由出纳人员编制，应日清日结。

（6）现金"坐支"行为不对，不能从现金收入中直接用于现金支出。

第三节　角色扮演教学法案例

在实际教学中，角色扮演法经常通过课本剧等形式表现出来。这种教学方法随着课程改革的不断推进，越来越多地被运用于财务管理专业各科目的日常教学。

一、教学方案设计

角色扮演教学法是用演出的方法组织开展教学活动，可采用小品、短剧或实际模拟等形式，把科学性、知识性与趣味性巧妙地结合起来。开展教学之前，教师首先需要进行教学设计。

第一步：明确演出所要诠释的知识内容；确定或引出要通过角色扮演所要解决的问题，使问题明确、具体。分解知识点，做到条理清晰明确。

第二步：挑选角色扮演者，分配扮演者的任务（同教学设计中的第二步的角色与任务分配）。

第三步：创设场景，明确扮演者的行动路线。

第四步：安排观众所要完成的任务。不参加表演的学生，是重要的观众，观众要带着问题，用审视的眼光去观察、去体会、去学习、去掌握，最终找到答案，解决问题。当然，还可以就表演的整个过程进行评价。

第五步：表演过程。台词、动作、表情表演者随意发挥，越随便越自然越好。

第六步：分析与评价。扮演结束后，扮演者可以讲讲表演的体会（如成就感、责任感等）；观众可以说说观看的体会，也可以就扮演者以及故事和知识的呈现表达自己的想法；教师就整个过程作合理的点评，特别注意知识点的诠释和对学生们的鼓励。

第七步：课堂小结。主要阐述通过本节课学生应掌握的基本专业知识，激励培养学生的实际应用能力、交际能力和语言表达能力，培养学生耐心细致的工作作风，树立学生在工作中的责任意识。同时要注意发现问题，提出新的任务和假设。

承德食品有限公司（以下简称食品公司）是承德市平泉市的一家食品加工企业，采购部业务员刘江龙到承德避暑山庄企业集团酒业有限公司（以下简称山庄集团）销售部采购白酒。山庄集团是河北省一家著名的酒业生产企业。

表6-5、表6-6是一个以转账支票填写为主题设计的角色扮演教学法的教学方案。

表6-5　角色扮演教学法教学方案

授课对象	财务管理专业XX班		授课日期	XX年XX月XX日
教学内容	转账支票的填制		计划课时	1课时
教学目标	知识目标	1.正确理解财务工作是一个工作"流程" 2.转账支票的填写要求及使用方法		
	能力目标	1.能够准确规范填写转账支票的能力 2.熟练处理转账支票相关业务的能力		
	情感目标	1.培养学生耐心细致的工作作风 2.强化学生在工作中的责任意识		
教学重点与难点	重点	转账支票的填写方法、相关印章的使用要求		
	难点	对转账支票的使用过程的理解和把握		
教学方法	角色扮演教学法			
教学资源	企业财务会计教材、桌椅、扮演者需佩戴的胸牌、转账支票、进账单、收据、记账凭证、财务主管名章、财务专用章、个人名章、商品、银行存款记账、水笔等			

表6-6　角色扮演教学活动流程设计

步骤		教学内容	时间
第一步:确定或引出要通过角色扮演所要解决的问题，使问题明确、具体		教师提出主题：转账支票结算方式，明确学习任务，提出业务背景方案，并动员学生积极参加表演	3分钟
第二步	挑选角色扮演者	1.山庄集团销售部业务员郭向军——A同学扮演 2.山庄集团出纳陈绝秋——B同学扮演 3.山庄集团会计主管牛文艳——C同学扮演 4.山庄集团开户银行（工商银行）业务员韩玉红——D同学扮演 5.食品公司采购部业务员刘江龙——E同学扮演 6.食品公司出纳金旭光——F同学扮演 7.食品公司会计王兰——G同学扮演 8.食品公司开户银行（中国银行）业务员朱海君——H同学扮演	2分钟
	分配扮演者的任务	1.郭向军：成功销售给食品公司一批酒，装车发货 2.刘江龙：前去购酒一批，送转账支票一张 3.牛文艳：盖章，编制记账凭证 4.金旭光：签发转账支票，登记银行存款日记账 5.王兰：编制记账凭证	5分钟
		6.陈艳秋：检验转账支票，开出收据，填写进账单，办理进账，登记银行存款日记账 7.韩玉红：办理收款，进账单盖章退回，传递凭证 8.朱海君：划转款项给收款单位开户银行	5分钟

续表6-6

步　骤	教学内容	时间
第三步：创设场景，明确扮演者的行动路线	在教室放4组桌椅，分别代表收款单位、收款单位开户银行、付款单位、付款单位开户银行。8名扮演者对号入座，将准备好的物品放在桌上备用	3分钟
第四步：安排观众所要完成的任务	观众要带着问题去观看，从表演中找到问题的答案同时观察扮演者做得是否正确，评价表演效果	2分钟
第五步：表演过程	食品公司采购部业务员刘江龙到山庄集团销售部采购白酒，销售部业务员郭向军接待并达成交易，郭向军组织发货，刘江龙将填写完整的转账支票交给山庄集团的出纳陈艳秋，陈艳秋填写进账单到开户银行办理划账，开户银行的业务员韩玉红为其办理业务并划款入账	15分钟
第六步：分析与评价	肯定优点，分析讨论问题与不足并加以评价	5分钟
第七步：课堂小结	通过角色扮演，使学生了解转账支票结算业务流程、更生动地明白了账务支票的填写要求，深刻体会到工作人员的责任与担当	5分钟

本节课的教学设计就是围绕着这一购销业务所涉及的知识点展开的。通过本节课的教学活动，使学生掌握在发生实际经济业务时是如何一步一步地完成核算任务的，在这一业务中，会接触到相关原始凭证、记账凭证、账簿等一系列的会计资料和数据，通过角色扮演法能让学生深刻体会真实的经济业务及流程，并考虑如何恰当地处理，体现出教学的仿真性特点。在这一节课中更突出了学生的实际应用能力，体现了高等教育培养技能型人才的特色。学生在有趣而严谨的课堂氛围中，通过自己的实践活动完成了学习任务，激发了他们的学习热情和主动参与的积极性。

二、角色扮演教学法效果评价

通过角色扮演，可以更容易达到教学目标和教学内容的要求，表演过程若安排得紧凑合理，内容充实，学生们的表演若能栩栩如生，不仅增强了课堂的趣味性，而且在活泼、愉快的气氛中不知不觉就调动了学生的积极性，从而达到使学生快乐学习的目的。

第四节　思维导图教学法案例

一、思维导图教学法教学方案设计

思维导图具有可视性和发散性特点，将思维导图运用于教学之中，将思想和知识图像化的思维导图教学法，可以有效地培养学生的立体思维能力，提高学生的学习效率。表6-7、表6-8是一个以时间序列水平分析为主题设计的思维导图教学法的教学方案。

表6-7　思维导图教学法教学方案

授课对象	财务管理专业XX班	授课日期	XX年XX月XX日
教学内容	时间序列水平分析	计划课时	1课时
教学目标	知识目标	1.利用思维导图掌握时间序列水平分析的四个指标，即发展水平、平均发展水平、增长量、平均增长量；2.与时间序列水平分析相关的计算公式	
	能力目标	1.如何绘制思维导图；2.能将时间序列分析知识体系画成一张思维导图	
	情感目标	1.培养学生的学习兴趣，调动学生的学习积极性，保持学生的学习主动性；2.能帮助学生树立全局观念	
教学重点与难点	重点	如何绘制思维导图	
	难点	用思维导图体现出来的时间序列的水平分析指标体系	
教学方法	思维导图教学法		
教学资源	1.白纸一张；2.彩色图画笔和黑水笔；3.投影仪		

表6-8　思维导图教学活动流程设计

教学步骤	教学内容	时间
第一步：教师布置教学任务	师生共同复习时间序列水平分析的主要内容，让学生体会到本章指标多、公式多，错综复杂，然后引入本节课的学习目标是利用思维导图掌握时间序列水平分析的主要指标	5分钟
第二步：教师介绍思维导图的绘制步骤（展示例子）	1.在纸的中央用一个彩色图像或符号代表本节课知识点的核心"时间序列水平分析指标"，开始画思维导图 2.把写有主题的连线与中央图像连在一起，每条连线又可以分出几条稍细的分支。连线自然弯曲而不是像一条直线，体现思维导图的树形结构 3.每条线上只有一个关键词 4.在整个思维导图中要使用色彩、图像等	5分钟
第三步：学生小组式学习，共同参与	各个小组的学生进行讨论，并将讨论结果利用准备好的A4纸和彩笔等工具画成初步的思维导图。教师负责为学生解答问题，进行个别指导	15分钟

续表6-8

教学步骤	教学内容	时间
第四步：展示成果	各小组展示自己的成果，相互借鉴和学习	5分钟
第五步：完善导图	教师展示教师做的思维导图，学生完善本小组绘制的思维导图	10分钟
第六步：课堂评价	应当包括学生自评、学生间的互评和教师的评价	3分钟
第七步：教师总结	教学内容的总结、概括和提炼	2分钟

二、完善思维导图

根据表6-8的教学方案进行讲解后，由学生以分组形式，对教师提供的思维导图进行完善，图 6-1 是学生完善后的思维导图。

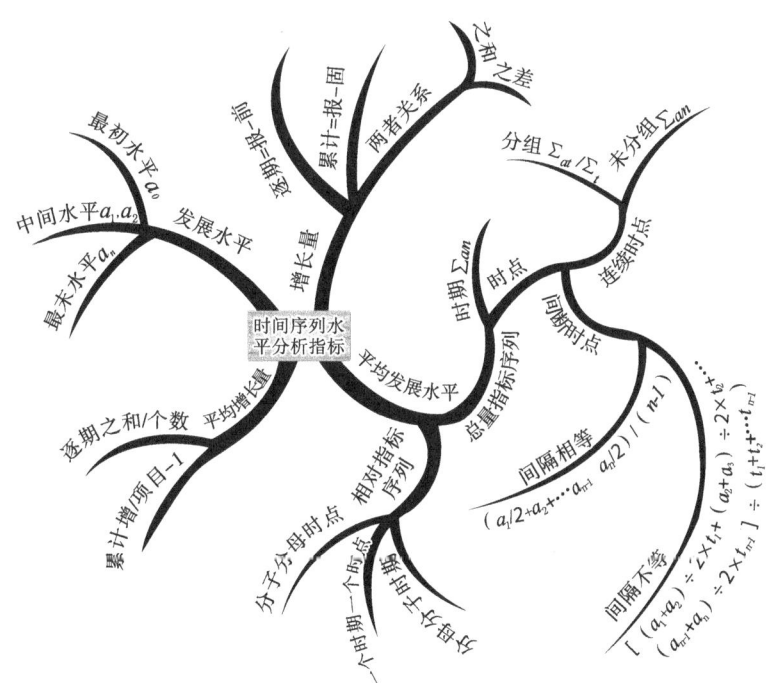

图6-1　学生绘制的思维导图

三、教学评价

学生评价包括学生的自评总结、学生间互评总结及教师点评。

四、采用思维导图教学法应注意的问题

（1）思维导图要求突出重点，清晰明了。每个学生的思维方式不同、知识体系不同、绘制的导图也不相同。所以，为了使导图效果最好，教师要对学生进行正向引导和及时点评。

（2）制作思维导图最重要的原则是运用联想思维、形象思维和直观思维。所以一个思维导图一定是一个既具有逻辑性（归纳、演绎、类比），又具有发散性，能充分体现制作者个性化，围绕关键词展开的概念关系图。教师在指导制作导图的过程中，不要太拘泥于现有的形式，要让学生尽可能开放思维，联想相关知识点。例如，使用各种相关的色彩、图示、符号来加深印象，以形成个人风格的图片。

（3）"思维导图"的训练要注重过程、形式与内容的结合，不能急功近利。在应用过程中，一些学生不愿意运用的原因是嫌麻烦。教师急于让学生成图，结果加大学生负担，适得其反。教师必须根据教学内容对思维导图的应用有不同的要求。如何使思维导图与学科特色和学生个人情况相结合，这是教师首先要思考解决的问题。

（4）运用思维导图教学法教学时，切记：作图不是目的，丰富知识、学会知识才是目标。所以不要在上课时一味地要求学生怎么画图才美观，否则学生就把精力错误地用在了如何画出漂亮的思维导图上了，忽视了学习知识、提高教学效率这一主要目的。

总之，思维导图是一种发掘大脑潜能的强有力的图解工

具。在财务管理专业的教学中运用思维导图软件，可以帮助教师备课，帮助学生树立全局观念，提高教学效率。

第五节　项目教学法案例

项目教学旨在配合理论教学的内容，让学生将所学知识理论联系实际，在实践操作中得以应用。在项目教学中要突出学生学习的主动性，教师只起引导作用，提醒学生在完成项目时应注意的问题，要求学生自己分析问题、解决问题，从而掌握本节课的重点难点。现以"红字更正法"为例说明项目教学法在财务管理专业中的应用，具体如表6-9、表6-10所示。

表6-9　项目教学法教学方案

项目名称		红字更正法	学时	2课时
教学目标	知识目标	1.熟悉红字更正法的适用范围； 2.掌握红字更正法的具体操作方法		
	技能目标	1.能熟练运用红字更正法对适用错账进行规范和更正，能举一反三地分析问题、解决问题 2.学会"发现错账—分析错账类型—选择适当的方法—更正错账"的能力，培养学生"发现问题—分析问题—解决问题—对比归纳"的能力，提高学生的动手能力，同时有助于学生形成熟练、准确、规范的操作习惯		
教学内容	教学重点	红字更正法的操作步骤		
	教学难点	红字更正法的适用范围及具体运用		
教学方法		项目教学法		
教学准备	项目说明	对悦翔公司4月账簿记录存在的错误进行更正		
	项目任务	结合所学知识，根据情景案例，通过对账，发现错账，完成对错账的更正		
	前期准备	1.设计悦翔公司4月经济业务登记记账凭证 2.根据记账凭证登记日记账、明细账、总账 3.将学生进行分组创设企业工作情境		

表6-10 项目教学法教学过程设计

教学阶段	教学内容	教学实施	设计意图
导入	展示根据悦翔公司4月的相关经济业务已登记好的记账凭证、日记账、明细账、总账。检查、分析发生错账的原因	1.学生通过检查和分析，发现存在的错误；2.学生分析导致错账的原因，明确本节课的项目任务：（1）适用的错账类型；（2）错账更正具体操作	创设教学情景，模拟"对账—发现错账—更正"的工作
自主完成项目	1.小组讨论所给案例中的错账类型2.小组讨论红字更正法适用哪些错账类型3.小组讨论该如何更正，并进行尝试4.小组归纳红字更正法的适用范围及具体操作步骤		讨论分析，锻炼学生以团结协作的方式发现问题、分析问题、解决问题的能力
理论讲解与实际操作相结合	项目完成结果的归纳红字冲销法（差额冲销法和全额冲销法），根据讨论结果和教师分析点评，从简入手，逐步深入，分类突破	教师简单讲解红字更正法的概念和适用范围以及更正过程	在学生讨论的基础上，加以讲解说明，使学生掌握的知识更系统化。学生自主讨论、动手突出了学生的主体地位，锻炼了学生的动手能力和操作能力
展示评价归纳总结	展示学生动手更正的错账，进行评价，巩固所学的知识并揭示知识点的联系区别	教师进行点评，对学生实施项目中发现的问题进行归纳、解析	从项目实施的全过程来分析、评价学生，鼓励学生，使学生享受到成功的喜悦

项目教学法教学方案的具体做法如下。

一、设计项目的目标和任务

1. 确定教学目标

终极目标：熟练运用正确的错账更正方法对错账进行规范的更正。

分解目标：①红字更正法的适用范围；②红字更正法适用的错误类型；③红字更正法的操作要求；④具体的更正操作。

2. 工作任务

根据教师提供已记账的记账凭证和登记的账簿，查找错误，判断账簿的错误类型，并选择适当的方法进行更正，最后比对更正效果并进行筛选讨论。学生判断记账凭证是否正确，以及属于什么类型的错误，并更正错账。

二、学生实施项目，尝试完成任务

根据教师提供的已记账的记账凭证和登记的账簿，由简到难，从画线更正，简单入手，到补充登记，逐步深入，再到红字冲销，分类突破。先分析产生错误的原因，根据原因，逐步分析应采用的方法，具体应该如何去改正。学生分组讨论，制订计划，教师进行巡回指导。

第一步，根据资料小组分析讨论，教师巡查了解各组情况，引导学生自己分析账簿错误类型。最终得出结论错账类型主要有两种：①记账凭证无误，但是账簿错误；②记账凭证错误，导致账簿错误。

第二步，分析讨论类型1：记账凭证无误，但是账簿错误。教师引导学生观察账簿上的错误是如何产生的，同时提醒学生，作为会计人员，工作应该严谨认真。引导学生讨论如何更正，经过归纳总结后，学生动手进行操作。

第三步，分析讨论类型2：记账凭证错误，导致账簿错误。引导学生分析凭证错误，得出结论，最后教师对结论进行归纳总结，具体如表6-11所示。

表6-11 凭证、账簿同时错误的更正方法

错账类型		更正方法	更正步骤
证错账错	金额少记	补充登记法	账证同改
	金额多记	红字冲销法	账证同改
	科目用错		
	方向错误		
	混合错误		

第四步，学生动手操作，按照讨论的结果及教师的讲解采用正确的方法进行错账更正，教师巡查指导，及时指出学生操作中的错误。

整个过程中，学生要学会观察，能发现问题；学会归纳，能分析问题；学会总结，能解决问题。

三、项目教学法效果评价

考核评价项目成果：学生完成工作任务后进行成果的展示和交流，教师进行点评，对学生实施项目中发现的问题进行归纳、解析。从项目实施的全过程来分析、评价学生，鼓励学生，使学生享受到成功的喜悦。

项目教学法的实施是会计教学策略的选用，突出了新时代以"学"为主，而不是传统的以"教"为主的教学理念，从分析到操作，从质疑到拓展，都突出了学生的主体地位，同时锻炼了学生的动手能力和操作能力。能使课堂教学适应初级会计人员工作的需要，为学生以后就业打好基础，也让学生掌握了自主学习、合作学习、探究学习的方法，以适应新时代终身学习的需要。

第六节　教学法综合运用案例

每一种具体的教学方法都有它自己独特的性能、适用范围和条件，单一的教学手段和教学方法不仅使课堂教学枯燥乏味，也难以让学生更好地掌握知识并灵活运用知识。所以，选择教学方法要全面、具体、综合地考虑各种有关因素，进行多种教学方法的合理组合。灵活、合理地综合运用多种教学手段和教学方法是提高课堂效率的有效途径。

现以"购料付款业务教学方案"为例说明各种教学方法在财务管理专业教学中的综合运用，具体如表 6-12 所示。

表6-12 购料付款业务教学方案

专业：财务管理		学习领域：企业财务	
学习情境：购料付款业务			教学时间：1学时
工作情景	将学生分组（5~6人）成立模拟公司，公司各组自定，2018年8月29各公司采购员前往本市红星工厂采购甲材料，价税款共计11300元，货到如数验收入库，签发转账支票支付款项要求： 1.熟悉购料付款业务的流程 2.业务员按规定任务组织采购，协调各方关系 3.仓库保管员按规定验收货物后，填制收料单 4.出纳员根据增值税专用发票、收料单签发转账支票 5.会计人员根据审核无误的发票、转账支杂存根及收货情况填制专用记账凭证 6.会计人员根据记账凭证登记原材料明细账和应交税费明细账 7.出纳员根据记账凭证登记银行存款日记账 8.能够规范整理材料入库业务发生的相关核算资料 9.工作过程中要遵守安全、严谨与5S的要求		
学习任务	1.利用学习辅助材料和网络资源，收集材料采购业务核算的相关知识 2.根据增值税专用发票填制收料单 3.根据转账支票填写要求开具支票 4.依据审核无误的原始凭证编制记账凭证 5.根据记账凭证登记原材料、应交税费明细账及银行存款日记账与其他学习 本工作任务是财务会计核算中存货核算的非常重要的一部分内容，是存货核算的第一个学习任务，为后续情境关系的存货的收入和发出核算等任务做辅垫		
学习目标	知识目标	1.理解采购业务的业务操作程序及相关单据的填、审核及传递 2.知晓外购材料成本的构成以及购入材料分录中用到的会计科目 3.掌握材料入库时需要填写的单据以及报销流程 4.规范记账凭证以及明细账的登记	
	能力目标	1.正确填制转账支付 2.正确填制收料单 3.根据审核无误的发票、转账支票存根以及收料单填制专用记账凭证，能够根据记账凭证登记原材料、应交税费明细账及银行存款日记账	
	情感目标	创设职业情境，让学生在完成工作任务过程中得到更多的职业情境的薰陶和工作过程的体验。让学生合作完成任务，体会发现的乐趣，体验探究学习的过程，进而激发学生学习会计的兴趣	
学习内容	1.通过辅助材料及网络资源自主学习并搜集有关购料付款业务的相关知识以明确购料付款、业务的工作流程及各个工作岗位的岗位职责 2.仓库管理员根据货物清单填制收料单 3.出纳员根据发票及转账支票填写要求开具支票 4.根据审核无误的发票、转账支票存根以及收料单填制专用记账凭证 5.根据记账凭证登记原材料明细账、应交税费明细账及银行存款日记账		
教学资源	1.教学设备：教学课件、投影仪 2.学习资料：工作页（讲义）、学习材料、常见业务原始凭证（发票、收料单、转账支票、收付转及通用记账凭证、日记账、明细账、考评表等） 3.教学场地：会计实训室 4.教师安排：两名教师，其中一名是企业实践专家		
教学方法与教学组织形式	1.教学方法主要为任务驱动教学法、情境模拟教学法、角色扮演法 2.全班学生分为6个学习小组，每组5~6人；教学过程以小组学习为主，教师指导与学生独立操作相结合，三种方式交替进行：学习准备、计划、评价反馈和知识扩展取取个人查阅资料，小组讨论，汇报展示，教师点评的合作学习方式；实施过程采教师指导的学习方式，学生分组按照会计岗位分工、角色扮演，学生独立完成单填写、支票填写、编制记账凭证、登记原材料、应交税费明细账、银行存款日记账，整理会计资料的工作		
教学过程	创设 职业情境	分组（54人）成立模拟公司，公司名各组自定，并设定业务员、仓库保管员、出纳、会计及财务主管岗位。教师充当供应商的角色	3分钟
		按5人为一组，组成模拟公司小组成员分岗位	
		分组组建模拟公司并安排设定工作岗位	
	明确任务	购料付款	2分钟
		教师说明今天的工作：购买材料用转账支票付款，引导学生进入工作状态、营造职场氛围	
		听老师分析，明确本次课的工作任务及任务目标	
	分析任务	归纳购料付款业务流程，绘制流程图	10分钟
		启发学生通过学习辅助材料和网络资源收集购料付款业务的相关知识，归纳购料付款业务流程，选择学生说出购料付款业务处理的动作程序及各个岗位人员的职责，最后形成初步工作思路。各组将工作程序写下来，进行展示交流。引导学生形成正确的工作思路和工作内容的设计	
		1.小组讨论分析购料付款业务的工作流程 2.学生活动，设计初步的工作流程，绘制流程图，书写答案 3.展示发言，互相借鉴	

续表6-12

专业：财务管理		学习领域：企业财务	
教学过程	实施任务	公司概况：设定每组"银行存款"期初余额均为99000元，"原材料—甲材料"期初余额为27252元，单价1.80元；数量：15140千克 教师任务：教师应要求每组清楚本公司的运行初始设定及运行要求 学生任务：每组同学应了解本模拟公司营运情况，以便顺利进行相关业务	3分钟
		签发转账支票购买材料 教师任务： 问题引导：填写支票的要点是什么？启发学生利用已学知识回答。组织学生填写支票，教师巡视指导，对存在的共性问题统一讲解 学生任务： 1.学生交流填写支票的要点：日期、收款人、大小写金额、印鉴等 2.出纳填写支票，交会计审核盖银行预留印鉴 3.学生展示填制完成的支票	5分钟
		业务员持支票前往供应商处采购材料 教师任务：教师作为"供应商"准备好材料及发票 学生任务：采购员持支票去供应商处采购材料	2分钟
		材料验收入库 教师任务： 问题引导：材料验收入库需要填写什么单据？填写收料单要点是什么？启发学生利用已学知识回答。组织学生填写收料单，教师巡视指导，对存在的问题统一讲解 学生任务： 1.学生交流填写收料单的要点：材料名称、数量、单价、金额、用途等 2.仓管员验货，填写"收料单"，并将第三联交财务人员 3.学生展示填写完成的收料单	5分钟
		编制记账凭证 教师任务： 1.问题引导：支票支付采购材料款业务涉及哪些项目 2.组织学生编制记账凭证 3.指导学生审核编制的记账簿4.组织学生麻凭侧现况，并进行说明 学生任务： 1.学生回答问题 2.填制记账凭证、交主管审核盖章 3.学生展示说明、其他学生注意观察	5分钟
		登记账簿 教师任务： 指导学生分岗位登记银行存款记账及原材料、应交税费明细账，指导学生交主管进行审核；采用教师指导方式，当面巡查学习情况，及解决各种问题。组织学生展示、说明账簿登记结果，反馈在记账和审核中出现的问题，并给出正确的登记 学生任务： 1.分岗位登记银行存款日记账及原材料、应交税费明细账 2.将登记的账簿交主管进行审核 3.展示情况 4.说明账簿登记过程，说明出现的问题和正确的登记方法	5分钟
	任务总结	教师做简要总结和说明，说明支票付款处理程序和工作要点 回顾本次支票付款业务程序，强调重点知识：收料单的填写、支票的填写、支票付款业务的会计核算方法及日记账、明细账的登记	5分钟
		复习课上重点知识，掌握完整的业务处理流程方法	
	学习成果	1.收集购料付款业务相关知识，总结出知识要点 2.对购料付款过程中的要点进行分析，写出分析报告 3.制订购买材料、材料入库、转账支票付款的工作方案 4.填制转账支票、收料单，编制记账凭证、原材料明细账、应交税费明细账以及银行存款日记账	
	考评标准	1.收集的资料内容齐全 2.分析流程图思路清晰、符合企业岗位需要 3.手工填写收料单内容完整、正确规范 4手工填写支票正确，内容完整、要素齐全、正确规范，特别注意：填制日期是否大写、收款人必须写全称、大小写金额一致、签章准确规范	
	学业评价	1.通过学生参与签发转账支票付材料款过程，完成工作页填写、收集信息资料（学生自评、教师评价） 2.分析支票付款工作思路的完整合理（个人评价与小组评价相结合） 3.独立完成收料单、支票、记账凭证、日记账登记的情况（小组评价和教师评价） 4.在完成任务过程中的团队合作、沟通能力、学习态度、工作质量（小组评价、教师评价）	

第七章　财务管理专业教学评价与改革建议

第一节　财务管理专业教学评价标准

教学评价不仅应关注教师的教，更重要的是关注学生的学，强调教学内容与学生生活以及现代社会和科技发展相联系，倡导学生自身的主动性，学生之间的合作、探究，重视学生学会学习和形成正确的价值观，培养创新精神和实践能力。

一、教学评价的含义

教学评价是指以教学目标为依据，制定科学的标准，运用一切有效的技术手段，对教学活动及其结果进行测定、衡量，并给以价值判断的过程。教学评价是对教学工作质量所做的测量、分析和评定。它是教学管理过程的一个重要环节，有效地开展教学评价是提高教育教学质量的重要手段。

教学评价一般包括对教学过程中教师、学生、教学内容、教学方法和手段、教学环境、教学管理诸因素的评价。教学评价主要有两个核心环节，即对学生学习效果的评价和对教师教学工作（教学设计、组织、实施等）的评价。

要做好教学评价，必须做到以下几点。

首先，教学评价要以教学目标为依据，教学目标是在教学活动中所期待的学生的学习结果，它规定了学习者应达到的目标能力水平。教学之后，学习者在认知、情感和动作技能等方面是否产生了如教学目标所期待的变化，这是要通过教学评价来回答的。因此，教学评价依据的标准是教学目标，离开了明确具体的教学目标就无法进行教学评价。

其次，教学评价需要采用一些有效的技术手段。通常通过测量来收集资料，但是测量不等于评价，测量是指以各种各样的测验或考试对学生在学习和教师在教学过程中所发生的变化加以数量化，给学生的学习结果赋以数值的过程。评价是对测量结果作出价值判断的过程。可见，测量是评价的前提和重要手段，但并不等于评价。另外，虽然测量是评价的重要手段，但并不是唯一的手段。教学评价还可以通过一些非测量的方法，如观察、谈话，以及收集学生的作业、作品等有关资料来实施。尤其是信息技术的发展，给教学评价提供了很多方便而快捷的测量、跟踪和统计等工具。

最后，教学评价要对教学的过程和结果进行评价。教学评价，不仅仅是评价教学的结果，更要对教学的过程，对教学中的方方面面进行评价。信息技术环境下的教学设计要改变以往单一评价主体、过分重视总结性评价的教学评价方法，强调多元评价主体、形成性评价、面向学习过程的评价，由学生本人、同伴、教师，对学生在学习过程中的态度、兴趣、参与程度、任务完成情况以及学习过程中所形成的作品等进行评估。

二、财务管理专业课堂教学评价类型

1. 按评价功能一般分为诊断性评价、形成性评价、终结性评价

（1）诊断性评价

诊断性评价是指在开学之初，学年之初，教学开始时，为了了解学生在学习之前是否具有相关的学习能力和生活

经验而进行的评价。其目的是了解发展状况和存在问题，以便为后续工作制订计划方案。

（2）形成性评价

形成性评价是为了对评价对象的发展状态作出判断而进行的评价。其目的是及时了解教学效果，以便及时强化教学内容、调节教学策略，使教学活动能在不断调控中得到完善，顺利达到预期目标。

（3）终结性评价

终结性评价是在教学活动某一阶段终结时，为总体状态和阶段成果作出判断而进行的评价。例如，在实际教学中每学期的期末考试、毕业会考和高考都属于终结性评价。

这三种评价具有相对独立性，同时又有一定的互补性。仅在教学（实践）结束时进行终结性评价是不够的，还需要在教学开始时进行诊断性评价及教学过程中实施形成性评价。

2. 按照参照标准不同分为相对评价、绝对评价和个体内差异评价

（1）相对评价

相对评价是指在评价对象的集体中选择一个或若干个对象作为标准，然后将其余对象与该标准进行比较，或者用某种方法把所有评价对象排成先后顺序所进行的评价。这种评价有很好的鉴别功能，以分出优与劣或先进与后进，但不同集体评价结果缺乏可比性。每年的升学考试就属于这类评价。

相对评价应用面广、实用性强。它使每个评价对象都能认清其与同一集体其他对象的差距，具有很强的竞争机制。但它的评价体系没有一个客观的标准，评价结果并不能真实

反映评价对象的真实水平。

（2）绝对评价

绝对评价是指以预先制定的目标为评价标准，每个评价对象同既定的标准对照比较，从而判断其达到标准程度的一种评价。学习过程中的单元测试和毕业会考就属于这类评价。

绝对评价的标准是依据特定目的所制定的。评价时，每个个体只与客观标准进行比较，而不互相比较。其特点是可以使评价对象了解其与评价标准的差距，激励其积极进取。但其客观标准的制定较难，很难做到完全客观公正和合理。

（3）个体内差异评价

个体内差异评价是对评价对象集体中的每个个体的过去和现在进行比较。例如，把一个学生的这节课的表现与上节课的表现进行比较，把一个学生期末考试成绩和期中考试成绩进行比较，以知其发展。个体内差异评价可以由学生自我评价也可以由教师或他人来评价。

3. 按评价方法分为定性评价和定量评价

（1）定性评价

定性评价是使用描述性语言对评价对象教学活动的过程和成就的程度、状态等加以评价，主要反映"质"的特征。评价的等级有优、良、中、可、差等。

（2）定量评价

定量评价采用定量计算的方法，以数量分析为依据的评价，主要反映对象"量"的特征，如优秀率、准确率、掌握程度等。

三、财务管理专业课堂教学评价标准

现代课堂教学（包括实践教学）的内容、形式、手段等都发生了很大的变化，尤其是教学观和教学质量都发生了重大的转变。随着社会的进步、经济的发展，对于财务管理人员的素质也提出了更高的要求。要培养高素质的学生，要做好教学评价以促进教学的改进，首先要确定好教学评价标准。教学标准的确定需要考虑以下几个方面的内容。

1. 教学目标的正确性及教学内容的科学性和实践性

对教学目标是否正确的判断取决于教学目标是否符合教学标准的要求、教材内容、学生的实际情况以及当今社会的需求。

对教学内容是否具有科学性和实践性的判断取决于教学内容处理是否恰当，科学性和思想性是否恰当统一；本节课教学活动是否达到既定的目的。

2. 教学过程的合理性

教学过程的合理性可以从以下几个方面来衡量和判断。

①教学过程是否符合学生的认知规律。

②对知识的学习是否具有逻辑性、系统性。

③是否有利于财务管理能力的培养。

④各个阶段时间划分是否恰当。

3. 学生参与教学的状态

学生的参与状态是指学生是否积极主动地参与教学过程、学习过程。具体可以从以下几个方面来衡量和判断。

①学生参与的时间与广度。

②学生独立思考的情况和深度。

③学生参与高水平的认知活动的兴趣、热情，能否在探究、分析和解决问题中学习，课堂中师生互动、生生互动的局面和习惯是否养成。

④学生参与学习过程的知、情、意是否被充分地调动起

来，是否被教学内容和教学过程所吸引。

4. 强调对学生的创造性的培养

对学生创造性的培养情况可以从两方面加以衡量：一是看教师是否有意识地将创造性思维教学的基本原则贯彻教学过程中；二是看学生回答问题中有没有独立思维和质疑精神与能力，归纳起来可以从以下角度加以衡量和诊断。

①教师提出多少开放性的问题，即有利于启发学生发散性思维的问题。

②对于开放性问题，学生能思考和给出多少答案，教师自身提供了几种利于"举一反三"的解决方案。

③学生解答问题有创意的人次有多少。

④学生主动提问和质疑的人次有多少。

⑤教学过程中有多少次利用头脑风暴法、组合创意法等用于集体自由讨论。

⑥教师在课堂教学中给学生创造了多少有创意的机会。

5. 现代教学设计的观念和技术运用的程度

传统教学评价讲究备课的深广度和娴熟度。现代教学评价则认为学生参与教学程度和学习效果，不仅取决于学生学习的主体意识和活动能力，还取决于教师的教学观念和现代教学设计运用，教师对学生学情（智能基础和情感、态度）的了解程度，教师对教学目标、内容、策略、过程的整体设计，教师对学生参与教学过程的知、情、意因素调动的程度，以及能否为学生提供主动参与的时间和空间等多种因素。具体应当突出以下几点。

①一节课或一次课的整体设计，要有系统的、整体的观念，使课堂教学的整体效果最佳。

②强调对学生学情的分析。学情是动态的，从纵向看，

不同时间学生的情况有很大的变化；从横向看，不同地域、不同学校学生的学情，包括学风也各不相同，教师要特别注重对学生学情、学风的分析。教学评价关注这点，可以有针对性地开展教学。

③突出强调教学目标或学习目标设计，并明确传递给学生。目标是前进的灯塔，目标是激励学习动机的强有力因素。课堂教学要将教学目标贯彻教学过程的始终，以目标唤起学生的学习需要、兴趣和热情。

④注重教学过程和策略的设计。在成功学里，有一条重要的观念，即"细节决定成败"。教学过程和策略设计有很多细节需要特别关注。例如，过程考核（学习、学业的过程评价），如果运用得当，可以成为巨大的激励和力量，增强学生的积极参与意识。

四、财务管理专业课堂教学评价的具体操作步骤

教学评价是整个教学过程的一部分，或者说是伴随教学过程始终。另外，教学评价又是一个独立于其他教学环节的特殊过程，它的具体操作步骤值得特别关注。教学评价的具体操作步骤大体上可以分为以下 5 个阶段。

1. 选定被评价对象

教学评价是针对一定时期教学中比较突出的问题而进行的，所以教学评价的第一步是根据教学评价的目标，选择最具有代表性的被评价对象进行教学评价。

2. 建立评价指标或指标体系

教学评价就是将教学目标与现实教学状态进行比较，而作出价值判断。那么用什么指标或指标体系作为判断的依据，是至关重要的。所以要建立科学、实用的评价指标或指标体系。

3. 收集评价资料

根据评价指标或指标体系，通过科学、有效而合法的方式和方法进行观察、调查、测量，有目的、有计划、及时、系统地收集评价资料。

4. 分析整理资料

对收集到的评价资料进行分析、加工、整理，通过定性的经验归纳和定量的统计推断，使之成为能反映被评价对象最基本的、最本质特征的、综合的、简明的、有条理的资料信息，以获取全面、客观、公正的评价效果。

5. 评价结果的利用

教学评价不仅是要对教学过程的成效作出评价，更重要的是要利用评价的结果来反馈、调节和改进教学实践活动。

五、财务管理专业课堂教学评价的作用

教学评价在学习和教学过程中发挥着许多重要的作用，一般可以概括为以下几个方面。

1. 教学评价的结果为改进教学与检验教师提供依据

教师利用教学评价的结果可以明了课堂教学目标的实现程度、教学活动中使用的方式是否有效以及学生的接受程度和学习状况，从而随时调整自己的教学行为，反思和改善自己的教学任务书与教学方法，不断提高教学水平。教学评价是以教学目标为依据的，如果评价后的学习结果与预期的教学目标相符，表明教师完成了教学任务，教师的教学方法是成功的。如果评价后学生的学习结果与预期的教学目标不相符，那么教师必须重新考虑教学目标的适当性及教学方法的有效性，考虑如何进一步改进教学。

2. 教学评价的结果为学生在学习上的进步情况提供反馈

通过教学评价，学生可以有机会了解自己学会了什么，学习的程度如何。教学评价作为对学生学习结果的反馈，可以进一步增强学生的学习动力。

3. 管理作用

教学评价反映教师教学的质量和水平，可以为教学管理提供比较可靠的依据，也为学校的人事决策提供依据。另外，对学生学习结果的评价，可为学生学习的质量和水平提供证明，并成为选拔与淘汰、升留级、是否毕业等决策的依据。

4. 强化激励作用

科学的、合理的教学评价可以调动教师教学工作的积极性，激起学生学习的内部动因，使教师和学生把注意力集中在教学任务的某些重要部分。对教师来说，适时客观的教学评价，可以使教师明确教学工作中需努力的方面；对学生而言，适当的测验可以提高学生的积极性和学习效果。

5. 作为教育科学研究中的重要工具

评价作为教学研究与实践的一种工具，用于查明在达到一整套教学目标时，可供选择的程序是否同样有效。此外，教材、教具的开发，课程的设置和师资素质的调查，学生能力的研究，都离不开教学质量评价的帮助，教学评价已成为教育科学研究中的重要工具。

6. 利于实现教学过程的科学化，促进教学目标的实现

教学过程的科学化，即要遵循教学规律进行教学。定期对教学情况进行检查和评价，能够揭示哪些做法符合规律，哪些做法违背规律，教学是否达到预期目标，达到程度如何。这有利于调整教学过程，促进教学过程科学化。

7. 有利于端正教学思想，全面提高教学质量

教学评价是以教学目标为依据，对教学进行全面检查，并予以价值上的判断。它的目的不在于区分学生学业成绩的

等级差别，而在于测评每个学生对教学目标的达到程度。除对学生的成绩进行判断外，还要评价学生的性格特点、行为习惯、身体素质等方面的情况，因而有利于社会、家庭、学校对教育价值的认识，克服目前存在的只重智育、片面追求升学率的价值观念，更好地对学生实施全面教育，促进学生全面发展，提高教学质量。

六、财务管理专业课堂教学评价的发展趋势

从当前教学评价改革所显示的信息看，今后一段时间内财务管理专业课堂教学评价发展可能会呈现出以下若干重要趋势和特征。

1. 评价模式的多样综合

迄今为止，实践中已经形成了多种教学评价方法和技术。不同的教学评价方法、技术，各有不同的优势和不足。为了保证教学评价的准确性和全面性，必须把各种不同的评价技术进行必要的综合、组合、改造和创新。事实上，当前的教学评价改革已注意到了评价模式的多样综合问题，如强调定性和定量结合、模糊与精确结合、日常观察和系统测验结合、他评与自评结合等。这种评价模式多样综合的特点在今后将更加明显。

2. 注重教学评价的教育性功能

在教学评价中，人们最初重视的是管理性功能。历史发展表明，过于关注管理性功能而忽视教育性功能的教学评价，往往给学生的身心发展带来消极影响。这样，在现代教学评价发展的过程中，教育性功能就逐渐受到了重视。它强调的是，教学评价作为教学活动的一个重要环节，应自觉地服务于教学宗旨，成为实现教学目的的促进性力量，促进学生身心全面发展。当前，教育性功能已逐渐凸显出来，诊断性评价和形成性评价的出现和发展，是有力的论据。今后，这一方面的功能将得到进一步的加强。

3. 重视学生评价能力的发展

在现代社会，人们面临着日益复杂的社会环境，只有具有良好的评价能力，才能合理地选择和行动。帮助学生发展评价能力，是现代社会对学校提出的重要要求。学生的评价能力需要通过评价活动才能发展。在整个学校教育活动体系中，教学评价是最基本的评价活动，是发展学生评价能力的基础性活动。教学评价的未来发展和改革，将突出通过教学评价培养学生评价能力的重要性。也就是说，要通过教学评价，使学生掌握有关评价的原理、标准和方法，给予学生评价自我和他人的机会，从而提高评价能力。

通过考察教学评价的历史发展和未来走向，得到的启示是：教学评价是不断发展和完善的，它的完善和发展，是科学性、教育性不断提高的过程，是辩证的、多样的、综合的过程。

第二节　财务管理专业教学评价方法

教学评价方法分为量化评价方法和质性评价方法。

量化评价方法是一种力图把复杂的教育现象简化为数量，进而从数量的分析与比较中推断评价对象的成效的方法。它有着明显的优势：①量化评价的设计是预先确定的，易于控制和操作；②量化的结果便于教学处理，有助于提高评价的准确性；③量化的指标往往是客观化的指标，因而有助于提高评价的客观性；④量化评价还有助于对评价对象作出明确的等级区分，如对学生的学业成绩评价。但时至今日，这种评价方式也显示出一定的缺陷：①量化教学评价忽略了教学任务书中那些不可测量的重要方面，忽略了人类经验的不可测量性；②量化教学评价往往以预定目标为评价标准，因此，它排斥对给定教育计划的持续性再开发，这就不可避免地造成教学评价者和教学开发者的利益冲突；③量化教学评价倾向于重视行政管理人员和研究者的利益，而忽略教师在工作中所遇到的实际问题；④由于量化教学评价支持有意识、有组织的结果，它就必然忽视非计划性结果；⑤量化教学评价信奉一元化评价标准，而在实际的教学活动中对教学目标达成完全一致是不可能的，因为量化教学评价忽视了价值的多元性。

质性评价方法是一种力图通过自然的调查，全面充分地揭示和描述评价对象的各种特质，以彰显其中的意义，促进理解的方法。这种评价的方法源于解释主义哲学，并受到艺术、人文学科和社会理论的影响而产生。它认为主体和客体是互为主体、相互渗透的，知识是主体不断通过建构和经验形成的。不存在带有普遍意义的、脱离具体情境的抽象知识，因而不能用对或错对知识加以判断，必须依据它在具体情境中发挥的作用。因此，对许多问题的了解与掌握只能通过描述性、解释性的语言来实现。质性评价的实质就是要对与教学和教学相关的行为及其原因和意义作出判断。其目的在于把握教学与教学质的规定性，即通过对教学和教学相关的行为广泛细致的分析，深入了解，进而从参与者的角度描述教学和教学相关行为地价值与特点。

教学评价是根据一定的目的和标准，采取科学的态度和方法，对教育工作中的活动、人员、管理和条件的状态与绩效进行质和量的价值判断。本科院校财务管理专业教学评价指标体系主要包括教师课堂教学评价指标和学生学习效果评价指标。

一、教师课堂教学评价指标

课堂教学是教师与学生共同活动的过程，既要看到教师主导作用的发挥，又要重视学生主体作用的体现。一节成功的课，应当是教与学、教法与学法、教师角色与学生角色等因素的和谐运动与高度统一。因此，课堂教学评价不仅要考查教师的教学能力与水平，还应当注意课堂学习气氛、学生的参与意识以及学生学习积极性与主动性的调动、学生学习能力的提高、学生专业知识与技能的掌握程度等各方面因素。

（一）教学设计

教学设计蕴藏着教师对教材的认识和处理以及对学生学习方法的指导，体现着教师的教学艺术和教育智慧。教学设计的评价指标应主要考虑如下内容：教学总体安排的合理性；反映出的教学思想和教学理念、教案设计的全面性与规范性；书写格式的规范性；是否符合常规教学的要求，如是否包含教学目标、教学重点、难点和关键点、教学方法和手段（媒体）、教学过程的流程、时间安排、板书设计等项内容；勾画出教学活动的整体安排。

1. 教学目标

教学目标是学科教学中更加明确的任务指标。研究教学目标的根本目的在于提高教学系统的有序性，使教学的各种因素按照同一运动方向发挥作用，从而实现教学目的。

目前教育目的多元化的格局已经形成（除了传授知识技能外，还有培养能力、方法及过程、态度与价值观、开发智力以及发展个性等）。教学目标多元化可以从三个方面去理解。第一方面属于范畴即平面的分类，是认知的（基础知识包含其中）、动作技能的（基本技能包含其中）、科学价值观和情感的（世界观、爱国主义以及科学精神、态度、情感等包含其中）、智力开发和能力培养的教学目标。第二方面属于深度即立体的分类。这种分类对每一项目标要有深浅不同的要求。例如，一般把认知领域教学目标分成知识、理解、应用、分析、综合和评价 6 个层次，层层加深，以便测验出学生达到的不同层次。第三方面属于抽象化到具体化的过程。传统教学目标表达较抽象，现在的教学目标更容易被教师和学生理解，在总的教学目标之后，有单元教学目标（二级目标）、课时教学目标（三级教学目标），还有针对个别学生的四级教学目标。

评价课堂教学目标的指标应考虑到教学目标的多元性、实用性、针对性，还要考虑对学生的可知性。

2. 教学内容

教学内容是指本节课中传递给学生的有关知识信息、技能技巧、研究具体问题的思维方法等，它经过了教师对教材内容的加工和处理，并考虑到学生原有的认知结构，试图将所策划的内容以学生所能接受的形式，转化为学生的认知结构中。

评价课堂教学内容的指标，应考虑能否把握学科知识体系和对教材加工与处理的技巧教学内容的科学性与思想性、系统性与完整性、全面性与突出重点、理论性和实践性、知识与能力的关系处理等。

3. 教学结构

要优化教学过程，就要研究课堂教学的各个环节及组合方式、所占时间比例，还要研究教学的各个要素，如教师、学生、教材、教学方法和教学手段在各个环节所起的作用。此外还要考虑怎样发挥其最佳功能，使教学的各个环节、各种要素变成相互联系且统一的有机整体。

评价课堂教学结构指标应考虑整体结构的严密性、节奏感、松弛度，各个环节的充实性、完整性，环节交替的有序性和逻辑性，评价方法的真实性，反馈信息的及时性，课堂调控的计划性、灵活性和有效性，教学反馈的多源性、真实性等内容。

4. 教学方法

课堂教学过程中，教师能否从教材和实际出发，根据教学体系的内在规律和随外部条件而变化的课堂情境，有针对性地选择、设计、组合和运用教学方法，是一堂课成功的关键。

课堂上常常需要许多教学方法手段的有机组合和综合运用，它带有很大的灵活性、机变性和创造性。不同的方法可以为实现同一教学内容和目标服务，同一方法也可以为实现不同教学内容和目标服务，关键在于教师自己能否根据自身特点和教学情境进行恰当选择和灵活运用。

评价教学方法的指标应着重考虑：选择教学方法合理性、针对性，多种教学手段综合运用的科学性和有效性，师生教学双边活动的运转程度。

5. 教学艺术

课堂教学是一门科学，也是一门艺术，是科学与艺术的统一。课堂教学艺术主要体现在语言艺术、组织艺术和创设良好气氛的艺术。教师所采取和运用的一系列措施、手段、技能和技巧，实施的有效调控，就体现出教师组织教学的艺术。教学组织艺术是实现课堂教学最佳控制的保证，直接影响到课堂教学效果。

在教学艺术评价方面，应考虑教师口头语言的科学性、逻辑性、形象性、通俗性、和谐性，教师的感情、目光、手势、衣着搭配的恰当性，以及板书的结构、布局、调控、条理、色彩、字体的合理性。在课堂组织艺术方面应考虑课堂教学是否符合常规，教学结构、教学秩序是否合理，对偶发事件处理得当与否等。在课堂气氛艺术方面应考虑能否充分调节学生的注意力、充分调动学生的积极性、积极开展学生思维，以及能否使教师指挥与学生活动协调一致等。

（二）课堂参与度

学生能依据教学目标和教学内容，在教师的引导下，主动、生动、活泼地参与到学习过程中，一定程度地显现学习个性和创新性。

1. 体现主动性

（1）学生通过恰当的学习方式（独立学习、集体讨论、小组活动、动手操作等），在多种感官协调作用下主动参与知识的获得过程。

（2）学生通过有效的活动模式（问题探讨、课题设计、实验操作、模拟体验、社会调查等），主动探索、感受和理解知识的产生和发展过程。

（3）学生能运用科学的学习方法（类比、归纳、分析、综合、概括等）自主整理知识，并获得分析问题和解决问题的能力。

（4）学生能广泛、有效、深入地参与教学活动，参与的人数多并覆盖不同层次的学生，参与研讨的问题目标指向明确，并有一定的深度。

2. 闪现个性

（1）学生闪现出自己独特的学生风格和学习策略，并尝试在学习实践中发展自己的学习个性。

（2）学生在思维上闪现出灵活性和开放性，能表达出不拘泥于常规的思路和方法。

（3）学生注意尝试多向思维，敢于发表与众不同的见解，敢于坚持自己的观点。

3. 凸显创新性

（1）学生善于独立思考，勇于质疑问难，积极投身于问题解决的尝试和探索之中。

（2）学生能综合运用所学知识和方法，创造性地解决问题。

（3）学生能对学习和创新行为进行自我评价和自我调控。

（三）教学互动程度

在教学过程中能体现出平等和谐的师生关系和民主、合作的学习方式。

1. 情感沟通

课堂气氛活跃、民主、和谐，教师教态亲切自然，善于用激励性的语言鼓励学生；学生积极合作，主动参与活动，学得轻松愉快。

2. 问题交流

学生思维活跃，敢于发表自己的意见。教师能尊重学生的观点，鼓励学生求新求异，并能接受与自己不同的正确意见，教师与学生以及学生与学生之间进行平等、多向的思维交流。

（四）知能目标的达成度

多数学生都能理解和应用当堂所学的知识，学生在课堂上的练习、研讨和回答问题正确率高，学生基本能力的提高达到预期目标。

（五）综合发展的促进度

不同层次的学生在知识、能力、情感意志、道德品质等方面都有所提高和发展。

（六）可持续发展的递进度

学生显现出浓厚的学习兴趣，进一步掌握一定的学习方法，增强了自主学习主动性和良好的学习习惯。

（七）专业基础知识和专业技能的掌握度

1. 专业基础知识评价的指标体系

建立一个与所学专业（工种）紧密联系的评价指标体系，将专业基础知识评价的内容以不同的指标和评价标准体现出来，并根据各指标的重要性程度，赋予一定的权重，规定一定的分值，形成一个指标体系，为评价的实施提供良好的基础。

2. 专业技能评价的指标体系

专业技能的评价指标目前有三种方式：一是制定专业技能训练目标，根据专业的培养目标、教学任务书和主要课程设置，建立起学生技能训练的整体框架，确立本专业学生在技能训练中应达成的目标；二是确立实习达成目标，即在校内实习场所或校外生产、服务现场从事模拟或实际的工作，以获得有关的实际知识和技能，养成独立工作的能力；三是在学生即将完成学业时，对其掌握的专业技能作一个综合性的测试，这就需要建立一个与所从事专业紧密联系的评价指标体系，将专业技能评价的内容，以不同的指标和评价标准体现出来，并根据各指标的重要性程度，赋予一定的权重，规定一定的分值，形成一个指标体系，为评价的实施提供良好的基础。

二、专业教学监控体系

建立科学完善的教学监控体系，是保障教学评价体系得到落实的重要措施，也是保障教学考核数据真实有效的主要手段。因此，在构建教学评价体系的同时，还要建立可行可靠的教学监控机制。监控机制应形成学校制度，采用行政手段落实。

1. 听课制度

听课制度主要是指由学校领导、教学管理部门及教研组长组成听课小组，进行听课、评课等活动。通过建立"课堂教学工作评价指标"，确定教案准备、学生交流、教学重点、兴趣培养和教学手段等评价项目和具体评分登记，并在学校每年至少一次的课堂教学比赛中，将评价结果作为重要评判标准。

2. 督导制度

督导制度是指由学校选调经验丰富的教师（主要是离退休领导和老教师）组成教学质量督导组，对主管教学副校长负责，以抽查听课形式，检查教师教学质量。督导制度具有专家指导监督的性质，专业对口专家和教学管理专业人员的结合是督导队伍的基本特征。督导员的专业权威和管理权责以及客观中立的地位，对教学质量往往能有比较中肯切实的评价和行之有效的措施，因此在对教学质量进行监控的过程中，其地位是较为特殊的。

3. 教学检查制度

由教务部门组织实施，一是对各教学部门执行教学文件、落实学校规章制度情况进行检查。二是由教务处提出教学检查意见，对教师阶段教学工作各环节情况进行检查。检查一般在月底进行，检查结束后，写出书面总结，交教务处备案。三是课堂教学检查。采用教务处定期抽查和值日领导与教师随机抽查相结合，主要检查教师平时教学到位和教学的组织情况，并及时登记。

4. 学生评教制度

由教务处、学生处组织实施，采用问卷调查、学生座谈会、给教师打分等方式，让学生对教师的教学态度、业务水平、教学方法、教育手段、育人方法、教学效果等进行评价。这一制度体现了以人为本、为学生服务的思想，让学生从被动的质量制定对象转变为主动的评价者。在评价中反映学生的学习需求和对教学的满意程度，使评价更为客观，也能借以提高学生学习的自觉性和主动性。

5. 其他质量评价

其他质量评价包括根据上级教学总体建设规划及学校工作实际开展的重点专业建设、课程建设阶段检查等质量评价工作，这一类评价通常采用实践（实习、实训）教学内容、学生作业抽查等方式进行。

总之，建立一套科学合理的教师教学及学生学业评价体系，对于高等院校财务管理专业提高教育教学质量、推进教学改革意义重大。同时财务管理教师的教学评价和学生的学业评价是一项较为复杂的系统性工作，学校应从组织领导、规章制度、监控督导等方面提供有力的保障，从而推进教师教学评价及学生学业评价工作的顺利进行。

表 7-1、表 7-2、表 7-3 分别列示了专业教学质量、课程总体及单门课程考核的指标与内容。

表7-1　本科院校财务管理专业教学质量评分细则

序号	一级指标	二级指标	权重	评价要求	评价方法	评分 自评	评分 复评
1	学制(3分)	在校学习、顶岗实习时间	3分	四年制学校的学生在校学习时间不少于3年，符合要求记3分。在校学习时间每少1个月扣1分。（试行"学分制""工学结合"的另行评价）	查教学任务书及完成情况、课程表、班级日志		
2	教学任务书(4分)	教学任务书、教学标准	2分	制定和实施符合规定的教学任务书，各门课程制定和实施符合规定的教学标准，记2分。少一项扣0.5分	查教学任务书、大纲，查课程表，查实习实训记录、报告（总结）		
		实习实训、顶岗实习计划	2分	制订和实施符合规定的实习实训计划和顶岗实习计划，记2分。少一项扣0.5分			
3	教学管理(10分)	教学管理制度的制定和实施	2分	建立健全教学常规管理制度，执行严格，管理精细，记录完整，符合要求记2分。出现一次问题扣0.5分	查教学管理制度、工作记录、查备课笔记、作业、试卷等		
		实习实训管理	4分	实习实训管理制度齐全，实习实训记录规范、完整，符合要求记4分。每少1百分点扣0.1分	查实习实训制度、记录、报告等		
		教学督导和评价	4分	有完整的教学督导和评价制度，开展常规教学检查、学生满意度测评、评教评学等活动，合理使用评价结果，符合要求记4分。少一项扣1分	查督导评价制度，查原始记录，个别走访师生		
4	校内外实训实习（10分）	校内实训设施设备	2分	有相应的实训设施设备，满足需要达90%，学生满意度达90%，记5分。缺1百分点扣0.1分	查固定资产账目，查设施设备清单，召开学生座谈会		
		校外实习基地	2分	有相对稳定的（两年以上）校外实习基地，符合要求记5分。每少一个扣0.5分	查校企合作协议，现场查看		
5	课程建设（12分）	课程设置	5分	专业课程设置符合国家、省、市要求，并与行业企业、职业资格（等级）证书标准相衔接，实施"双证书"教育，记5分	查教学任务书、课程表，查教师教案、教材,抽查1~2个班级学生教材、辅助资料		
		实践技能教学	5分	实践性教学内容达50%以上，记5分			
		教材建设	2分	从正规渠道征订，使用经国家、省、市审定的正版教材、教学辅助资料，记2分			
6	教师队伍建设(6分)	"双师型"教师	3分	学校具有一支符合教学需要的结构合理的专兼职教师队伍，"双师型"教师达50%以上，记3分。少1百分点扣0.1分	查教师花名册及相关证书		
		教师培养培训	3分	学校制订并实施教师培养培训计划，专业课教师每两年到企业实践时间达两个月以上，记3分	查培养培训计划和专项经费，查到企业实践记录、工作总结等		
7	教研科研工作(10分)	教研机构、活动、经费	3分	有教研机构（教研室、教研组），有活动计划并实施，有专项经费，记3分。缺一项扣1分	查教研活动计划、记录、经费，查课题立项文件、工作方案、结题报告等，查活动通知、方案		
		教科研课题研究	3分	有国家、省、市教育科研课题，有阶段性研究成果（或结题报告），记2分。开展校本教科研课题研究，记1分			
		教科研论文	2分	按要求参加省、市相关部门组织的论文评选活动，记2分			
		教师教学竞赛	2分	按要求参加省、市教育部门组织的教师教学竞赛活动，记2分			

序号	一级指标	二级指标	权重	评价要求	评价方法	评分 自评	评分 复评
8	德育工作（9分）	德育工作和校风校纪	3分	学校重视德育工作和德育课教学，并制订和实施德育工作计划和工作制度，德育教师队伍健全，学生管理规范，校园文化建设好，校风校纪好，记3分	查德育工作计划、制度、记录，查看校园活动方案、图片，走访周边地区（单位、群众）		
		德育活动	3分	德育活动内容丰富多彩，有利于促进学生身心健康成长，记3分			
		学生行为	3分	学生具有良好的思想道德品质，行为规范好，记3分			
9	学生综合素养（10分）	文化素质	3分	考研率达到学校既定目标，记3分。低1百分点扣0.1分	查统测统计表、记分表，查看现场，查学生健康档案、查课程表，看学生演练等		
		心理健康水平	2分	重视心理健康教育，开设课程，有咨询室，有专任教师，工作有成效，学生无重大心理障碍，记2分			
		身体健康水平	3分	早操、课间操（大课间）、眼保健操活动正常规范，学生体质95%以上，记3分			
		计算机操作能力	2分	学生能熟练操作计算机，并能运用到学习中的学生达95%以上，记2分。低1百分点扣0.1分			
		专业知识与技能	3分	专业课及格率达95%以上，专业技能检测通过率达90%以上，记3分。低1分点扣0分、1分	查考试卷、统计表，查竞赛活动方案，查职业资格（等级）证书及报批表		
		学生技能竞赛	3分	按要求参加国家、省、市相关部门组织的学生竞赛活动，记3分			
		职业资格（等级）证书	4分	毕业生取得初级会计师证书达70%以上记4分。低1百分点扣0.1分			
10	毕业论文（10分）	毕业论文	5分	学生能够独立完成导师给出课题范围的论文设计并在规定时间范围内上交，上交率达标95%，记5分，每少1百分点扣0.1分	查学生毕业论文上交情况		
		论文答辩	5分	学生完成论文答辩，思路清晰，表述明确，记5分	查学生论文答辩情况记录表		
11	毕业生就业（12分）	对口就业率和稳定率	5分	对口就业率达80%以上，记2分。就业稳定率（两年）达50%以上，记3分。企业满意度达80%以上，记2分。低1百分点扣0.1分	查工作计划、教学安排、教案、就业登记表，查跟踪调查报告、档案，召开学生代表、企业负责人座谈会		
		毕业生就业质量	4分	毕业生对用人单位待遇、环境满意度达90%以上，记4分。低1百分点扣0.1分			
		毕业生跟踪服务	3分	建立毕业生跟踪服务制度，工作开展正常有效，资料齐全，记3分			

表7-2 财务管理专业课程总体考核及评价指标体系

考核及评价指标		考核评价标准
过程性考核（30%）	平时课堂考勤	课堂答到，由任课教师进行评判
	课堂表现	由任课教师进行评判
	作业	由教师根据作业上交和完成情况对作业进行评分，按比例计入期末成绩
	实验实训练习	由任课教师进行评判
	期中考试成绩	考试形式：闭卷考试　分值：100分 考试时间：120分钟 班级绩评价标准： 春季高考班优秀率30%、及格率80% 普通本科班优秀率30%、及格率80%
终结性考核（70%）	期末考试成绩	考试形式：闭卷考试　分值：100分 考试时间：120分钟 班级绩评价标准： 春季高考班优秀率30%、及格率80% 普通本科班优秀率30%、及格率80%

表7-3 财务管理专业基础课程之"财务会计"专业基础知识评价指标体系

评价	权重	评价指标				满分	评价得分
		优秀（1.0）	良好（0.8）	合格（0.6）	不合格（0.2）		
		完全达标	基本达标	大部分达标	大部分不达标		
货币资金	0.08	1个坐支的概念，货币资金的3个组成部分，其他货币资金的6个内容，银行转账的8个结算方式				4分	
		1个调节表，2个日记账，3组分录，12张原始凭证				4分	
应收及预付款项	0.10	1个计提坏账准备的公式，2个入账价值的确定，4个应收及预付的概念				4分	
		1个其他应收款明细账，5组应收预付及坏账的会计分录				6分	
存货	0.45	2种盘存制度，3个概念，4个计价方法，8个计价公式				15分	
		收料单、收料凭证汇总表、各种发料单（含领料单、限额领料单）、发料凭证汇总表的编制，外购原材料购入、发出的会计处理，原材料明细账的登记				30分	
固定资产	0.07	1个初始计量标准，2个与固定资产相关的概念，2个计提折旧的时空范围，4个折旧计算方法，4组折旧公式				2分	
		1个折旧计算表，4个折旧计算方法的运用，8组与固定资产相关的会计分录				5分	
负债	0.05	理解短期借款、应付账款、应付票据、预收账款、其他应付款的概念				2分	
		短期借款与流动负债的区别				1分	
		短期借款取得、计息、付息和归还的账务处理				2分	
收入、费用、利润	0.10	销售收入确认、收取货款账务处理，让渡无形资产使用权取得的使用费用、收入的账务处理				3分	
		成本与费用的区别期间费用的核算（销售费用、管理费用、财务费用）				3分	
		营业利润、利润总额和净利润的计算，所得税的账务处理，净利润结转和利润分配的账务处理				4分	
所有者权益	0.05	盈余公积的计提、弥补亏损、转增资本和发放股利的账务处理				3分	
		年终净利润结转及分配的账务处理				2分	
会计报表	0.10	资产负债表的编制依据和编制方法				7分	
		利润表的编制依据和编制方法				3分	
评价结论						总分	

第三节 财务管理专业教学改革建议

一、财务管理专业本科教育存在的问题及原因剖析

财务管理与会计学和金融学是相近的专业。作为相对年轻的财务管理专业，各高校无论是在培养目标和学生就业方向上，还是在课程体系和专业课的设置上都存在着诸多问题。

（一）人才培养目标不明确，专业特色不明显

针对"您是否清楚财务管理专业与会计学专业的区别"这一问题，"问卷星"进行了调查。结果显示，选择"非常清楚"的比例仅占19%，而选择"有点清楚""比较模糊""完全不知道"的比例高达80%以上，这说明绝大多数人并不清楚财务管理专业的培养目标。据某校对近3年500名财务管理专业毕业生工作岗位的跟踪调查，有407人在中小企业从事出纳、成本核算、往来核算、总账核算等会计工作，占81.4%；有62人在企业或金融机构从事资金筹集、金融保险等工作，占12.4%；有19人是财务经理，占3.8%；其他岗位12人，占2.4%。可以看出，绝大部分人从事的工作与会计学有关，仅有极少数的人在财务管理岗位工作。

造成这种定位不明确的主要原因是，我国财务管理专业源自会计学专业，财务管理专业建设委员会也设立在中国会计学会。财务管理与会计有着千丝万缕的联系，财务管理专业自身缺乏明确、清晰的定位。

（二）课程体系设置存在问题

1. 课程体系结构不合理

在总体课程体系上，存在着"重理论轻实践、重专业轻人文、重技能轻素质"的现象。具体表现为：课程知识结构狭窄；对企业环境和活动要素的全面教学力度不足；在进行案例教学、开发学生智力、培养学生创新能力方面还很薄弱。

2. 专业课设置上，难以协调与相近专业的关系

在专业课程设置上，往往带有本学科的色彩，要么与会计学专业相似，要么与金融学专业相似，缺少财务管理专业应有的特色。更有甚者，有的院校设置专业课的出发点不是"应该"开什么课，而是"能够"开什么课。这种现象既不

能适应财务管理专业的快速发展，也不能促进人才培养目标的实现。

3. 主干课程设置上缺乏整体规划

大部分高校的专业课程体系是按照教育部推荐课程体系开设的，主干课程有财务管理原理、中级财务管理、高级财务管理、跨国公司财务等。但是对于如何科学、合理地划分这些主干课程的教学内容没有一个普遍认可的方法。有些高校把财务管理原理和中级财务管理合并为"财务管理学"或"理财学"（二合一），这样虽然解决了财务管理原理与中级财务管理内容划分难的问题，但不利于财务学科的长远建设。在财务管理与成本会计、管理会计、财务分析等课程上也存在着内容交叉的现象。

4. 课程内容之间衔接较差

以某校为例，由于财务管理采取了"二合一"的做法，开设时间在第五学期，这为开设时间在第三学期的中级财务会计的教学带来了衔接困难的问题。新企业会计准则在多处涉及以现值、实际利率等来进行计量，学生难以理解。另外，税法作为专业基础课，开设时间在第四学期，这同样也给中级财务会计的教学带来了困难。

（三）实践教学环节薄弱

大部分高校的实践教学分为校内模拟和校外实习，对会计课程的实践教学基本能满足，但是对财务管理课程的实践，普遍存在流于形式的现象。具体原因主要是：①没有具有真实感的财务管理实践教材与软件，验证的内容过于书本化；②缺乏具有财务管理实践经验的师资；③多数单位财务与会计部门合并，校外实习难以找到对口的实习部门。

（四）教学模式过于陈旧

我国高等学校的财务管理教学普遍存在的问题是：重基础理论、基本原理、基本方法的教学，而忽视实践教学；教学方法比较单一，多是填鸭式的课堂教学方式，对于案例分析、小组讨论、专题研究和情景模拟等教学方式应用较少，难以充分调动学生学习的兴趣和主动性，不利于学生归纳思维能力和创新精神的培养。

（五）教学质量评价与激励机制欠缺

从我国目前的高等教育评价体系看，只对教师的教学工作量有要求，对教学效果并没有明确的要求；但对教师的科研成果既有数量要求又有质量要求，比如规定要上核心期刊、中文社会科学引文索引（CSSCI）等。从各高校的激励机制看，教师的待遇、晋级、晋职等都与科研成果直接相关。诚然，高校需要培养学术大师，但是高校同样需要培养高质量的学生。

鉴于此，我国财务管理专业教育需要进行课堂教学环境的改革以及课堂教学组织形式的变化。比如推广案例教学和计算机辅助教学，对于一些反映经济形势变化的热点问题采用"请进来、走出去"的方式，通过讲座或参观座谈进行了解和分析。不能把课堂教学简单理解为教师讲课，应是讲与听的密切配合，授课的过程应是教师与学生有效沟通的过程。教学方式应该由单一方式向多元方式、单相交流向多向交流、灌输式向启发式转化，变注重问题结论为注重过程，由重视记忆训练变为注重原理应用，在教学中强调学生参与。

二、对财务管理专业教育改革的思考

1. 对财务管理专业培养目标的思考

对财务管理专业教育培养的目标，可以从美国会计学会（American Accounting Association，AAA）确定的会计教育的目的得到启示：教育的目的不在于训练学生在毕业时即成为一个专业人员，而在于培养他们在未来成为一个专业人员应当具备的学习能力和创新能力，使其终身学习。

尽管财务管理专业与会计学专业联系紧密，但无论在知识和能力结构上还是在学生的就业方向上，财务管理都与会计学有着较大的差异。会计学专业重在实际操作能力的培养，侧重于培养会计核算、会计检查、会计分析等会计实务方面的人才，要求学生熟练掌握会计核算和会计分析的基本方法，熟悉我国的会计法律并了解国际会计惯例。财务管理专业重在创新能力、分析能力的培养，要求学生在掌握金融、管理、会计等方面知识的基础上，侧重于运用理财工具、理财技术，特别是要熟悉资本市场的规律与规则。财务管理专业的职业资格为成为未来的工商企业的财务总监（CFO）、证券公司的财务分析师（CFA）。

教育部前部长袁贵仁在全国普通高等学校毕业生就业工作会议上的讲话中强调，"要以社会需求为导向，推动新一轮高等教育改革"，"要促进高校合理定位，办出特色"，"各类院校都要合理定位，努力形成自己的办学理念和风格，在不同层次、不同领域办出特色、争创一流"。据统计，中小企业占全部企业总数的99%。根据江西财务管理大学的调查，80%以上的毕业生到中小企业就业。因此，在人才培养定位上，可以立足中小企业，服务地方经济建设。

总之，财务管理专业的培养目标应体现出财务管理专业

的特色，采取"人无我有、人有我优、人优我精或人优我特"的差异化战略，实现"错位策略"，以避免正面竞争。

2. 对财务管理专业课程体系构建的思考

温家宝曾经指出：中国的教育要立足于现代化建设对人才的实际需要，不断调整专业设置和课程设计，努力培养创新型、实用型和复合型人才。在课程体系构建上，笔者比较认同刘淑莲（2005）提出的"厚基础、宽口径、活模块"的原则，这符合我国教育部强调的人才培养模式。

"厚基础"中的"基础"是指公共基础课。这是本科教育的基本要求，其目标是使培养对象具有正确的世界观，较强的社会责任感，爱岗敬业的良好品德，较强的开拓意识和创新精神，宽广的人文社会科学知识基础，较强的口头与书面表达能力、信息处理能力、人际沟通能力、社会适应能力以及管理能力，具备听、说、读、写、译等基本技能，为专业课及未来的职业发展打好基础。可以开设：哲学、伦理道德、应用文写作、外语、计算机、体育等课程。

"宽口径"中的"口径"是指专业课，主要是学科基础课和专业必修课。总体上，财务管理专业课应以金融学为理论基础，以会计学为商业语言，以管理学为工具或手段，以满足职业需要为目的构建课程体系。学科基础课可以开设政治经济学、西方经济学、金融学、财务管理原理、会计基础、管理学、经济法、税法、统计学等课程。专业必修课可以开设财务会计、成本管理会计、中级财务管理、财务分析、证券投资学、风险投资管理、高级财务管理、跨国公司财务、企业价值评估等课程。

"活模块"中的"模块"是指选修课。各高校可以根据自身的学科优势和人才培养特色灵活设置选修课。针对中小企业的人才定位，可以设置与中小企业有关的专题；针对实践创新的特色，可以增加制度设计课程。

3. 对实践教学的思考

实践是创新的源泉，要使实践教学产生应有的效果，笔者认为要做到以下几点：第一，建设有特色的校内模拟实验室。模拟实验室不能就是几张桌子，几台电脑，要购买或开发具有真实感的实验教材及软件并不断进行升级更新，使实验内容能够与时俱进。这无疑对实验经费的投入和实验师资的能力提出了更高的要求。第二，增加课外实践课程，建立稳定的校外实习基地。开展校企合作教育，与企业共同组建稳定的实验或实训基地，定期组织学生参观、了解和调研企业的财务问题，有效地组织学生学习和毕业实习，并要求学生撰写实习报告，使学生有机会参与企业财务管理可能公开工作的全过程，在实践中锻炼自己的能力。第三，尝试"实践创新学分"激励机制。为了培养学生的实践创新能力，鼓励学生参加大学生创业大赛、发表文章、参与企业实践等各项活动。

4. 对教学方法的思考

在教学方法上，要树立以"教师授课为辅、学生参与为主"的思想，教师的主要任务是引导、启发学生思考，帮助学生解决疑难问题。这并不是对教师教学要求的降低，反而是对教师提出了更高的要求。首先，教师在备课时不只是要熟练掌握纯粹的理论，而是要花时间搜集教学案例、设计教学环节。其次，教师要对学生参与的过程进行恰到好处的点评。学生在参与过程中，不仅学到了专业知识，也增强了学生之间的协作、加深了师生之间的交流、提升了教师自身的能力。

5. 对教学管理的思考

针对高校中普遍存在的"重科研轻教学"的评价体系，笔者认为教育评价部门要充分肯定教学的重要性，不能有"教学是人人都能上，科研不是人人都能搞"的偏见，不仅要奖励科研成果多的教师，也要奖励教学效果好的教师。

三、经济全球化下财务管理专业教学的改革对策

经济全球化，意味着我国将全方位开放市场，宏观理财环境以及企业的微观理财环境都将发生剧烈的变化，对财务管理人才的需求将更趋多样化。同时高等教育本身的竞争也更加激烈，高校的教育改革必须根据市场的需求及自身的资源和条件，实施"差异化战略"，创建特色专业，培养出符合市场需要的具有独特技能和优势的人才。本文就经济全球化环境下大学本科财务管理专业建设的对策进行初步研究。

近几年来，由于各高校管理类专业招生规模扩大，毕业生就业形势十分严峻，一般性管理人才供过于求；同时，用人单位急需有实践经验、懂经营并能协助企业领导进行决策筹划的开拓性人才，而在这方面应届毕业生往往达不到要求，这又进一步加大了供求矛盾。人才市场的供求矛盾对高校财务管理专业学生的培养提出了新的挑战。财务管理特色专业的建设思路应突出以下几点：①给在校学生创造良好的实践环境和条件；②让在校学生研究解决现场实际问题；③鼓励学生参加各类创新实践活动。因此，财务管理专业人才的培养要实现下述目的：一是培养具有"理财规划师"学识水平的德才兼备的应用型人才；二是培养具有"理财实务处理能力"的德才兼备的实干型人才；三是培养具有"开拓创造精神"的德才兼备的创新型人才。财务管理特色专业的具体建设思路如下。

1. 重视学生素质和能力的培养，实现教育目标的转变

综观近代世界教育状况，人才培养模式经历了三个过程：一是知识传授的过程；二是能力培养的过程；三是素质培养的过程。科学技术的迅猛发展，促进了人才培养模式目标的变革，社会经济的快速发展，对管理类人才培养提出了更高的要求。现行"智能教育"人才培养模式还存在着"重专业轻人文、重核算轻管理、重理论轻实务、重技能轻法制、重技术轻道德"的"五重五轻"现象。这些现象在财务管理专业课程体系中表现为：课程知识结构狭窄；对企业环境和活动要素的全面教学力度不足；在进行案例教学、开发学生智力、培养学生创新能力方面还很薄弱。这与 21 世纪高层次管理人才培养的要求极不适应。

财务管理专业人才的素质应包括基本素质和专业素质两方面。前者是指学生作为一个成功的社会人所应有的素质，大体包括政治思想素质、人文素质、心理素质和身体素质；后者则指学生将来成为理财人才所应具备的专业素质，如财务管理业务的熟练程度、财务管理的职业道德、对经济现象敏锐的洞察力、批评性思维和人际交往能力。财务管理专业要为企事业单位、金融机构和财务咨询公司培养从事理财工作和其他相关经济管理工作的具有综合素质的人才。这类人才应具有以下特点：①有很强的适应性；②有不断吸收新知识的能力；③有进一步发展的潜力；④有较强的市场经济意识。

2. 正确界定财务管理专业、会计学专业、金融学专业之间培养目标的差异

《普通高等学校本科专业介绍》中将会计学和金融学两个专业列为财务管理专业的相近专业。财务管理专业与这两

个专业相比，表现出极强的边缘性、交叉性。它们之间的差异表现在：①知识和能力结构差异。财务管理专业重点培养学生"理财和金融"方面的知识和能力；会计学专业重点培养学生"会计学"方面的知识和能力；金融学专业重点培养学生"金融"方面的知识和能力。②学生就业导向差异。财务管理专业的学生主要服务于各类企事业单位及政府部门的"财务与金融管理"；会计学专业的学生主要服务于这些单位和部门的"会计实务"；金融学专业的学生主要服务于各类金融机构的"金融业务与金融管理"。因此，在财务管理特色专业的建设过程中要体现出这些差异性。

3. 突出实践和创新能力的培养

教育部在《面向 21 世纪教育振兴行动计划》中明确规定："高等学校要跟踪国际学术发展前沿，成为知识创新和高层次创造性人才培养的基地。"许多高等院校都在积极探索创新人才培养的模式。2002 年，江泽民在庆祝北京师范大学建校 100 周年大会上指出："我们要继续坚定不移地实施科教兴国战略，不断培养大批合格的中国特色社会主义的建设者，不断造就大批具有丰富创新能力的高素质人才，不断提高全民族的思想道德素质和科学文化素质。"2005 年 10 月，温家宝在《关于制定第十一个五年规划建议的说明》中强调，必须深入实施科教兴国战略和人才强国战略。2007 年 1 月 30 日，陈至立出席全国科技工作会议并强调，要大力提高自主创新能力，努力建设创新型国家。教育部发布的《关于进一步深化本科教学改革全面提高教学质量的若干意见》中规定，要"创造条件，组织学生积极开展社会调查、社会实践活动，参与科学研究，进行创新性实验和实践，提升学生创新精神和创新能力"。胡锦涛在党的十七大报告中指出，要"更加注重提高自主创新能力……进一步营造鼓励创新的环境，努力造就世界一流科学家和科技领军人才，注重培养一线的创新人才，使全社会创新智慧竞相迸发、各方面创新人才大量涌现"。提高自主创新能力，建设创新型国家，归根结底需要由具有创新精神品质和创新能力的创新型人才来实现，这就要求我们必须从战略上高度重视创新型人才的培养。

财务管理专业作为管理类应用学科，培养学生的实践能力和创新精神是其重要的教育目标。实践是创新的源泉。由于实践能力与创新思维、创新能力的培养密切相关，就更突出了实践能力培养的重要性。为了培养具有较强实践能力和创新精神的毕业生以满足社会的需要，在人才培养过程中，应加强课堂教学与实践教学的融合，构建协调一致和有机结合的创新性、开放性、综合性的人才培养新模式。根据"稳定学制、扩大选修、精简学时、加强实践"的原则，减少必修课，增加选修课，强化校内、校外两类实践课程。通过参加和举办学术前沿讲座等形式，培养学生的创新意识，激发学生的创新欲望和创新激情，提高学生自主创新、自我发展的能力。

4. 不断推进师资队伍改革，适应社会发展要求

教师是教学的主导，会计教育质量的高低在很大程度上取决于教师素质和水平的高低。可以想象，一个知识陈旧、观念滞后的"教书先生"，是难以培养出高素质的会计人才的。自 1993 年我国会计与国际会计接轨以来，会计领域发生了历史性的巨大变化："两法""两则"颁布实施，新税制对会计核算提出了新要求，具体会计准则和会计制度也相继颁布。

教师是人才培养的主体，师资队伍建设是始终贯穿专业建设的一条主线。注重教师素质的提高，要求教学与科研相结合，以科研促进教学，改变现行职称评审过程中"只注重著作论文，忽视教学质量和效果"的趋向，要从关系到学校和专业生死存亡的高度来认识学生技能培养的重要性。提高教师的素质，首先要提高教师对素质教育的认识。教师要主动深入社会、深入实践，通过社会实践不断丰富自己的专业教学内容。其次，要引进一批具备很强动手能力，又具有较高理论水平的"双师型"（如讲师＋会计师或注册会计师）人才，改变过去任用教师一味追求高学历的片面做法，建立一支既具有扎实的专业理论基础又具备较强的实践教学能力的师资队伍。要把教育重点转移到学生能力的培养上，使学生有合理的能力结构。同时，信息技术的进步要求教师彻底改变传统的"面授教育"方式，具备借助计算机和网络技术等先进手段来进行教学的能力，迅速提高教师自身的素质，以适应时代发展的要求。

积极探索"产学研"有机结合的模式。"产学研"结合是应用型财务人员培养中的重要特色，无论从培养与财务管理岗位"零距离"人才的要求来看，还是从丰富教师实践知识以及案例的取材、制作和更新来看，"产学研"相结合，都是培养学生把理论知识转化为实践能力，提高学生综合素质与创新能力的有效途径。

5. 适应社会经济发展的要求，制订具有战略性和科学性的人才培养方案

特色专业建设必须目标明确，应在保持专业目标的基础上突出地体现特色目标，在人才培养规格上要有明显特色，同时还要制定相应的科学合理的培养方案。人才培养

方案是高等学校人才培养工作的总体设计方案和实施方案，是全面提高教学质量的重要保证。要突出应用型高级专门创新人才的培养目标定位，着力培养基础知识扎实、知识面宽、实践能力强、综合素质高的应用型理财人才。按照"重视基础理论，尊重我国财务与会计改革的现实，顺应社会经济发展的方向，致力于服务地方经济"的总体原则，动态优化课程体系。随着经济环境的变化，人才培养方案应该不断微调，课程体系应该不断改革深化，以适应市场环境对人才教育的要求。

学习不只是让学生掌握一门学科或几门学科的具体知识和技能，而且还要让学生学会学习。笔者在实践中采用启发式教学法，该法的关键是创设问题情境，即教师提出的问题要恰到好处，让学生感兴趣，让学生有"似懂非懂、似会非会"的感觉，这样学生才会迫切希望掌握它。那么，教师应怎样创设难度适宜的问题情境呢？我们认为应该熟悉教材内容结构，了解新旧知识之间的内在联系，使新的学习内容与学生已有水平构成一个适当的跨度。例如，在基础会计学中讲会计对象是企业生产经营过程中的资金运动，会计要素是会计对象的具体化，而会计科目是对会计要素的基本分类，此处可设问"会计对象、会计要素、会计科目之间的关系"；接下来，在讲六大会计要素时，资产、负债、所有者权益、收入、费用和利润，根据六要素特点设问"六大要素之间的关系"，引出会计等式、资产负债表和利润表的编制依据，以及两大报表之间的勾稽关系。这种启发式教学法不仅激发了学生的学习积极性，使学生掌握了知识，而且还能发挥学习迁移的作用，使学生逐渐摸索出好的学习方法，进而提高学生的综合能力。

6. 以教学内容、方法和手段的改革为重点，全面加强教材和课程建设

教材和教学质量有着十分密切的关系。教材规定了教学内容，是教师授课取材之源，也是学生求知和复习之本。没有优秀的教材，也就无法提高教学质量。根据专业课程的具体要求，建立健全教材的选用与评估制度，具体规定教材出版的时间、出版社范围和出版教材的质量，应首先选用教育部推荐的教材或获得省部级以上奖励和公认水平较高的教材。在特色专业建设过程中，在完成核心课程建设的基础上，逐步开展与完善重点课程、精品课程的建设，为保持教学内容的时代性，编写补充教材，以满足教学需要。条件许可时，在系统总结成功教学经验的基础上，编写系列特色教材。逐步扩大课程的网络教学平台，提高多媒体课程的制作水平，增强课程教学设计的艺术性和互动性。积极改革教学方法与手段，鼓励采用案例教学、情景模拟教学、小组讨论式教学、启发式教学等先进教学方式，注重理论与实践相结合，注重教师与学生的互动，让学生尝试独立地发现问题、分析问题和解决问题，以取得最好的教学效果。

7. 加强学生实践能力和创新能力培养，实现从学校到社会的"无缝"对接

实践教学是应用性学科的关键环节，财务管理专业实践教学主要由实验课和集中性实践教学环节组成。其中，实验课包括财务管理、财务会计、高级财务管理、财务分析等专业主干课程，集中性实践教学环节包括人学教育、认知实习、专业调查、专业模拟实验、毕业实习和毕业论文等。在进一步完善手工模拟实验室的基础上，优化计算机模拟实验室的硬件和软件环境，做到两者有机结合，加大实验中心建

设的力度。重点加强软件教学建设，规范实验教学标准、实验指导书，明确实验课程的考核与实验室的各项管理制度，提高实验室使用的效率，探索实验教学与社会服务相结合的途径。努力构建"以计算机网络为平台，以模拟实训为基础，以实习为依托，以大学生创业大赛为补充，以毕业论文为综合"的实践教学体系。

结合学科专业建设，突出应用性，完善实践教学体系。首先，应正确处理实践教学与理论教学的关系，完善实践教学任务书。实践教学与理论教学是整个教学体系的两个组成部分，两者相辅相成，都是教学的重要组成部分，对学生的素质和能力培养有着不可替代的作用。只有建立相对独立的实践教学体系，实践教学才不会成为理论教学的附属，也才能真正发挥其作用。各专业应根据应用型人才培养目标和培养基本规格的要求，在专业教学任务书中进一步明确实践教学的地位，提高实践教学在整个教学任务书中的比例。其次，在实践教学任务书中，根据专业要求，积极探索，增加设计性、研究性、综合性强的实践内容，减少简单的模拟、论证性实践，着力培养学生的动手能力、应用能力、思维能力和创新能力。

在做好学校大学生科研立项工作的基础上，通过本科生导师制、参加和举办学术前沿讲座、参加高等学校实践创新训练计划、组织综合素质拓展训练课堂、参加大学生创业大赛等途径，营造浓厚的学术氛围，鼓励学生勇于开拓创新，提升学生的综合素质和能力。重视培养和发挥学生的学习主动性，尊重学生个性化发展的需要，培养学生的独立思考能力。

加强与企事业单位的双向交流与合作，积极开展面向行业、部门理财人员的培训；选派部分教师到基层单位挂职锻炼，了解并参与解决现场财务管理工作中的实际问题；大力开展横向科研活动，深化学校教学科研与企事业单位的紧密合作；邀请在企事业单位从事理财实务工作的财务经理到学校与学生座谈、交流，实行实务导师制，强化实习的针对性和目的性。通过与企事业单位的多种合作，强化信息沟通与信息交换，为学生直接到合作单位就业提供支持，拓宽学生就业渠道。

8. 以制度建设为抓手，全面构建教学质量保障与监控体系

教学工作是高等学校的中心工作，而教学管理是教学工作中的关键环节。以高等教育基本规律为导向，在完善各种教学管理规章制度的基础上，完善教学测评有效通道的反馈制度，实现教学过程的现代化、动态化管理，提高教学管理者的科学化意识和服务意识。

财务管理特色专业建设要形成包括教学信息监控、教学督导监控和专项评估监控在内的教学质量监控体系，并通过听课、评教、选课等途径，保证教学质量的提高。逐步完善各主要教学环节的质量控制标准，包括教学标准、教案、教学日历、课堂教学、命题、考试、阅卷、毕业论文指导和实习等主要环节。坚持做好考试质量分析，并对考试工作进行总结，加强对学生深度理解能力、分析问题和综合解决问题能力的考核评估，把好考试质量关。重视对毕业论文的质量监控，形成选题、撰写开题报告、论文撰写、预答辩、正式答辩和修改归档的完整过程。可以成立由校内外专家组成的财务管理专业教学指导委员会，有效指导人才培养全过程。

9. 以知识、能力和素质协调发展为导向，完善学习效果评价方式

在财务管理特色专业建设过程中，应力求避免采用单一的学习效果评价方法，而要根据实际情况灵活采用考核方式，注重学生知识、能力和素质的协调发展，实现学习效果的评价方式从注重终结评价转向兼顾终结评价和过程评价，逐步从教师对学生的单项评价向多元化评价过渡。逐步形成"期末考试与平时考核相结合、知识考核与技能考核相结合、书本知识考查与课外知识考查相结合、考试评卷的手动与自动相结合"的综合评价体系。具体做法是：①建立科学合理的课程成绩结构。绝大多数课程要按"平时成绩、实验成绩、期末考试成绩"综合加权平均的方法确定其最终成绩。平时成绩按出勤、课堂提问、案例讨论、作业、课程论文、课外拓展性阅读等评价方式进行考核。②改革考试题型和拓宽考核内容。精心设计考题，将实际问题的案例分析内容引入考题中，加强对学生深度理解能力、分析问题和综合解决问题能力的考核评价。考试内容包括课堂讲授内容和要求学生课外拓展性阅读内容，鼓励学生积极开展自主性学习，提高学习能力。③改革评卷方式。对有纸试卷考试，通过流水评卷方式保证评卷的客观、公正；对无纸化考试，通过"网络考试系统"自动评卷，以提高评卷的效率和质量。

10. 与国际接轨，整体优化财务管理专业课程体系

为达到人才培养目标，要从国际化的视角设置教学体系和教学内容，遵循"拓宽专业口径、加强基础教育、优化课程体系与知识结构、注重实践环节"的指导原则，通过对已有财务管理专业教学改革成果的集成、整合和深化，精选和优化教学内容，力求培养出熟悉国际惯例，具有较强的开拓、竞争和合作能力，能够在国际机构、跨国公司或其他企事业单位工作的高级理财人才，满足经济全球化条件下对高素质人才的迫切需求。在经济全球化的趋势下，企业对财务管理人才的需求将更趋多样化，要求具备创新的能力和素质。在借鉴国外财务管理学科理论与方法的基础上，应重新构建一套配置合理、结构优化、特色鲜明的课程体系。该专业课程设置应由下列 8 类课群组成。

（1）通识必修课群。开设这类课群的目的是培养学生的政治思想素质和职业道德品质，增强其纪律观念、法制意识和国际文化意识。主要包括：思想道德修养与法律基础、中国近现代史纲要、马克思主义基本原理、毛泽东思想和中国特色社会主义理论体系概论、思想政治理论综合实践、形势与政策、大学英语、大学语文、孙子兵学与传统文化、大学体育、军事理论、大学 IT 等。

（2）通识选修课群。是对通识必修课程的进一步补充。通识选修课程分 7 个模块，即人文情怀模块、科学素养模块、社会责任模块、创新创业模块、沟通表达模块、审美素养模块、航空航天模块。其中人文情怀模块中的大学生心理健康教育课程必须选修。

（3）学科基础必修课群。开设这类课群的目的是培养学生的抽象逻辑思维能力和综合素质，这是形成财务管理职业敏感性和专业判断力的基础。主要包括：线性代数、概率论与数理统计、大学新生研讨课、管理学、经济法。

（4）学科基础选修课程群。开设这类课群的目的是有利于拓宽财务管理专业人才的知识面，为后续专业必修课和选修课的开设及实施教学奠定较为深厚的专业基础。主要包括：微观经济学、宏观经济学、政治经济学等。

（5）专业必修课群。开设这类课群的目的是系统地向学生传授专业知识，使学生能系统、全面、牢固地掌握专业知识，具备从事本专业实际工作的能力。主要包括：微观经济学、宏观经济学、政治经济学、基础会计、中级财务会计、成本会计、财务管理、管理会计、财务分析等。

（6）专业选修课群。开设这类课群的目的是拓宽学生的知识面，了解国际国内有关专业的疑难问题及发展方向，夯实专业知识基础。主要包括：会计信息系统、金融市场学、投资学、税法、高级财务会计、审计学、高级财务管理、统计学、公司战略与风险管理、市场营销学、财经应用文写作、计量经济学、运筹学、财政学、保险学、物流管理、金融会计、电子商务、民航运输企业会计、民航运输企业财务管理、文献检索、会计英语、新制度经济学、会计与财务理论、会计与财务研究方法论、政府会计等。

（7）创新创业教育与素质拓展课程。开设这类课群的目的是帮助学生们择业、创业，进行职业规划，进一步拓展学生的科研和实践素质，开拓专业视野，培养创新能力，适应人才流动的需要。主要包括：大学生职业生涯规划、大学生创新创业指导、大学生就业指导、创业管理、中小企业运营与管理等。同时要积极开展第二课堂，如：参加大学生学科竞赛、听取学术报告或讲座、参与学术研究、考取技能证书或职业资格证书、获得学术或创新成果、获得艺术或体育奖项、创业实践、志愿服务活动、公益活动、助教助研助管、社会实践等。

（8）集中实践课群。开设这类课群的主要目的是培养学生的身体素质和实践能力。主要包括：军政训练与入学教育、生产劳动、认识实习、ERP 综合训练、纳税申报与筹划、会计模拟实训、财务模拟实训、毕业实习、专业综合实训、专业综合课程、毕业设计（论文）等。

11. 更新教学内容，全面推进素质教育

在经济全球化的趋势下，必然要求高等教育的国际化。为此，在教学内容方面要体现国际化的需求，如加强外语教学，扩大国际学生的比例，聘用外籍教师，积极推行国际合作办学等。必须在课程教学的各个环节重视丰富学生的国际化理财知识和经验，树立国际化理念。市场营销学、公司理财、微观经济学、宏观经济学等课程，可以直接使用国外教材，采用先进的教学方法和手段进行教学，聘请高水准的教师包括外籍专家教授任教。对于其他课程，可以借鉴国外先进的科学研究成果和企业实践经验，为我所用。摒弃制度加说明式的教材编写方式，增加教材的信息量和纳新能力。加强对学生国际交流能力的培养，按照积极进取、因地制宜的原则，在部分课程中采取双语教学。有条件的高校要积极开设多种外语课程，以满足我国同世界各国发展经济交往的需要，在激烈的国际市场竞争中，依法保障我国企业合法权益并为企业争得最大利益。在所有课程的内容安排上，应紧跟现代财务管理的发展趋势，及时增加新的内容，保证教学内容的先进性，同时还应体现一定的超前性。

学校要把提高人才质量放在突出地位，改革财务管理专业课程和教材、教学模式以及考试、评估体系，大力推进素质教育，培养学生的创新精神和实践能力，充分体现"教师主导，学生主体"的教改指导思想。素质教育要求大学教师的教学要突破书本局限，由课堂向社会延伸，注重学生思维的开拓与能力的训练。要求教师重新认识学生、认识自身，建立新型的师生关系，在平等的基础上进行有效的沟通交流。要通过专业结构和课程结构的调整和改革，搞好校园文化建设，使素质教育真正成为专业教育的基础，并在专业教育过程中全面贯彻素质教育内容。知识经济的发展，带来了高等教育教学理念的深刻变化，教育正在变得更加个性化，教育日程将逐步由学生而不是学校来设定，强调以学生为中心，注重学生自主学习能力和创造性思维的培养。采取个性化战略，鼓励学生向多样化发展，这成为实施素质教育和培养创新人才极为重要的方面。

12. 积极探索教学方法改革，有计划地推行导师制

为了提高学生的综合素质，在专业建设中应提倡"启发式"教学。今后的教学方式应当由单一方式向多元方式转化，由单向交流向双向交流甚至多向交流转化，由灌输式向启发式转化，变注重问题结论为注重解决过程，由重视记忆训练转变为重视原理应用。在财务管理专业的教学中开展实践教学，是非常必要和紧迫的任务，可组织学生到跨国公司、三资企业、国有企业等单位开展实践教学活动，帮助企业进行财务分析和预测，为企业科学理财提供可供选择的咨询建议与决策方案，同时还可邀请现场理财人员来学校作专题报告。实务性课程应安排模拟实验，所有主干课程都要采用案例教学，捕捉学生的兴奋点，同时做到系统讲授与学生自学相结合，注重培养学生综合分析问题与职业判断的能力。教师应通过调查研究，逐步积累案例，并及时应用到具体教学过程之中。在吸收、借鉴西方案例教材的基础上，结合中国具体问题的实际，形成具有中国特色的案例教学体系。

为了有效提高学生的思想道德素质、专业素质和分析解决实际问题的能力，弥补课程教学环节中大学生基本能力

和素质培养方面的不足，有条件的学校应有计划地推行导师制，组织财务管理专业的学科带头人和大批教学科研骨干教师，在高年级本科生中定点定人进行因材施教。要求教师对学生的专业知识和思想品德进行具体指导，对学生的发展方向提出建议，指导和督促学生完成模拟实验、社会实践、科研训练等教学活动，突破传统模式下的教学单向运动。英国牛津大学和剑桥大学的导师制在世界上颇有影响，值得我们学习与借鉴。现在，中国教育界已形成共识：高校不仅要使学生获得知识，而且要培养他们解决问题的能力，尤其是要强化学生的创新素质和品格。这就要求学生在导师的精心指导下，独立思考，触类旁通，全面发展。结合我国的具体国情，建立有本专业特色的导师制是我们亟待研究的重要课题。

13. 充分发挥各校优势，体现办学特色

在我国举办财务管理专业教育的高校中，各校师资力量、办学条件、招生和择业的范围不尽相同，这决定了各校应有自己明确的目标，应根据自身的具体情况，发挥优势，办出特色，而不应千篇一律。全国重点大学，师资力量雄厚，生源素质高，应突出通用型、外向型的特色；省属或市属高校，可突出其行业或地区的特点，侧重培养某一方面的专用型人才。师范院校应充分利用师范教育的特长，重点为中等或大学专科院校培养财务管理专业的师资；综合性大学和理工科院校可从理工科专业的三年级在校大学生中挑选一部分优秀学生组成"3+2"财务管理班，修读 2 年，学生在 5 年时间里修完两个专业，获得两个学士学位，旨在培养既懂财务管理，又具有广阔的理工科知识背景，尤其是外语、电脑、网络、产品类知识背景的复合型人才。采用这些模式培养学生，不仅满足了经济全球化对现代理财人才知识结构的要求，而且又可充分发挥综合性大学和理工科院校的自身优势。

14. 加强实践教学的外延建设

教学经费投入不足已成为制约实践教学发展的瓶颈。针对学校已有实践教学基地不能满足教学需求、实验室条件差、设备更新缓慢、实践教学内容亟待改革等情况，学校应组织力量，加大对实践教学的投入。首先，学校可以建立实践教学建设项目申请立项经费投入机制，按实践教学建设的规划承担课程、课题，按实践教学标准要求制订建设项目与仪器设备购置计划。其次，建立实践教学维持费机制，维持费应以承担教学的人数、所需耗材等为依据，统筹安排全校维持费用，以保障实践教学顺利进行。

参 考 文 献

[1]American Accounting Association(AAA).A restatement of matters relating to educational policy[J].The Accounting Review,1967.

[2]R EDWARD FREEMAN.Stakeholders,Social Responsibility,and Performance:Empirical Evidence and Theoretical Perspectives [J].Academy of Management Journal. 1999,42(5):479 −485.

[3]THE CLARKSON CENTRE FOR BUSINESS ETHICS.Principles of Stakeholder Management[Z].Joseph L.Rotman School of Management. University of Toronto,Toronto,Canada,1999:3−8.

[4]STEVEN F WALKER,JEFFREY MARR.Stakeholder Power:A Winning Plan for Building Stakeholder Commitment and Driving Corporate Growth [M].Boulder Perseus Publishing,2001:56−65.

[5]HUGH DAVIDSON.The Committed Enterprise:How to Make Vision and Values Work [M].Oxford:Butterworth − Heine− mann,2004:5−6.

[6]WATTS R L,ZIMMERMAN J L.Agency Problems,Auditing and the Theory of the Firm:Some Evidence [J].Law and Economics,1983(10):613 −633.

[7]HERBERT L.Auditing the Performance of Management[M]. Belmont:Wadsworth Inc,1979:4−5.

[8]JAMES E RBELE.Accounting Education Literature Review(1991−1997)[J].Journal of Accounting Education,1998,16(1):1−51.

[9]CHAPMAN G M,MARTIN J F.Computerized Business Games in Engineering Education [J].Computers Education,1995,25(1−2):67−73.

[10]KNECHEL W R.Auditing:Assurance & Risk[M].2nd ed.Boston:South − Western College Publishing,2001:187.

[11] 蔡兴利 , 余红 . 论海南某高职院校财务管理专业人才培养面临的挑战及今后的发展思考 [J]. 国际公关 ,2020(9):230−231.

[12] 赵冰 . 应用型高校财务管理专业教学改革探析 [J]. 广西科技师范

学院学报,2020(4):132-135.

[13] 宁洋洋.应用型财务管理本科专业实践教学体系构建研究 [J]. 才智,2020(21):162-163,119.

[14] 朱鹏.融媒体时代高校财务管理专业教学模式创新研究与实践 [J].湖南人文科技学院学报,2020(4):120-124.

[15] 王思涵.大数据时代高校财务管理专业发展现状及对策思考 [J].产业创新研究,2020(13):174-175.

[16] 赵晶.大数据背景下应用型本科院校财务管理专业实践教学改革探究——以运城学院为例 [J].运城学院学报,2020(3):69-72.

[17] 王敬敬.关于财务管理专业的国际化特色建设的实践与思考 [J].时代金融,2020(12):59-60.

[18] 李其银.高职财务管理专业实践教学创新研究 [J].时代金融,2020(12):143-144.

[19] 程亚.虚拟情境教学模式下财务管理教学改革研究——以四川农业大学财务管理专业为例 [J].当代教育实践与教学研究,2020(4):117-118.

[20] 王化峰.经济发展新常态背景下应用型本科院校财务管理专业人才培养改革探讨 [J].中外企业家,2019(32):156-157.

[21] 申飞超,王凤芹.提升高校财务管理专业人才能力培养路径探究 [J].经济研究导刊,2019(17):95-96.

[22] 何成兵,原文娟,郝焕霞.如何提高财务管理专业人才适应社会发展的素质 [J].纳税,2018(32):74-75.

[23] 李敏.财务管理专业学生技能提升研究 [J].科技经济市场,2018(11):143-145.

[24] 郑确辉.论高校特色专业建设 [J].教育与职业,2006(10):19-20.

[25] 黄锡远.本科财务管理专业特色建设研究 [J].考试周刊,2007(29):26-27.

[26] 赵纯均.经济全球化对我国工商管理教育的挑战 [J].中国高等教育,2001(23):28-30.

[27] 宋常.面向21世纪改革财务管理专业系列课程的研究 [J].四川

会计,1999(4):48-49.

[28] 陆正飞.关于财务管理专业建设的若干问题[J].会计研究,1999(3):26-27.

[29] 刘智运.培养创新型人才的新探索[J].教学研究,2007(3):189-192.

[30] 雷泽宽.对财务管理院校实施创新教育的思考[J].中南财务管理大学学报,2000(5):35-37.

[31] 陆正飞.关于财务管理专业建设的若干问题[J].会计研究,1999(3):33-34.

[32] 汤湘希.中美会计教育改革的比较[J].四川会计,2002(11):54-55.

[33] 刘淑莲.关于财务管理专业课程构建与实施的几个问题[J].会计研究,2005(12):38-39.

[34] 张英明,费会娟,王永,等.财务管理专业教学改革的调查与思考[J].财会通讯,2006(7):122-124.

[35] 尹美群,杜啸雪.高校本科财务管理教育的调查研究[J].财会通讯,2010(8):92-94.

[36] 姚正海.财务管理特色专业建设的思路与方案设计[J].财会月刊,2010(10):104-106.

[37] 张敦力.论美国名校财务管理专业学科建设对我国的借鉴意义[J].财务与会计,2003(2):58-60.

[38] 席酉民.中国工商管理类专业教育教学改革与发展战略研究之一[M].北京:高等教育出版社,2002.

[39] 未来会计师是决策咨询者[N].中国财务管理报,1998-05-30(2).

[40] 史英明.浅议高等会计本科教育改革[J].交通财会,2005(2):52-53.

[41] 潘懋元.新世纪高等教育思想的转变[J].中国高等教育,2001(3):21-23.

[42] 张淑慧.校企联合培养专业人才模式探讨[J].会计之友,2008(3):86-87.

[43] 朱正伟,刘东燕,何敏.加强高校实践教学的探索与实践[J].中国大学教学,2007(1):76-78.

[44] 唐振龙.基于应用型人才培养的地方本科经管专业实践教学质

量保证体系的创建 [J]. 当代教育论坛（学科教育研究）,2007(9):81-82.

[45] 中国社会科学院语言研究所词典编辑室 . 现代汉语词典 [M]. 北京 : 商务印书馆 ,2002:894.

[46] 阴天榜 , 张建华 , 杨炳学 . 论培养模式 [J]. 中国高教研究 ,1998(4):46-47.

[47] 周远清 . 深化教学改革培养适应 21 世纪需要的高质量人才 [M]. 北京 : 高等教育出版社 ,1998:43.

[48] 钟秉林 . 努力开创高职高专教学工作的新局面 [M]. 北京 : 高等教育出版社 ， 2000:22.

[49] 张进 , 尹农 . 经济管理类本科专业培养目标的错位及其匡正 [J]. 扬州大学学报（高教研究版）,2001(4):56-59.

[50] 刘宝存 . 创新人才理念的国际比较 [J]. 比较教育研究 ,2005(3):6-11.

[51] 张主荣 . 高校创新人才培养的措施研究 [J]. 技术与创新管理 ,2004(4):44-46.

[52] 张铗 , 张锐 . 高校利益相关者管理 : 一个研究框架 [J]. 科技管理研究 ,2006(3):129-131.

[53] 侯立松 . 论高等学校特色专业建设的一般过程 [J]. 辽宁教育研究 ,2005(12):56-58.

[54] 张铗 , 黄婷 , 张锐 . 高校与利益相关者互动发展的关系模式研究 [J]. 江苏高教 ,2009(1):60-62.

[55] 李春生 . 美国和俄罗斯关于创新教育的研究 [J]. 比较教育研究 ,2002(11):39-43.

[56] 教育部国家教育发展研究中心 . 发达国家教育改革的动向和趋势 : 第 5 集 [M]. 北京 : 人民教育出版社 ,1994.

[57] 伍红林 .21 世纪初日本高等教育本科人才培养模式变革探析 [J]. 现代教育科学 ,2005(1):43-46.

[58] 雅克 . 德洛尔 . 教育——财富蕴藏其中 [M]. 联合国教科文组织总部中文科 , 译 . 北京 : 教育科学出版社 ,1996.

[59] 廉永杰 . 创新教育及比较研究 [M]. 北京 : 科学出版社 ,2006.

[60] 刘家义.全国审计工作会议上的讲话[J].审计研究,2009(1):3-11.

[61] 蔡春.现代风险导向审计论[M].北京:中国时代经济出版社,2006:9-35.

[62] 中国注册会计师协会.审计[M].北京:经济科学出版社,2009:287-296.

[63] 蔡春,车宣呈.现代审计功能拓展论[M].北京:中国时代经济出版社,2006:1-5.

[64] 侯德华.开发"学习包"深化教学改革[J].机械职业教育,2004(3):36-37.

[65] 徐露露,吕乐.学习包构建的研究与探讨[J].新疆广播电视大学学报,2003(1):16-17.

[66] 杨世建.案例教学法教学目的认识误区探究[J].教学研究,2010(9):45-48.

[67] 梁昭.经济管理类本科生案例教学法探析[J].探索研究,2010(32):70-71.

[68] 郭汉丁,王凯,李锦华.基于案例教学法的教师实践素养提升途径探讨[J].高等建筑教育,2010(5):27-31.

[69] 张锡东.体验式案例教学法在经济管理类相关课程中的应用研究[J].辽宁省交通专科学校学报,2010(12):62-65.

[70] 陈媛媛.案例教学法在教学中的应用[J].无锡南洋学院学报,2008(12):30-33.

[71] 于玉林.现代会计理论实务与教育研究[M].北京:中国财政经济出版社,2000.

[72] 赵晓玲,李永红.透视ERP沙盘模拟对抗课程[J].财会月刊,2005(8):76-77.

[73] 胡锦涛.坚持走中国特色自主创新道路,为建设创新型国家而奋斗[M].北京:人民出版社,2006.

[74] 胡丽,文俊浩,陈德玲.高校创新型人才培养的探索与实践[J].社会科学家,2007(7):61-70.

[75] 沈召前.高等学校培养21世纪创新型人才若干措施的思考[J].

中国高教研究 ,2000(10):46−48.

[76] 顾国超 . 论高校创新型人才培养的必要性及措施 [J]. 河南社会科学 ,2002(6):73−74.